Still bewegt

Videokunst und Alte Meister

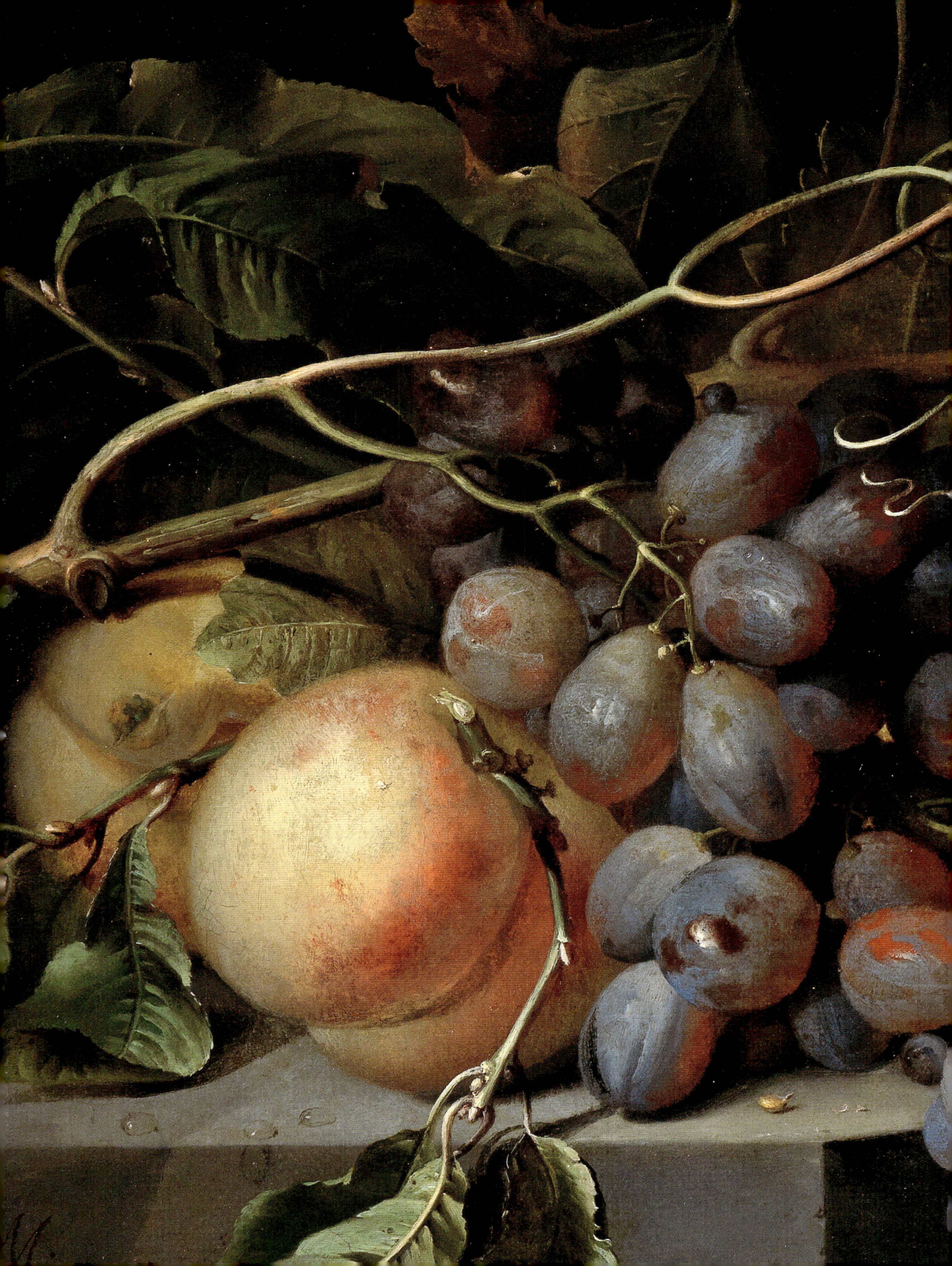

Still bewegt

Videokunst und Alte Meister

Museum Sinclair-Haus, Bad Homburg
13. Oktober 2013 bis 23. Februar 2014

ALTANA KULTUR
STIFTUNG
**MUSEUM
SINCLAIR-HAUS**

HIRMER

Diese Publikation erscheint
anlässlich der Ausstellung

**STILL BEWEGT
VIDEOKUNST UND ALTE MEISTER**

Museum Sinclair-Haus, Bad Homburg
13. Oktober 2013 bis 23. Februar 2014

Ein Ausstellungsprojekt der
ALTANA Kulturstiftung gGmbH

Herausgeber
Andrea Firmenich, Geschäftsführerin
ALTANA Kulturstiftung gGmbH
Johannes Janssen, Direktor
Museum Sinclair-Haus

Kurator der Ausstellung
Johannes Janssen

Assistenz
Gerrit Stevens

Redaktion
Gerrit Stevens

Lektorat
Uta Barbara Ullrich, Berlin

Projektsteuerung Verlag
Karen Angne

Gestaltung
Christian Padberg, LPG, Bonn

Lithografie
adhoc media GmbH, Köln

Schrift
Fago

Papier
GardaPat Kiara 150 g/m^2

Produktion
Sabine Frohmader

Druck und Bindung
Printer Trento S.r.l., Trento

Printed in Italy

Bibliografische Information der Deutschen Nationalbibliothek
Die Deutsche Nationalbibliothek verzeichnet diese Publikation in der Deutschen Nationalbibliografie; detaillierte bibliografische Daten sind im Internet über http://www.dnb.de abrufbar.

ISBN: 978-3-934860-27-3
(Museumsausgabe)
ISBN: 978-3-7774-2158-2
(Buchhandelsausgabe)

www.hirmerverlag.de

Umschlagabbildung
Videostill (Detail) aus: Ori Gersht, *Pomegranate*, 2006, Courtesy of the artist and Mummery + Schnelle, London

Inhalt

Andrea Firmenich | Johannes Janssen

6 **Vorwort**

Johannes Janssen

13 **„Was itzund prächtig blüht / sol bald zutretten werden“**

Das Stillleben, bewegt

Gerrit Stevens

31 **Ausgerechnet Stillleben**

Christof Trepesch

43 **Fraktur und Kontinuität**

Zum bildräumlichen Aufbau von Stillleben einst und jetzt

49 **Werke**

Früchte 50 | Blumen 76 | Tiere 106 |

Glas 132 | Prunk 140 | Musik 156 |

Vanitas 166 | Küche 176 | Genre 194

210 **Anhang**

Biografien der Videokünstler

Kurzbiografien der Alten Meister

Verzeichnis der ausgestellten Videos

Verzeichnis der ausgestellten Gemälde

Vorwort

Andrea Firmenich | Johannes Janssen

Versuche nur, die köstliche Frucht oder den lockenden Becher mit der Hand zu fassen – Du findest nur eine kalte, harte Bildtafel. Je raffinierter die Illusion, desto eindringlicher die Moral vom Gegensatz zwischen Schein und Sein. Jedes gemalte Stillleben ist *ipso facto* auch eine *Vanitas*.
Ernst H. Gombrich

Das Stillleben – so wird es auch in der Beschreibung des Kunsthistorikers Ernst H. Gombrich aus seinem Essay *Das Stilleben in der europäischen Kunst. Zur Ästhetik und Geschichte einer Kunstgattung* anschaulich – ist eine Bilderfindung, in der Objekte der Natur und des alltäglichen Lebens in verführerischer Schönheit erfasst und wiedergegeben werden. Zugleich beinhaltet das Stillleben eine verschlüsselte Botschaft, nach Erwin Panofsky einen „versteckten Symbolismus", der über das Dargestellte hinausweist. Zwischen der dinglichen Opulenz, die Freuden und Genüsse des Lebens vor Augen führt, und dem Hinweis auf ihre Vergänglichkeit liegt die ganze Tragweite des Motivs. Mit den „Requisiten" der Gattung wird der letztlich nur vorläufige Modus alles Lebendigen sichtbar gemacht. Deutlich wird: Natur ist unaufhaltsame Metamorphose, ein ewiger Kreislauf von Werden und Blüte, Vergehen und Tod. So komprimiert das Stillleben auch Motive, die in der rein ikonografisch ausgerichteten Kunstsammlung „Natur und Schöpfung" der ALTANA Kulturstiftung vertreten sind und denen wir seit Bestehen unserer Sammlung immer wieder neu begegnen. Neben den formalen Fragen nach der unterschiedlichen Funktion des Naturmotivs für jeden einzelnen Künstler sind in der Sammlung ebenso Fragen nach dem Verhältnis des Menschen zur Natur, zu ihren Gesetzmäßigkeiten und zur Schöpfung im Allgemeinen präsent. In der aktuellen Ausstellung *Still bewegt* und der dazu vorgelegten Publikation finden sich diese zentralen Fragestellungen wieder.

In der kunsthistorischen Beschäftigung mit dem Stillleben wurde vielfach beschrieben, wie diese Gattung spätestens ab dem 18. Jahrhundert bis in die Gegenwart hinein zunehmend zum idealen Experimentierfeld künstlerischer Ausdrucksmöglichkeiten wurde. Unter Titeln wie *Spiegel geheimer Wünsche*, *Magie der Dinge* oder *Köstlich* wurde diesen künstlerischen Experimenten in Ausstellungen mit unterschiedlichem Fokus und in jeweils neuen Konstellationen nachgegangen. In der Gesamtbetrachtung der entsprechenden Ausstellungspublikationen lässt sich die Emanzipation des Stilllebens als eigenständiges Sujet in der Malerei seit dem frühen 16. Jahrhundert nachzeichnen; die Adaptionen und Entwicklungen in Gemälden der nachfolgenden Epochen wurden so ersichtlich, wie auch die Übernahme des Motivs durch neue künstlerische Techniken, etwa die Fotografie oder in der Folge die Installation, aufgezeigt wurde. In der Entwicklungsgeschichte der Gattung bedeutete schließlich ihre Bearbeitung durch filmerische Techniken eine augenfällige Erweiterung wie einen markanten Einschnitt der Moderne, denn sie beinhaltet zwischen dem „Still-Leben" und dem bewegten Bild eine ganz eigene, zunächst paradox erscheinende Spannung. Mit diesen unsere visuelle Welt seit dem 20. Jahrhundert prägenden Techniken findet eine dezidierte Vergegenwärtigung des Stilllebens und seiner Einzelmotive statt.

Die Ausstellung *Still bewegt* setzt in 21 Filmen von 9 Künstlern die traditionelle Gattung auf unterschiedliche Weise „in Bewegung". In den vergangenen 13 Jahren entstanden, erweisen sich diese Videos als ein bislang nicht gezeigtes Kompendium von beeindruckender Dichte. Zu sehen sind Arbeiten von Christoph Brech, Gabriella Gerosa, Ori Gersht, Pia Maria Martin, Stefanie Pöllot, Agnieszka Polska, Sam Taylor-Johnson, Wouter Verhoeven und Arnold von Wedemeyer. Alle Künstler beziehen sich in ihren Filmen letztendlich auf die Stillleben der Alten Meister, also auf die „reinen" Ursprungsmotive. Diese direkte Bezugnahme stellen wir mit unserer Ausstellung deutlich heraus. Entsprechend geschieht dies nicht mittelbar durch einen vergleichenden Blick auf Stillleben des 19. oder 20. Jahrhunderts, sondern durch die Hinzunahme früher Stillleben vor allem des 17. Jahrhunderts, etwa von Gerrit Willemsz. Heda, Frans Snyders, Georg Flegel oder Abraham Mignon. Dabei setzen wir die malerische und motivische Innovation dieser großen Stilllebenepoche mit den avantgardistischen Ausdrucksformen des Films in Relation. Die Gemälde sind mit Blick auf die zeitgenössischen Filme aus verschiedenen Sammlungen ausgewählt. Erfreulich rege war das Interesse an unserem Ausstellungskonzept bei den Leihgebern sowohl der Gemälde als auch der Filme, waren doch die entliehenen Alten Meister und die Videoarbeiten bislang noch nicht in einem solch fokussierten Zusammenschluss zu sehen. Dabei ist es zweifellos eine „Begegnung auf Augenhöhe". Das hohe Maß künstlerischer Progressivität, das die historischen Stillleben in ihrer Zeit wie die neuen Videointerpretationen unserer Zeit gleichermaßen auszeichnet, wird in dieser Zusammenstellung erstmals konkret fassbar. Noch in anderer Weise profitieren beide Werkgruppen von diesem Miteinander: Die Alten

Meister werden ihrer ausschließlich historischen Betrachtungsweise enthoben und gewissermaßen „aktualisiert". Die zeitgenössischen Filme erhalten durch die motivische Genealogie ein festigendes Fundament. Ersichtlich wird zudem: Die Aura des Kunstwerkes, von Walter Benjamin im Zeitalter seiner technischen Reproduzierbarkeit als gefährdet angesehen, bleibt hier zweifelsfrei gewahrt. Die Filme entwickeln eine eigene starke Ausstrahlung und stehen somit den jahrhundertealten Gemälden in nichts nach. Während die Alten Meister in ihren Stillleben mit malerischen Mitteln die vergehende Zeit in einem Bild festhielten, werden in den Filmen in einer Vielzahl aneinandergereihter Bilder Zeitläufe der Vergänglichkeit aufgezeigt. In diesem Zusammenspiel der Gemälde und Videos öffnet sich ein ganz besonderer „Zeit-Raum", der grundlegende Fragen nach dem Verhältnis des Menschen zur vergehenden Lebenszeit aufwirft. In den Arbeiten der zeitgenössischen Künstler verwandelt sich das Stillleben in bewegte Tableaus der Vergänglichkeit und entfaltet dabei eine gegenwärtige Poesie. Sie entstammen einer oftmals als „schnelllebig" beschriebenen und beklagten Epoche, in der wir von einem Zeitregime rigoros reguliert, beherrscht und unterdrückt werden und uns in einem Zustand der „Gegenwartsschrumpfung" befinden. Spiegelt sich diese erschreckende Analyse in den „bewegten" Stillleben wider, alle den Themen „Zeit" und „Vergänglichkeit" gewidmet? Durch die filmische Bearbeitung erfahren die ausgewählten Objekte eine zeitgenössische künstlerische Würdigung. Werden wir als Betrachter vielleicht dadurch des Umstands gewahr, dass diese Objekte – also Früchte oder Blumen – im Gegensatz zur Entstehungszeit der gemalten Stillleben, in der sie oftmals rar und kostbar waren, in der heutigen westlichen Konsumgesellschaft in nahezu überbordendem, dadurch gleichsam „morbidem" Überfluss zu haben sind? Oder dass die dargestellten Tiere, in den Werken der Vergangenheit als Kreaturen geachtet, in den Filmen von heute so gezeigt sind, dass uns (vielleicht) unsere arrogante Haltung als Menschen des 21. Jahrhunderts bewusst wird, da wir alles tun, diesen Geschöpfen durch unser unverantwortliches Handeln mehr und mehr die Lebensgrundlage in der Natur zu entziehen? Doch vergegenwärtigen wir uns auch die Konsequenzen, die daraus für uns – die Menschen – erwachsen?

An dem elementaren Setting des Stilllebens hat sich nichts geändert: Die Gemälde wie die Filme treffen Aussagen über die Unendlichkeit von Raum und Zeit und über die Gastrolle des Menschen in eben diesem Raum. Können wir uns heute von der altmeisterlichen Malerei noch bewegen lassen?

Und können wir vor den zeitgenössischen Filmen innehalten? Mit diesen Fragen wollen wir als Ausstellungsmacher aber nicht allein den warnenden „Memento-mori-Finger" heben. Wir möchten mit dieser Ausstellung zugleich die Lust an der Betrachtung hervorragender Malerei und ebenso perfekter Filmkompositionen wecken. Im Sinne der eingangs zitierten Beschreibung dieser Gattung möchten wir den ästhetischen Genuss wie den zeitgenössischen Bedeutungs- und Funktionszusammenhang gleichermaßen vor Augen führen.

Abschließend sei allen Leihgebern sehr herzlich gedankt, die uns genau diese Werkauswahl ermöglicht haben. Unser Ausstellungskonzept wurde von ihnen von Beginn an als gewinnbringender Kontext für die eigenen Werke verstanden. Für das Layout des Kataloges danken wir Christian Padberg, der das Zusammenspiel von Alt und Jung, von Gemälden und Videoarbeiten in die vorliegende Publikation lebendig übertragen hat. An den Hirmer Verlag geht unser Dank für die professionelle Begleitung dieser Publikation. Schließlich danken wir sehr herzlich Christof Trepesch, Direktor der Kunstsammlungen und Museen Augsburg, für seinen profunden Essay sowie Gerrit Stevens für seine kuratorische Mitwirkung und seinen Katalogbeitrag.

Betrachtungen

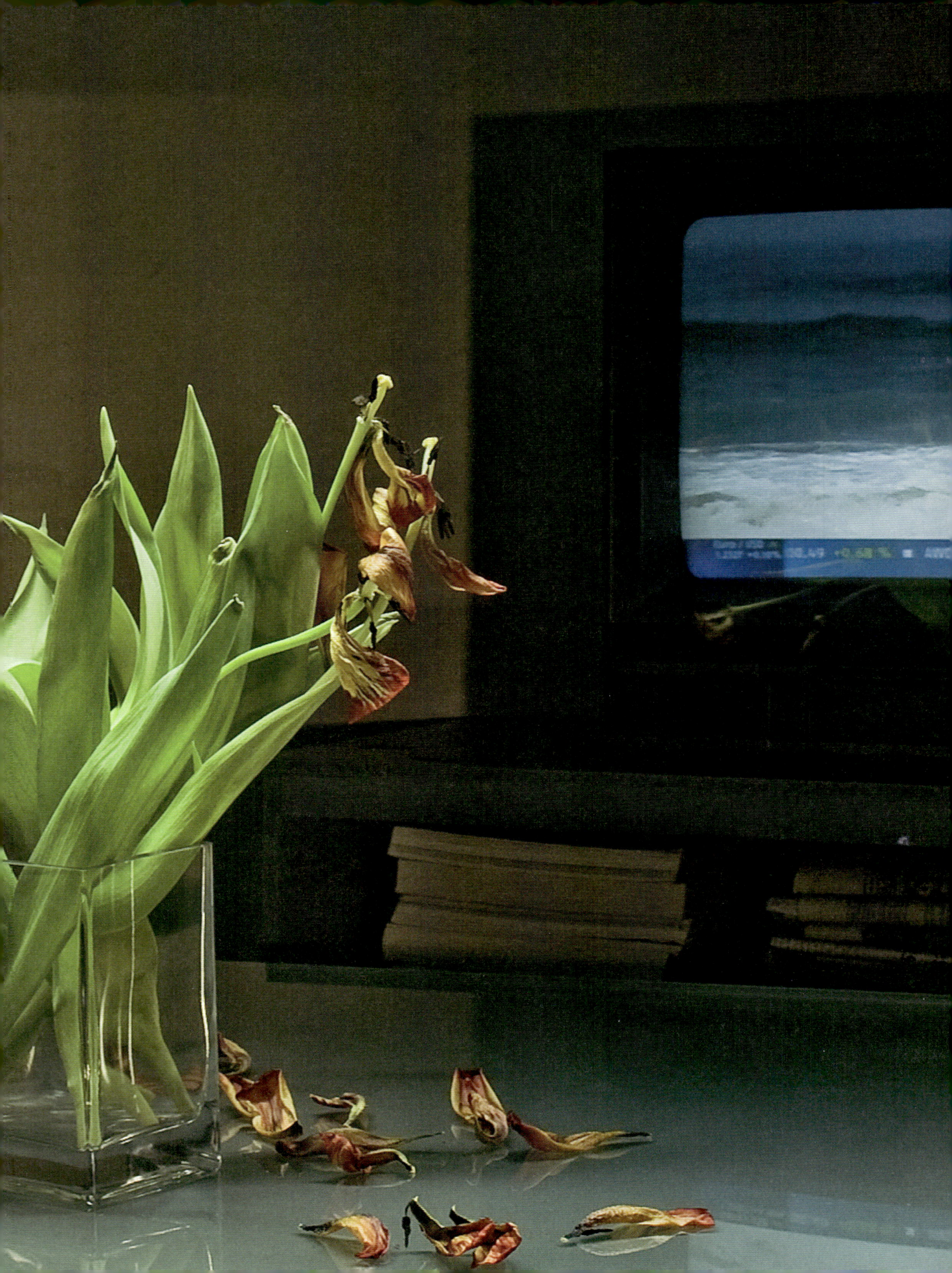

„Was itzund prächtig blüht / sol bald zutretten werden"[1]

Das Stillleben, bewegt

Johannes Janssen

Das Adjektiv „schnelllebig" hat sich zur Beschreibung unserer Zeit inzwischen als ganz selbstverständlich etabliert. Ob wir uns heute gestresster fühlen als die Menschen vor einigen Hundert Jahren, mag dahingestellt sein. Die zunehmende Anzahl unterschiedlicher Angebote zur Entschleunigung weist aber zumindest auf Defizitgefühle der Menschen hin, die in hohem Tempo durch das eigene Leben getrieben werden und sich nach einem „Still-Leben" sehnen. In seiner Analyse spätmoderner Zeitlichkeit kommt der Soziologe Hartmut Rosa unter dem Titel *Beschleunigung und Entfremdung* zu der Schlussfolgerung: „In der säkularen modernen Gesellschaft stellt die Beschleunigung ein funktionales Äquivalent für die (religiöse) Verheißung eines ewigen Lebens dar."[2] In den Stilllebenfilmen unserer Ausstellung, so zeigt es auch der nachfolgende Blick auf die ausgesuchten Arbeiten, findet diese Äquivalenz in verschiedenster Art und Weise ihren Ausdruck: „In der Übersetzung des Stilllebens in die Temporalität der technischen Medien wird der fortschreitende Zerfall, die Auflösung in Formlosigkeit zum Thema. Vielleicht liegt darin gerade die heute mögliche Form einer Vanitas-Obsession", konstatiert Monika Wagner.[3] Tatsächlich bringen alle Filme mit starkem künstlerischem Impetus Bewegung in das „altehrwürdige" Motiv stiller Objekte, ohne dabei deren Symbolgehalt essenziell zu beschädigen. Vielmehr vergegenwärtigen sie mit unterschiedlichen Strategien die grundlegenden Themen des Stilllebens von Zeit und Vergänglichkeit und nehmen hierbei zumeist Bezug auf traditionelle Elemente dieses Genres.

In seinem Film *Passage* von 2003 (S. 136 / 137) stellt Christoph Brech mit dem Glas ein klassisches Requisit der Stilllebenmalerei in das Zentrum seiner Betrachtung. Sein künstlerisches Interesse an diesem zunächst sehr unspektakulären Sujet eines mit Wasser gefüllten Glases ist typisch für die Sichtweise von Brech. Ausgangspunkt seiner Filme sind großteils zufällige Beobachtungen von scheinbar Belanglosem, die er in eindringliche Bilder überführt, welche über das Dargestellte weit hinausweisen. Das Filmmaterial für *Passage* entstand spontan in der Kabine eines Containerschiffs während einer Reise nach Kanada. Brech beobachtet das lebendige Zusammenspiel von Bewegung und Licht, von Wasser und Glas, von Bildobjekt und Raum. Auf dieses Setting fokussiert er seine Kamera. Als Künstler, der zunächst Malerei studierte, erfasst er auch den direkten bildhaften Zusammenhang mit Stilllebenmotiven des 17. Jahrhunderts, vor allem bei Gerrit Willemsz. Heda, der für seine Kunst, Glas wiederzugeben, berühmt war, wie es etwa auf seinem *Frühstücksstillleben* (S. 134 / 135) ersichtlich wird. Neben der konkreten Beobachtung des Glases in der Schiffskabine an sich ist es Brechs Kenntnis von der eigenständigen Geschichte dieses Motivs in der Malerei, die *Passage* seine künstlerische

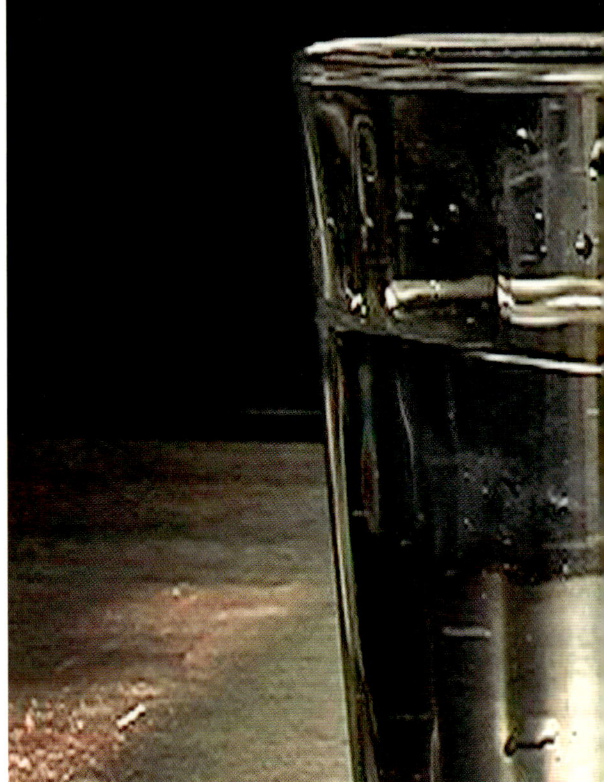

Christoph Brech, Passage, Kanada 2003, PAL-Video, 10:43 min (Detail)

Grundierung gibt. Das Glas war in den Gemälden der Alten Meister zunächst Ausweis einer malerischen Könnerschaft. Die künstlerische Frage lautete: Wie ist dieses filigrane Objekt, wie sind die Lichtreflexe auf dem Glas möglichst realistisch zu fassen? Brech interessieren diese malerischen Fragen ebenfalls, wenn er die Kamera still auf das Glas in Bewegung richtet. Er überlässt den Raum den durchdringenden Vibrationen des Schiffsmotors und den Brechungen des diffusen Kajütenlichts die kompositorische Arbeit. Aus diesem Motiv entwickelt er in ganzer Konzentration, ohne „Beiwerk", ein „bewegtes" Stillleben von besonderem Glanz. Vordergründig nur ein völlig durchschnittliches Wasserglas, entwickelt dieses Objekt so einen großen Zauber, eine geheimnisvolle Aura. Die funkelnden Lichtreflexe auf dem Glas und die flächige, changierende Malerei von Schatten und Licht rücken den Film atmosphärisch an die Gemälde des 17. Jahrhunderts heran. Dabei beschränkt sich der Blick auf das Glas nicht allein auf die Qualität seiner malerischen und filmerischen Erfassung. Die metaphorische Aufladung des Glases in den Gemälden als fragiler (Lebens-)Körper erfährt in Brechs Bearbeitung durch die dramatische Komprimierung von Raum, Licht, Zeit und Klang ihre berückende Unmittelbarkeit. Der Lauf der Sonne, die Fahrtrichtung des Schiffs und die Kräfte des Schiffsmotors im Widerspiel mit den Kräften des Meeres sammeln sich gleichermaßen in diesem einen Glas, das in seiner leuchtenden Erscheinung schon beinahe gralsartige Züge annimmt. In ihm scheint die ewige Lebenskraft, wie sie der Gral verspricht, zu liegen, während doch mit jeder Sekunde des Films Lebenszeit vorüberzieht. So wird am Ende aus dem einfachen Wasserglas an Bord eines Containerschiffs ein zentrales Bildobjekt, das in letzter Konsequenz für die ganze „Passage" unseres Lebens Symbol sein kann.

„Was ist der schönheit gläntzen / Als ein geschwinder blitz?"[4]

Gabriella Gerosa inszeniert in ihrem Film *Buffetcrash* von 2003 (S. 148 ff.) eine prächtige Tafel, auf der ebenfalls Glas, hier insbesondere in Gestalt einer Vielzahl von Champagnergläsern, im Zentrum steht. Mit dieser Arbeit, die Teil ihres Videozyklus *Das Fest* ist, beginnt die Künstlerin ihre Reihe von Stilllebenfilmen. Durch seine glanzvolle Fülle erinnert das Buffet an niederländische Prunkstillleben des

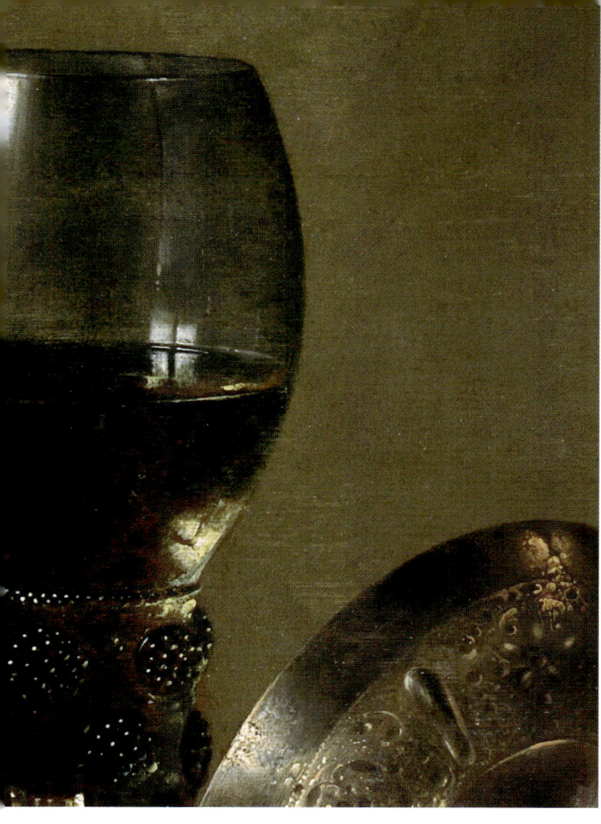

Gerrit Willemsz. Heda, Frühstücksstillleben, 1645, Öl auf Holz (Detail)

17. Jahrhunderts. Dieser Luxus galt im Verständnis der calvinistischen Niederländer als äußeres Zeichen für den Segen Gottes, sein malerisches Abbild bezeugte die göttliche Gunst. Gerosa zeigt den segensreichen Prunk in strenger Symmetrie und zitiert Bildobjekte aus der Malerei: Neben den (Champagner-)Gläsern sind vergehende Tulpen, Trauben, Hummer, Austern und brennende Kerzen zu sehen. Und als würde sich diese Szenerie eitel selbst betrachten, spiegelt Gerosa an der vertikalen Mittelachse des Tisches die opulente Inszenierung und potenziert sie auf diese Weise wie in einem Spiegelkabinett. Während jedoch im Film *Passage* von Christoph Brech in einem Glas das ganze Leben zu kulminieren scheint, ist es hier trotz der Fülle des gedeckten Tisches, trotz der noblen Champagnergläser, die auf ein überbordendes Leben hindeuten könnten, eigenartig leblos und trostlos. Dieser Eindruck wird durch die Musik verstärkt, die über der menschenleeren Szenerie liegt. Es ist ausgerechnet Vivaldis „Frühling" aus seinen „Vier Jahreszeiten" zu hören, ein abgenudelter „Schlager" unter den der Naturschilderung gewidmeten Kompositionen, der jede vitalisierende Wirkung vermissen lässt. Das Motiv des „Aufblühenden", wie es Vivaldi komponiert hat, greift im Zusammenspiel mit dem Bild ganz und gar nicht – eher schläfert die Musik ein, als dass sie den Betrachter „erwecken" könnte. Die Opulenz der Bildkomposition steht somit deutlich im Kontrast zur spürbaren Lethargie des Ganzen. Die evozierte Stimmung erinnert an den Film *Das Fest* von Thomas Vinterberg, in dem sich rund um die familiäre Festtafel die Abgründe des Lebens auftun. In Gerosas Fassung kommt es schließlich zum Attentat auf die müde gewordenen Betrachter. Gerade wenn der Blick sich von dieser verschwenderischen Ödnis abwenden möchte, fallen „Donner und Blitz" ein, allerdings nicht durch die Musik Vivaldis: Aus dem Off rauscht plötzlich ein Kronleuchter auf den Tisch herunter und bringt alles mit seinem gewaltigen Einschlag in Bewegung. Die Vergänglichkeit weltlicher Pracht wird uns hier sehr drastisch vor Augen geführt – so wie Michel aus Lönneberga als „Komet [...] wie eine Kanonenkugel"[5] auf dem gedeckten Tisch der feinen Frau Petrell aufschägt. Gerosa kostet diesen gewaltigen Moment der Zerstörung durch die Wucht des herabstürzenden Kronleuchters in Zeitlupentempo aus. Die Musik wird abgelöst von den Klängen des zerberstenden Glases und der explodierenden Champagnerflaschen. Nach der Betrachtung der leblosen Pracht gefällt dieser ausgesprochen ästhetische Akt der Destruktion geradezu, weil er die Dinge

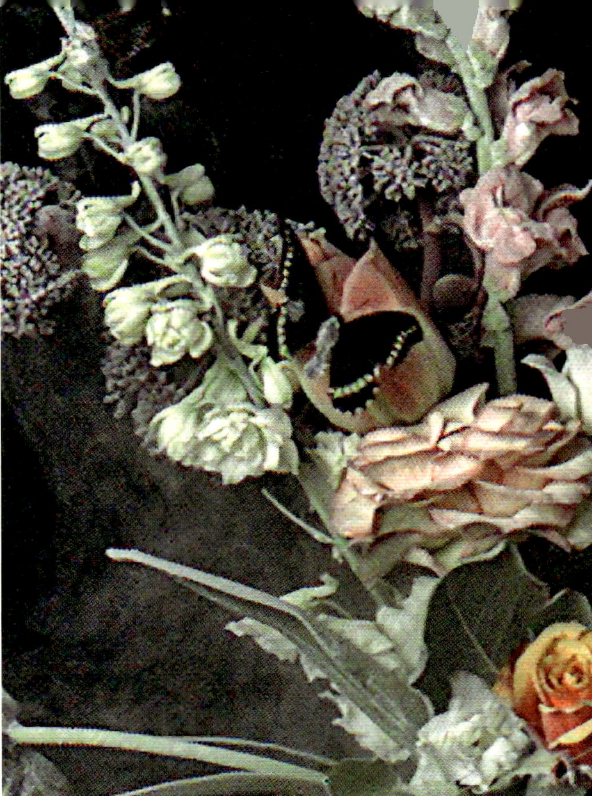

Ori Gersht, Big Bang, 2006,
HD-Video, 4:32 min (Detail)

endlich in Bewegung bringt. Am Ende des destruktiven Schauspiels steht ein Bild der Verwüstung. In das Stillleben ist wieder Stille eingekehrt und nur eine Kerze beleuchtet die Szenerie, bis auch sie zuletzt erlischt – *memento mori*.

„Was diser heute baut / reist jener morgen ein“[6]

Auch für den israelischen Künstler Ori Gersht steht die Zerstörung einer bestehenden Bildordnung im Zentrum seiner künstlerischen Arbeit. Seine Filme sind geprägt vom Kontrast zwischen einer harmonischen Bildkomposition einerseits und der plötzlichen Freisetzung zerstörerischer Kräfte andererseits. Mit dem Titel seines Films *Big Bang* von 2006 (S. 95 ff.) verweist er unmittelbar auf den Urknall, also auf den Moment, in dem mit unvorstellbar großer Energie das Universum als Ausgangspunkt unseres Seins geschaffen wurde. Ausgangsbild für *Big Bang* ist ein prächtiges Blumenarrangement in einer Glasvase, vergleichbar etwa den *Blumen in einer Glasvase* von Andreas Stech (S. 83). Ein ausgesprochen unangenehmer Sirenenklang kündigt das Sujet der Blumenvase an, die nur langsam aus dem Schwarz hervortritt und dann in ihrer schönen Blütenpracht immer besser zu sehen ist. Der darüberliegende Klang erreicht im selben Maße eine zunehmend unerträgliche Frequenz und behindert den Sehgenuss massiv. Es ist deutlich zu spüren: Etwas Unheilvolles liegt in der Luft. Ausgelöst durch den hohen Ton, explodiert schließlich die Glasvase und mit ihr die Blumen. Die Wucht der Detonation überrascht und könnte durch das Zerspringen der Glasvase allein nicht so vehement sein. Gersht benutzt neben Explosivmitteln Flüssigstickstoff, um die Blumen einzufrieren und sie kristallin werden zu lassen. Erst durch diese Behandlung erhalten sie die nicht sichtbare Fragilität, die zu ihrer kleinteiligen Zerstörung führen wird. Die Explosion und die Geschwindigkeit ihrer weitreichenden Auswirkung könnten vom menschlichen Gehirn gar nicht in all ihren Details erfasst werden. Gersht aber hält diesen Augenblick in extremer Slow Motion fest, sodass die ganze Choreografie der Zerstörung nachvollzogen werden kann. Nach dem kurzen Schreckmoment rückt wie bei Gabriella Gerosa die hohe Ästhetik der explosiven Szene in den Vordergrund. Für Gersht gehören Destruktion und Konstruktion in den ewigen Kreislauf der Existenz, zumal er selbst von solch existenziellen Erfahrungen geprägt ist. Mit dem nervenaufreibenden Klang in *Big Bang*

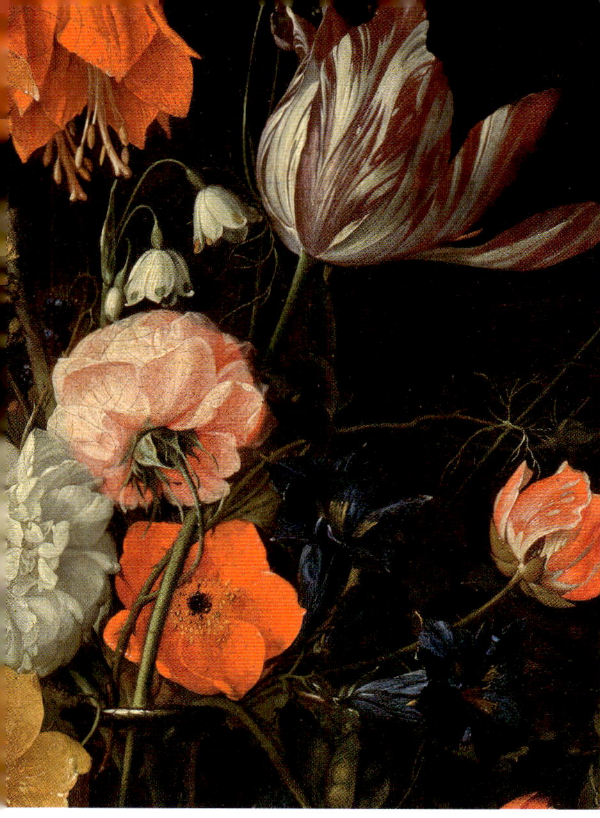

Andreas Stech, Blumen in einer Glasvase, um 1678/80, Öl auf Leinwand (Detail)

rezipiert er Sirenenklänge, die in Israel als Vorwarnung auf einen möglichen Raketenangriff zu hören sind und ihn an seine Kindheit in Tel Aviv erinnern. Darüber hinaus nimmt er Bezug auf die Sirene, die traditionell am Holocaust-Gedächtnistag zur Erinnerung aufruft. Diese historischen wie biografischen Zusammenhänge spielen in den Stilllebenfilmen von Ori Gersht immer eine Rolle. In gleicher Weise verweist er auf die historische Dimension der altmeisterlichen Stillleben, die im Museum oftmals allein als beeindruckende Malerei betrachtet werden, jedoch in Kenntnis ihrer Entstehungszeit im 17. Jahrhundert nicht selten die Schrecken des Dreißigjährigen Krieges in sich bergen.

In *Pomegranate*, ebenfalls von 2006 (S.69 ff.), bezieht sich Gersht auf das Gemälde *Stillleben mit Quitte, Kohl, Melone und Gurke* (1602) von Juan Sánchez Cotán, der als frühester und berühmtester Stilllebenmaler Spaniens gilt. Dessen Bildkomposition wirkt surreal, etwa im Motiv des am Faden hängenden Kohls. Sánchez Cotán betont damit den Charakter einer künstlerischen Inszenierung, die mit einer „realen" Markt- oder Küchenszene offensichtlich nichts zu tun hat. Er hat leere Bildräume vorgemalt und später unterschiedliche Arrangements hineingesetzt. Gleich ihm konstruiert Gersht für seinen Film zunächst diesen Raum, um ihn nachfolgend mit den passenden Requisiten zu füllen. Er bedient sich dabei zwar der Bildkomposition des Alten Meisters, übernimmt sie aber nicht in allen Details. In *Pomegranate* tauscht er die Melone und die Quitte des Gemäldes gegen einen Kürbis und einen Granatapfel. Die hohe Bildqualität der anschließenden Filmaufnahmen (HD-Digitalkamera) ist für Gersht in diesem Zusammenhang von großer Bedeutung, weil er bei seinen Filmen, die er zusätzlich rahmt, die kurzfristige Illusion eines verglasten Gemäldes schaffen möchte, bevor er diesen Moment der Täuschung selbst gewaltsam auflöst. Ein leiser Klang ist hörbar, der sich als Schuss aus dem Off erweist, denn eine Sekunde später durchschlägt ein Projektil den hoch hängenden Granatapfel. Dieser kurze Augenblick erinnert an die berühmten Bilder von Harold Edgerton, der als Pionier der Hochgeschwindigkeitsfotografie in den 1950er-Jahren erstmals genau den Moment festhalten konnte, in dem ein Apfel von einer Kugel durchschlagen wird. Auch Gersht nutzt für seine filmerische Arbeit die Weiterentwicklung der Technik, die es ihm erlaubt, das Tempo der Bilder so zu verlangsamen, dass wir den Prozess der Zerstörung in allen Einzelheiten wahrnehmen können.

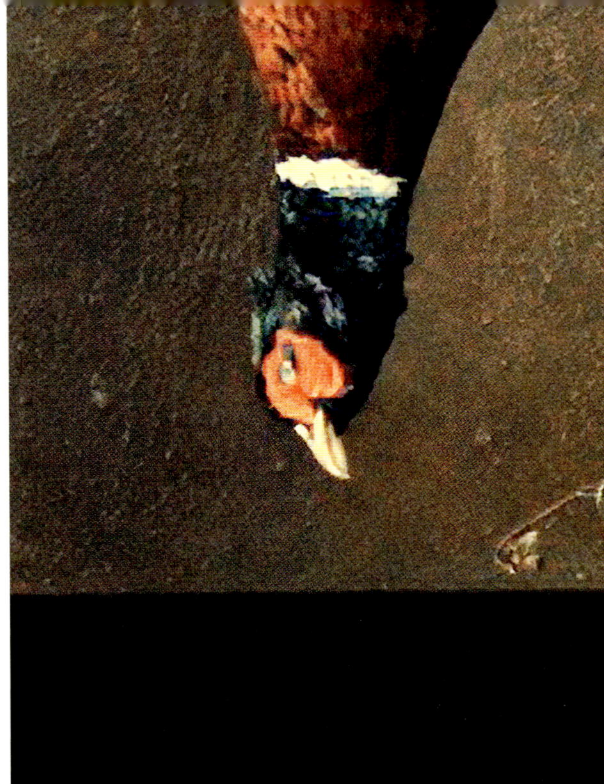

Ori Gersht, Falling Bird, 2008, HD-Video, 5:53 min (Detail)

Dieses Verfahren dient nicht der spektakulären Effekthascherei, sondern seziert eindrückliche bewegte und bewegende Bilder aus dem Film heraus. So zeigt Gersht den aufplatzenden und durch das Bild schwingenden Granatapfel. Wie im stummen Schrei klafft die Frucht auf und ihre großen roten Kerne regnen Tränen oder Blutstropfen gleich über dem Stillleben herab. Mit dem Granatapfel zerstört Gersht auch das Symbol für die Fruchtbarkeit, die Liebe und das Leben und verweist damit auf die traditionelle Lesart der Stilllebengemälde als bildliche Hinweise auf die Vergänglichkeit aller Dinge. Gersht findet ein eindringliches Bild für den Begriff der *nature morte*, der *naturaleza muerta*, wie das Stillleben in französischer und spanischer Sprache genannt wird. In der hebräischen Sprache ist das Wort „Granatapfel" zudem die Bezeichnung für die Granate. So nimmt Gersht über den allgemeinen Symbolgehalt hinaus erneut Bezug auf die jüngere gewaltsame Geschichte Israels und damit auf seine eigene Biografie.

Mit seinem Film *Falling Bird* von 2008 (S. 118 ff.) greift der Künstler ein weiteres klassisches Motiv der Stilllebenmalerei auf, wie es etwa Abraham Mignon in seinem *Stillleben mit totem Geflügel* (S. 125) bearbeitet hat. Aus dem umfangreichen Repertoire der Jagdstillleben zitiert Gersht das Sujet des aufgehängten Fasans. Diese Präsentation des erlegten Tieres ist zunächst ein Bild für die Macht des Menschen über das Tier. Noch bis 1900 gehörte der Fasan in Deutschland zum sogenannten Hochwild und in früheren Jahrhunderten war die Jagd vielerorts den Landesherren vorbehalten. Damit war der Fasan als Jagdbeute zugleich ein Symbol gesellschaftlicher Stellung. Im Film von Gersht präsentiert sich dieses „herrschaftliche Tafelbild" dreißig Sekunden lang dem Betrachter, bevor außerhalb des Bildes das Band, an dem der Fasan hängt, durchtrennt wird und dieser in verlangsamtem Tempo nach unten fällt. In Erwartung eines harten Aufschlags und einer deformierenden Stauchung des Tierkörpers, wie sie auch auf den Gemälden der Alten Meister zu sehen ist, entlädt sich die Wucht des Sturzes dann auf überraschende Art und Weise: Wie ein Geschoss durchschlägt der Fasan eine unter ihm liegende Wasseroberfläche und versinkt nach und nach. Aus dem Tafelbild wird plötzlich ein dramatischer Film, der im Gegensatz zu *Big Bang* und *Pomegranate* mehrfach die Kameraperspektive wechselt. In einem Close-up wird das Eintauchen des Fasans in das Wasser wiederholt und durch die Spiegelung auf der Wasseroberfläche wirkt es so, als löse sich

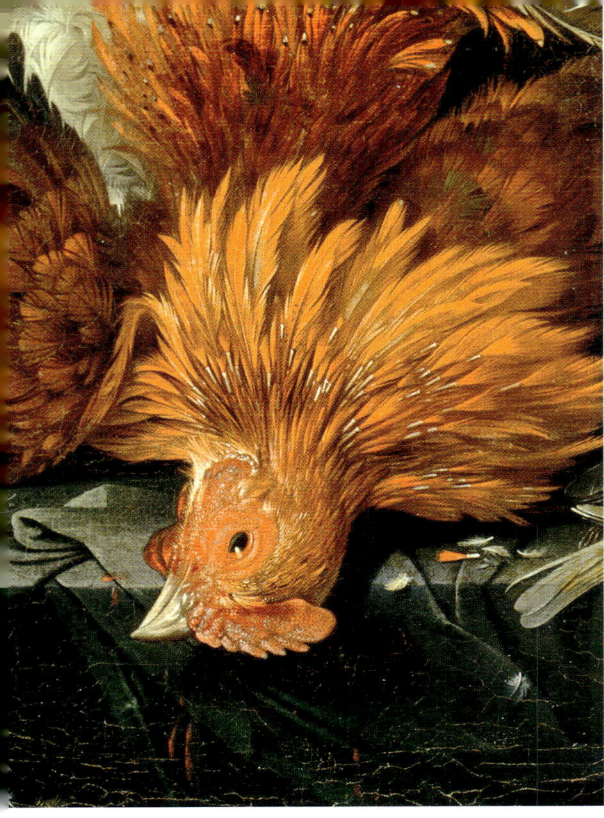

Abraham Mignon, Stillleben mit totem Geflügel, um 1663/64, Öl auf Leinwand (Detail)

der Vogelkörper in sich selbst auf. In der Folge walten die Kräfte des Wassers, an dessen Bewegung die Wucht des Aufpralls ablesbar bleibt. Mit dieser dynamischen Inszenierung gibt Gersht nicht nur dem klassischen statischen Motiv des hängenden Vogels eine Geschichte, sondern greift darüber hinaus das Motiv des fallenden Vogels auf, wie es gerade auch in der Kunst des 20. Jahrhunderts rezipiert wurde. Während der hängende Fasan als stilles Bild für Status und bestehende Ordnung steht, wird der stürzende Vogel in der modernen Kunst oftmals als Symbol für die Niederlage auf individuell-persönlicher wie auf übergeordnet-staatlicher Ebene verstanden. In seinem Aquarell *Abstürzender Vogel* von 1919 etwa verfasst Paul Klee einen künstlerischen Kommentar zu seinen Erfahrungen im Ersten Weltkrieg, in dem er Flugzeuge mit Tarnfarbe bemalte und abgeschossene Flugzeuge mitsamt ihren toten Piloten sah. Mit *Falling Bird* nimmt Gersht auch auf diese symbolhafte „Fallhöhe" Bezug.

„Was itzt so pocht und trotzt ist Morgen Asch und Bein"[7]

So wie die Filme von Ori Gersht neben der Thematisierung der eigenen Erfahrungen mit der konfliktreichen Geschichte seiner Heimat Israel im selben Augenblick grundlegende Fragen nach dem Verhältnis von Ästhetik und Gewalt stellen, so arbeitet Agnieszka Polska ebenfalls an der Schnittstelle zwischen Erinnerung und Gegenwart, zwischen Bildzitat und eigener künstlerischer Bildsprache. In ihren Animationsfilmen collagiert sie gesammelte Illustrationen aus Publikationen vor allem der 1920er- und 1930er- sowie der 1960er- und 1970er-Jahre. Das Fragmenthafte dieser Bilderfolgen und ihre scheinbar unperfekte Filmästhetik sind gleichermaßen Ausdruck ihres Umgangs mit Erinnerung und Erzählung. In ihrem Film *The Plunderer's Dream* von 2011 (S. 197 ff.) greift Polska Erzählungen ihres polnischen Großvaters auf. In den Jahren des Zweiten Weltkrieges suchte dieser aus der Not heraus in verlassenen Häusern seiner Umgebung nach Wertgegenständen und Lebensmitteln. In einer animierten Sequenz gesammelter Bilder inszeniert Polska einen solchen Raubzug, an dessen Ende sich die gestohlenen Objekte zu einem Stillleben zusammenfügen. Auf diese Weise unternimmt sie den Versuch, die Gegenwart mithilfe von Rückgriffen

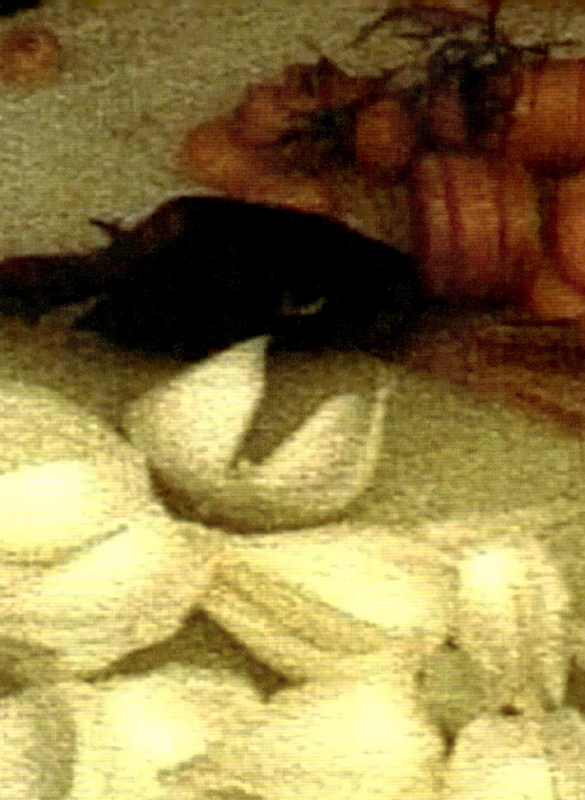

Pia Maria Martin, Kalakeittos, 2003, Super-8-Film, 2:58 min (Detail)

auf historische Ereignisse und Erzählungen neu zu interpretieren. Mit diesem Prinzip der Collage legt auch Polska die Mechanismen von Erinnerung an die Vergangenheit als subjektive Gedanken- und (Be-)Deutungscollage frei und macht so deutlich, dass sich Geschichtsschreibung stets neu konstruiert und nie nach „wahrhaften", objektiven Kriterien definiert werden kann. Sie unterlegt den Film zusätzlich mit hörspielartigen Klängen, wodurch diese Präsentation von „Erinnerungsstücken" eine zusätzliche spielerische Qualität erhält. Ihre künstlerische Vorgehensweise deckt sich mit der befreienden Erkenntnis, die der Schauspieler und Schriftsteller Joachim Meyerhoff in seinem aktuellen Roman *Wann wird es endlich wieder so, wie es nie war* formuliert: „Erfinden heißt erinnern."[8] Das Plündern dient Polska in diesem Sinne zudem als Metapher, mit der sie ihre Familiengeschichte, aber auch ein Grundprinzip ihrer Arbeitsweise kenntlich macht: Wie der Großvater in seinem Traum aus den zusammengetragenen Gegenständen ein neues Ensemble kreiert, bearbeitet sie das Bildmaterial, arrangiert es neu und bereitet es auf. Das Stillleben ist am Ende eine Sammlung objekthafter Zeugen für ein Leben, damit es „wieder so wird, wie es nie war".

„Der hohen Thaten Ruhm muß wie ein Traum vergehn"[9]

Auch Pia Maria Martin ist eine Erzählerin, die klassische Arrangements von Stillleben als Ausgangspunkt an den Anfang ihrer Geschichten setzt. In ihren Filmen wird die Stille der Motive durch einen spielerischen Erzählstil konterkariert. Die Dinge widersetzen sich ihrem stillen Schicksal als Bildobjekte und trollen wie Kobolde durch das Bild. Die Künstlerin benutzt das Medium Film, um Leben in die Objekte zu bringen. Sie versteht die Möglichkeiten des Films als Teil der Sache selbst. Sie holt die klassischen Motive zurück in die Realität, in narrative Kontexte der Jetzt-Zeit. Für eine museale Präsentation in unmittelbarer räumlicher Nähe zu Werken Dieter Roths aus sich zersetzenden organischen Materialien plante Martin 2006 mit *Vivace I*, *Vivace II* und *Vivace III* (S. 102 / 103, 143 ff., 172 / 173) animierte Filme, die sich aus der Tradition des Vanitas-Stilllebens im 17. Jahrhundert ableiten. Ihre perfekten Bildinszenierungen greifen die Lichtführung, die Farbgebung und vor allem

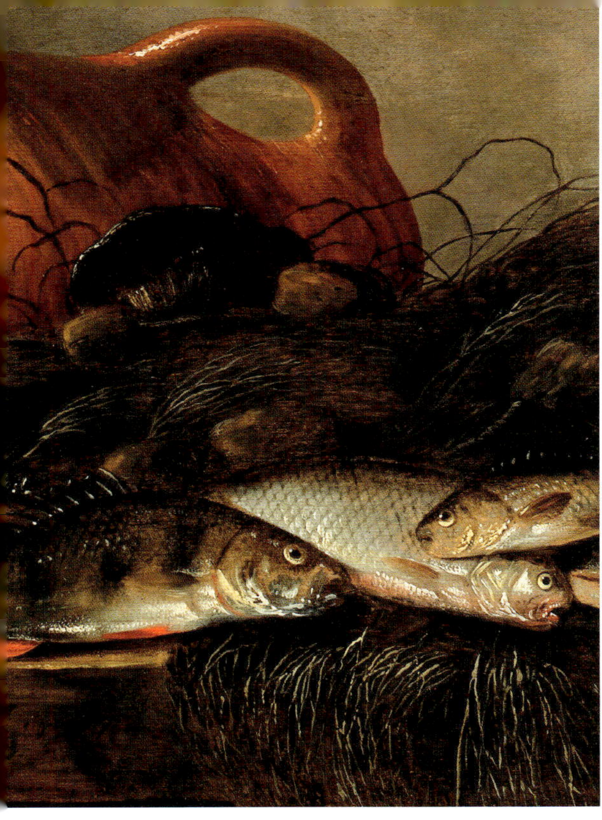

Gerrit van Vucht,
Küchenstillleben mit Fleisch, Fischen und Gemüse, vor 1650, Öl auf Holz (Detail)

die klassische Anordnung der Bildobjekte auf, die die Vergänglichkeit des Lebens und der irdischen Güter symbolisieren: Wein und Äpfel, Zitronen, Hummer, Artischocken, Wirsing, Mais, dazu schönes Silbergeschirr. Mit Rahmen versehen, erwecken diese Filme zunächst – ähnlich wie bei Ori Gersht – die Illusion altmeisterlicher Gemälde. Mit dem Titel *Vivace* gibt Martin aber bereits das Tempo ihrer folgenden Animation vor: Es wird lebendig. Wie beim Augsburger Puppentheater setzen sich die Dinge ungelenk in Bewegung: Der Hummer schält die Zitrone – etwa wie der Hummer im Gemälde *Stillleben mit Obst und Hummer* von Pieter de Ring (S. 141)? Die Geige spielt, der Totenkopf springt auf einen Bücherstapel und liest – etwa wie in Cornelis Norbertus Gysbrechts' *Vanitas-Stillleben* (S. 171)? Und die Schnecke, hörbar hechelnd wie ein Hund und ungewöhnlich schnell in ihren Bewegungen, hinterlässt eine Spur der Zerstörung durch das Gemüse, während der Blumenstrauß verwelkt. Mit dieser geradezu respektlosen Brechung der würdevollen „Magie der Dinge"[10] durch ihre Erweckung überzeichnet Martin letztlich aber nur die Andeutungen von Leben und Vergänglichkeit, wie sie auch in den Gemälden der Alten Meister angelegt sind. Es wirkt wie ein letzter trotziger Totentanz von Bildobjekten, die Spuren hinterlassen wollen, bevor die Dinge ihren Lauf nehmen: Das Leben geht und die Stille kommt.

Auf die Spitze treibt Martin dieses bewegte Spiel in ihrem Film *Kalakeittos* von 2003 (S. 179 ff.). In ihm befriedigt sie auf den ersten Blick unsere Erwartungshaltung an den Film als erzählendes und unterhaltsames Medium. Das Stillleben wird zu seinen bildlichen Wurzeln, nämlich Teil von Genre- und Küchenszenen zu sein, zurückgeführt. In der kleinen Wohnung eines „Artist-in-Residence"-Programms in Finnland inszeniert sie dabei jedoch eine ganz besondere Küchenszene: Sie bedient sich der klassischen Requisiten eines solchen Gemäldes, wie Fisch, Gemüse, Glas und Topf, indem sie aus und mit diesen Elementen eine Fischsuppe (finnisch *kalakeitto*) kocht. Das *Küchenstillleben mit Fleisch, Fischen und Gemüse* von Gerrit van Vucht (S. 186 / 187) könnte Pate gestanden haben für diesen Film. Wie bei *Vivace* nehmen die Bildobjekte die Dinge selbst in die Hand und erzählen eine Geschichte vom Anfang bis zum Ende. Die Zutaten bereiten sich selbst zu, bis die Suppe ausgelöffelt ist. Unter den flackernden Bildern des 16mm-Films stechen währenddessen immer wieder einzelne Momente hervor, die an typische Stilllebenmotive erinnern, etwa die Fische auf einem Tisch oder die Sammlung verschiedener Gemüsesorten. Die Geschichte zur Abfolge der Bilder wird durch die Filmmusik satirisch dramatisiert: Mit dem Knisterton alter Schallplatten, der zur Ästhetik der unruhigen Filmbilder passt, ist die *1. Scène. Moderato* aus Peter Tschaikowskys *Schwanensee* zu hören. Der Film ist auf diese Weise im besten Sinne unterhaltsam. Zuletzt aber sehen wir einen leeren Teller und einen umgedrehten Löffel – und damit zum Schluss der Erzählung erneut ein stilles Bild für die Vergänglichkeit.

„Zeit ist der dinge rauberin; / Die zeit trägt alle welt zu grabe"[11]

Stefanie Pöllot bringt ebenfalls Leben in ihre Stillleben hinein, allerdings auf ganz anderem Wege als Pia Maria Martin. Nicht das Bildobjekt selbst gerät bei ihr in Bewegung, Pöllot projiziert vielmehr analog das bewegte Bild auf ein (be-)stehendes Motiv. Hiezu wählt sie oftmals einen weißen Bildgrund für ihre Projektion, wie etwa Kirschblüten oder Schnee. In ihrem Film *Spuren in Weiß* von 2010 (S. 78 ff.) setzt sie auf nahezu bildfüllende weiße Lilien einen Film von Ski und Schlitten fahrenden Menschen. Wie Geister irrlichtern die Figuren über das prächtige Weiß der Blüten und verschwinden immer wieder in der grünen Landschaft von Blättern und Zweigen. Die filmerische „Befleckung", die der „Madonnenlilie" als christlichem Symbol der Reinheit zugemutet wird, führt das Blumenmotiv aus seiner eindimensionalen Lesart heraus. Der „doppelte" Film eröffnet unterschiedliche Zeit- und Bildräume, „indem Parallelitäten von Wirklichkeiten nebeneinander in einem Bild existieren", wie Pöllot selbst es beschreibt.[12] Dabei verbinden sich das reale Blumenstillleben und die reale Projektion zu einer überaus poetischen und sinnlichen Landschaft. Durch die zauberhafte Stille des Films erfährt dieses Panorama eine traumhafte Weitung – als hätte die Künstlerin mit der Lilie eine Märchenblume gepflückt, die es erlaubt, längst vergangene Ereignisse und längst gegangene Menschen für einen kurzen Moment noch einmal zu erleben. Es ist, als könnten wir aus unserer Gegenwart aussteigen, in den kleinformatigen Film einsteigen und uns dort in den verzweigten Strukturen der Lilie verlieren. In repetitiven Sequenzen wirken die fernen Figuren wie hingetuscht. Mit der prächtigen Präsenz der Lilie einerseits und dem projizierten vorbeihuschenden Leben andererseits bearbeitet Pöllot unter Anwendung der künstlerischen Mittel des Films ein zentrales Anliegen der altmeisterlichen Stilllebenmalerei: die realistische Darstellung der Dinge und den gleichzeitigen

Verweis auf ihre Vergänglichkeit. So öffnet Pöllot auf ausgesprochen sinnliche Art einen märchen- oder traumhaften Zeithorizont. „[Der Film] bietet mir [...] die Möglichkeit [,] Zeit abzubilden und sie zu verräumlichen", sagt die Künstlerin.[13]

„Ihr lebet in der Zeit / und kennt doch keine Zeit"[14]

Auch Arnold von Wedemeyer inszeniert in seinen Filmen wie *on-time, still life I* von 2006/07 (S. 84 ff.) Zeit-Räume, in denen sich widersprechende Zeitabläufe gleichzeitig dargestellt werden. Er setzt – wie Stefanie Pöllot – mit einem Tulpenstrauß Blumen in das Zentrum des Bildes, erweitert aber darüber hinaus den Bildraum um andere Objekte. Neben der Glasvase mit Tulpen ist ein Teller mit daraufliegender Brotscheibe platziert; im Hintergrund steht ein Fernseher. Während die Tulpen und das Brot im Zeitraffertempo vergehen, sehen wir im TV in Echtzeit eine Meeresbrandung und hören ihr Rauschen, darunter läuft als bewegte Predella ein Börsenticker. Die verwelkenden Tulpen spiegeln sich leicht auf dem Bildschirm. Von Wedemeyer nimmt mit dem zentralen Bildobjekt dieser Blumen Bezug auf die sogenannte Tulpomanie, die als erster Börsencrash der Geschichte bezeichnet wird. Im 17. Jahrhundert erlebten Tulpen in Holland eine unglaubliche Aufwertung. Aus der orientalischen Blumenzwiebel wurde sehr schnell eine begehrte Handelsware und zugleich ein Spekulationsobjekt. Während der folgenden Tulpomanie wurde mit ihr viel Geld verdient, das mit ihrem realen Wert nichts mehr zu tun hatte. Die *Semper Augustus* hatte als teuerste Tulpe einen Wert von 13 000 Gulden pro Zwiebel. Zum Schluss verloren viele Menschen, die an diesem Handel beteiligt waren, ihr gesamtes Vermögen. Deshalb steht die Tulpe – zumindest in niederländischen Stillleben – auch für Leichtsinn und Verantwortungslosigkeit. Durch einen starken Lichteinfall, der in kurzen Abständen den dunklen Hintergrund erhellt, verbindet von Wedemeyer die widersprüchlichen Zeit- und Bildzonen miteinander und fügt sie in seinem Film zu einem Bild zusammen. Mit den vergehenden Tulpen, dem vertrocknenden Brot, dem sekundenaktuellen Börsenticker und dem im Fernsehen übertragenen ewigen Rauschen des Meeres setzt er die Koordinaten für die Positionssuche des Menschen in dessen Gegenwart: Was treiben wir mit unserer Zeit? Und: Was treibt uns durch diese kurze Lebenszeit? Das berühmte Zitat „Time is money" von Benjamin Franklin aus dem Jahr 1748 kommt an dieser Stelle in den Sinn.

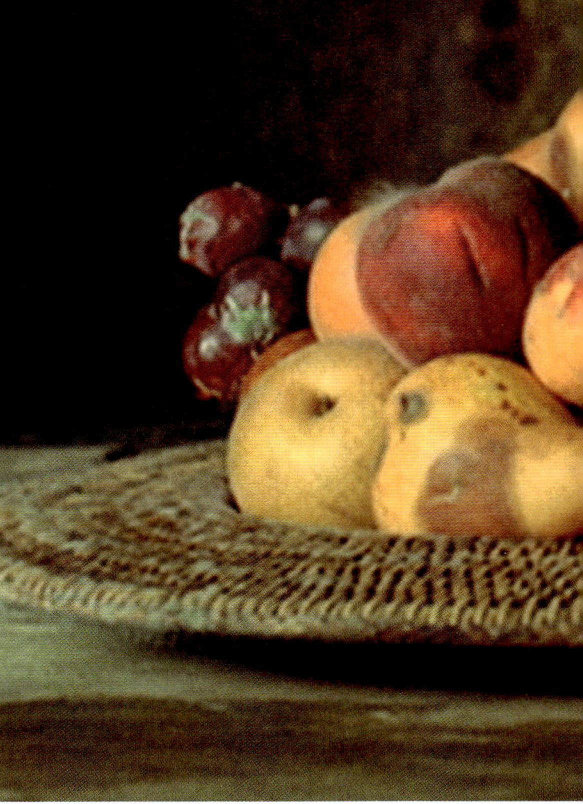

Sam Taylor-Johnson,
Still Life, 2001, 35mm-Film,
3:44 min (Detail)

Der Takt des Lebens ist auch zentrales Thema in von Wedemeyers Film *Mälzels Raum [on-time, still life II]* von 2007 (S. 158 ff.). Wiederum dient ein Tisch im Vordergrund als zentrale Präsentationsfläche für verschiedene Objekte. Neben einer Schale mit Früchten und einer brennenden Öllampe sind ein Metronom, eine Vase mit weißen Rosen und ein Schachspiel zu sehen, im Hintergrund steht außerdem ein Klavier. In der Vielzahl an Bildobjekten ist die Komposition mit dem Gemälde *Stillleben mit Tric-Trac-Spiel* von Gerrit van Vucht (S. 157) vergleichbar. Die Abwesenheit des Menschen fällt in diesem lebendigen Raum besonders auf. Die Kamera umkreist die Einrichtung, als suche sie den Nutzer, den Besitzer, den Bewohner dieses Raumes. Eine leicht geöffnete Tür, durch die Licht hineinfällt, suggeriert, dahinter befände sich möglicherweise der abwesende Mensch. Es bleiben aber doch nur die Objekte, die uns etwas über das Leben erzählen können. Das Metronom schlägt im Sekundentakt und wirkt wie eine Weiterentwicklung der klassischen Sanduhr, die in Stillleben oftmals die verstreichende Zeit versinnbildlicht. Während der Sand aber bald durchgerieselt ist, schlägt das Metronom mit aufreizender Taktsicherheit scheinbar unendlich weiter und weiter. Währenddessen verwesen die Früchte und die Rosen verwelken. Wie von Geisterhand macht schließlich eine Figur auf dem Schachbrett einen Zug. Von Wedemeyer zitiert mit dem Spielbrett ein traditionsreiches Motiv, das die Fragen stellt: Wie lenkt uns das Schicksal, welchen (Spiel-)Regeln unterliegen wir und ist das Ende des Spiels, das Ende des Lebens ein Sieg oder eine Niederlage? Darüber hinaus verweist von Wedemeyer mit dem Titel des Films ganz konkret auf das ausgesprochen schillernde Leben von Johann Nepomuk Mälzel (1772–1838). Er könnte die abwesende Person sein, die die beziehungsreichen Objekte im Raum zurückgelassen hat. Mälzel gilt nicht nur als Erfinder des Metronoms, er konstruierte darüber hinaus spektakuläre Musikautomaten und zog unter anderem mit einem Schachautomaten, dem sogenannten *Schachtürken*, durchs In- und Ausland. Der junge Journalist Edgar Allan Poe schrieb 1836 unter dem Titel *Mälzels Schachspieler* eine kritische Analyse über diesen Schachautomaten, der wohl weniger ein technisches Wunderwerk als vielmehr eine trickreiche Illusionsmaschine war. In dieser Zwischenwelt von Erfindung und Illusion verortet vielleicht auch von Wedemeyer sein filmerisches Werk, in dem verschiedene Zeitzonen und Räume durchreist werden. So ist *Mälzels Raum* womöglich ein Raum des Künstlers selbst.

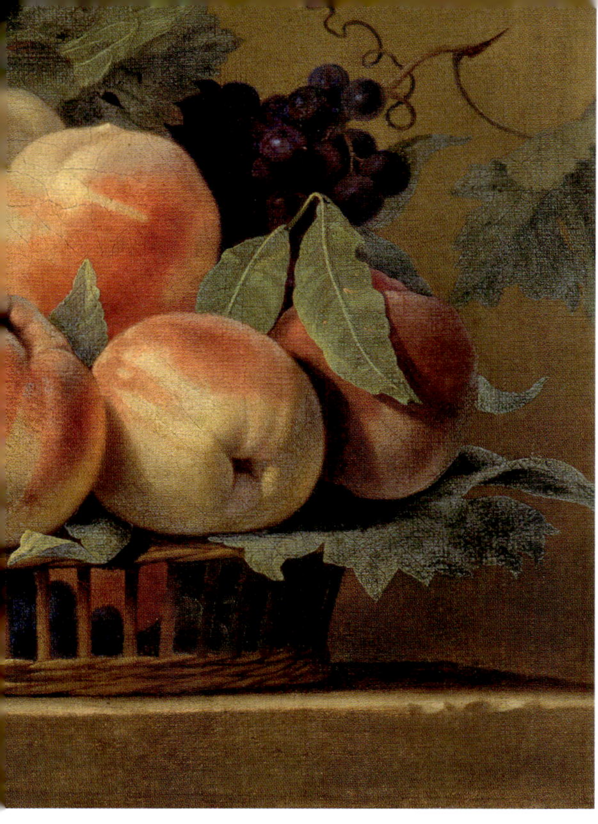

Jean Michel Picart, Körbchen mit Pfirsichen und Trauben, um 1635, Öl auf Leinwand (Detail)

„Es wird auff deinen wangen / Nicht steter frühling seyn"[15]

Sam Taylor-Johnson zählt zusammen mit Damien Hirst zur Künstlergeneration der „Young British Artists". In ihrem Film *Sleeping David* von 2002, ebenfalls ein „Stillleben"-Porträt ganz eigener Art, ist der schlafende Fußballstar David Beckham festgehalten. In ihrer Filmserie *Crying Men* von 2004 wiederum zeigt sie prominente Männer weinend, wie etwa den Schauspieler Jude Law. Taylor-Johnson filmt diese intimen Momente aus nächster Nähe, ohne ablenkendes Beiwerk. Eine vergleichbare Fokussierung auf ein zentrales Motiv wählt sie für ihren Film *Still Life* von 2001 (S. 57 ff.). Mit ihrem Arrangement von Früchten entscheidet sie sich hier für ein klassisches Element des Stilllebens. Während jedoch in *Mälzels Raum* das Obst noch Teil einer umfassenden Rauminszenierung ist, konzentriert sich Taylor-Johnson in ihrem Film ganz darauf. Sie nimmt den Korb mit Obst aus dem Wohnraumkontext und setzt ihn in eine abstrakte räumliche Situation, wie es schon Juan Sánchez Cotán in seinen Gemälden des frühen 17. Jahrhunderts getan hat. Eingefasst von grau-braunen Wand- und Tischflächen, stechen zunächst die erdig-warmen Farben des Obstes hervor. Es ist eine fast malerische Farbstimmung, die etwa an Jean Michel Picarts *Körbchen mit Pfirsichen und Trauben* (S. 53) erinnert. In einer mit diesem Gemälde vergleichbaren pyramidenförmigen Anordnung komponiert Taylor-Johnson einen wunderbaren Wechsel von hellen und rötlichen Oberflächen der überreifen Früchte. Der Saft mag einem im Mund zusammenlaufen bei der Vorstellung, in eine der Birnen oder einen der Pfirsiche hineinzubeißen. Dieser „köstliche" Moment der Betrachtung wird allerdings durch den weiteren Verlauf des Films sehr bald in sein Gegenteil verkehrt. Im Zeitraffertempo erleben wir die Deformation des Früchtestilllebens zu einer grauen, amorphen Masse. Dort, wo die Malerei durch eine bräunliche Druckstelle oder die Hinzufügung einer Fliege den vergänglichen Charakter des Augenblicks nur andeuten kann, nutzt Taylor-Johnson ihre filmerischen Möglichkeiten, um das Geschehen konsequent bis zum Schluss zu erzählen. Sie zeigt den äußerst lebendigen Hergang einer morbiden Geschichte. Und auch wenn der Prozess des Sich-Auflösens beim Betrachter reflexhaft Unwohlsein hervorrufen kann, so emanzipiert sich schließlich der Film von seinem „schmackhaften" Ausgangsbild. Am Ende ist weniger eine schimmlige Masse zu sehen als vielmehr eine abstrakte Komposition, die in ihren dezenten Farbabstufungen wieder eine

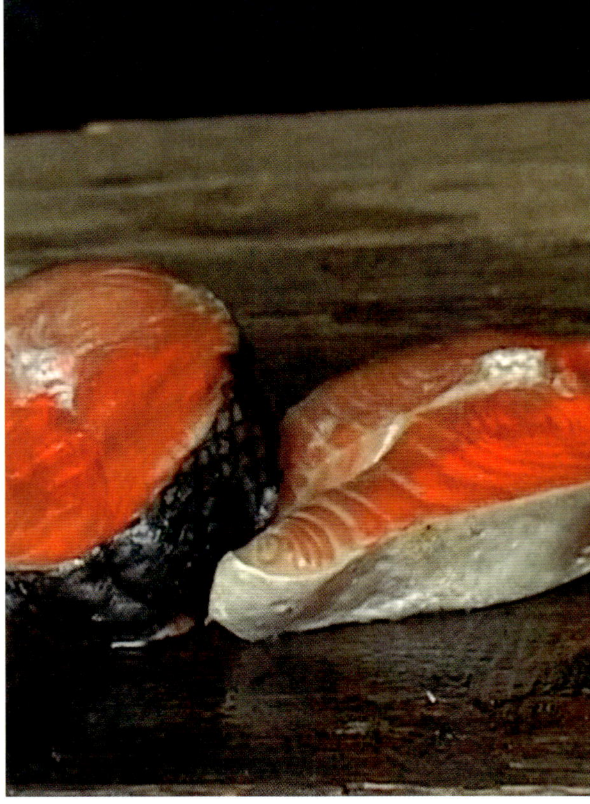

Gabriella Gerosa, Lachs, 2007,
HD-Video, 13 min (Detail)

eigene Ästhetik entwickelt – beinahe als zitiere Taylor-Johnson hier die Farbpalette von Francisco de Goya. Eine vergleichbare Entwicklung der Farben inszeniert sie in ihrem Film *A Little Death* von 2002 (S. 111 ff.). Mit dem hängenden Hasen wählt sie eine typische Präsentationsform des Jagdstilllebens, vergleichbar dem entsprechenden Gemälde von Cornelis Lelienbergh (S. 109). Die Deformation des Tieres durch Madenfraß, die uns im Film von Taylor-Johnson – erneut in schneller Bildfolge – vor Augen geführt wird, wirkt deutlich drastischer und ekelerregender als der Schimmelbefall auf den Früchten in *Still Life*. Letztlich endet aber auch *A Little Death* in einem abstrakten Bild von hoher farblicher Ästhetik, das in einem eigenartigen Widerspruch zum zuvor Gesehenen steht.

Dem Früchtestillleben *Still Life* fügt die Künstlerin eine weitere Bildpointe hinzu: Ein Plastikkugelschreiber liegt wie zufällig hingelegt auf der Tischplatte vor dem Früchtekorb. Von der ganz eigenen Dynamik des Vergehens völlig unberührt, ist dieses Attribut unserer Alltags- und Arbeitswelt beigegeben, womit die Künstlerin auf subtile Weise eine ganz entscheidende Frage stellt: Was bleibt (von uns) am Ende? Ist es das Wegwerfprodukt von begrenzter Lebensdauer, das doch zuletzt bleibt, während alles andere vergeht? Diese Auseinandersetzung mit den natürlichen Prozessen der Vergänglichkeit und die Frage danach, „was am Ende bleibt", sind für Taylor-Johnson durchaus von existenzieller Brisanz: In dem Jahr, bevor sie ihren Film *Still Life* drehte, wurde bei ihr erstmals Krebs diagnostiziert, der sie auch in den folgenden Jahren in ihrer Existenz bedrohte. Damit ist ihre Bearbeitung des Stilllebens zugleich eine künstlerische Selbstbehauptung und eine sichtbare Wegmarke auf ihrem Lebensweg: „Still alive!"

„Nichts ist das auff der Welt könt vnvergänglich seyn"[16]

Diese künstlerische Wegmarke verändert sich im Werk von Gabriella Gerosa im Vergleich zu ihrem frühen Film *Buffetcrash* von 2003. Der Knalleffekt verschwindet aus den jüngeren Arbeiten. Ihre künstlerische Provokation als Filmerin liegt nunmehr in der Aufforderung, kleinsten Veränderungen des Bildes Beachtung zu schenken. Für den Betrachter, auf die Abfolge schneller Bilder gepolt, erweist sich diese Einladung als echte Herausforderung. Scheinbar verändert sich in diesen Filmen fast nichts – und

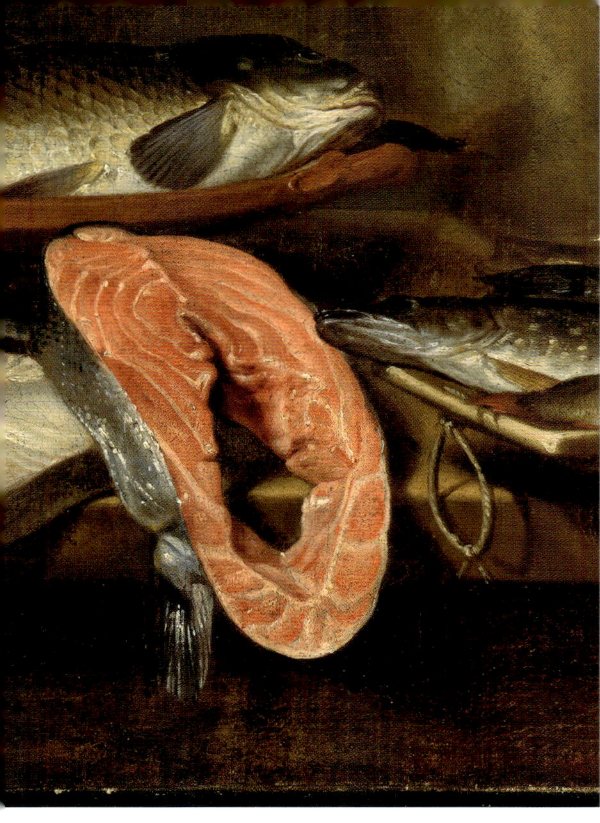

Holländischer Meister,
Fischstillleben, 17. Jahrhundert,
Öl auf Leinwand (Detail)

doch verändert sich so viel! Wer es schafft, sich hier hineinzusehen, dem gelingt etwas, das mit dem Modewort „Entschleunigung" wohl doch sehr gut beschrieben ist. Im Film *Pfirsiche* von 2007 (S. 52 ff.) ist das Setting zunächst mit Sam Taylor-Johnsons *Still Life* vergleichbar: In einem ebenfalls unbestimmbaren Raum liegen vier Pfirsiche auf einer Platte. Gerosa aber beschleunigt das Bild nicht, sondern nähert sich in ihren filmerischen Andeutungen von Vergänglichkeit erneut der altmeisterlichen Stilllebenmalerei an. Vom Wind bewegte Zweige verändern aus dem Off leicht das Lichtspiel auf der Holzplatte, ein Insekt läuft über einen der jeweils für sich daliegenden Pfirsiche. Das war es – und gerade deshalb sind wir still bewegt. Denn diese kleine Lichtkomposition ist zugleich das Kaleidoskop für das große Gefüge, das Zusammenspiel von Sonne und Erde. Und das kleine Insekt hat als Bote des kreatürlichen Lebens einen Gastauftritt, bevor es wieder von der Bühne verschwindet.

Die gleichsam malerische Andeutung von verrinnender Zeit bleibt Grundprinzip in weiteren Filmen von Gerosa. Auf dem immer gleichen Holzbrett ordnet sie ihre Objekte an, die am immer gleichen Ort in das wandernde Licht der Sonne gerückt werden. In *Totenkopf I* von 2009 (S. 169) changieren hellere und dunklere Flächen auf einem Schädel und verdichten sich in den tief liegenden Augenhöhlen. Wer sich auf dieses dezente Lichtspiel einlassen kann und nicht auf das visuelle „Event" wartet, kann die Zeit vergessen und doch in besonderer Weise mit ihr gehen. Mit dem auf einem zerlesenen Buch liegenden Totenkopf zitiert Gerosa ein altmeisterliches Motiv, wie es sich etwa in der Komposition von Johann Adalbert Angermeyer findet (S. 175). Diese Mahnung, das Memento mori, verweist auf den nach Erkenntnis und Wissen strebenden Menschen, von dem zuletzt doch nur ein leerer Schädel übrig bleibt – und die Sonne zieht weiter ihre Kreise.

Mit dem Film *Lachs* von 2007 (S. 188 ff.) greift Gerosa eine andere klassische Präsentationsform des Stilllebens auf: den zerlegten Fisch, von dem auch in der Malerei oft nur herausgeschnittene Scheiben zu sehen sind, um das besondere Rot des Lachsfleisches zeigen zu können, so wie im *Fischstillleben* eines unbekannten holländischen Meisters (S. 191). Bei Gerosa spiegeln sich auf der feuchten Tischplatte je nach Lichtstand unterschiedlich deutlich die Lachsscheiben – eine Spiegelung beinahe wie hingetuscht. Die Nähe zur Malerei ist hier besonders stark ausgeprägt, zumal Gerosa die

Lachsstücke an einigen Stellen angemalt hat, um das Rot des Fleisches hervorzuheben. Das vollkommen unspektakuläre Motiv ist durch diese malerische Bearbeitung tatsächlich von großer Sinnlichkeit und nimmt so Bezug auf Gemälde, in denen der Fisch als Sinnbild für Fruchtbarkeit und Wollust fungiert. Die wechselnde Lichtstimmung lässt das tote Fleisch „atmen", und bei Betrachtung der vergleichbaren Gemälde mit Lachs scheint sich plötzlich etwas von dieser sinnlichen Wahrnehmung im Film auf die altmeisterlichen Vorgänger zu übertragen. Diese Anmutung von Malerei zeichnet auch Gerosas Blumenstilllebenfilme *Päonien* und *Tulpen* von 2011 aus (S. 90 ff.), die in ihrer bildfüllenden Pracht weniger karg sind als die späteren Filme *Pfirsiche*, *Totenkopf I* und *Lachs*. Während in den Blumenstillleben der Alten Meister die Wertigkeit der Pflanzen durch kostbare Prunkvasen aus Kristall betont wird, steckt Gerosa ihre Sträuße in einfache Zinkeimer, wie sie Blumenhändler auf den Marktplätzen benutzen. Wenn die vergehende Opulenz der Blumen, die ihre Köpfe, von der eigenen Pracht niedergedrückt, schwer hängen lassen, durch das Herabfallen einzelner Blütenblätter ihren besonderen Ausdruck erfährt, dann ist das ein kurzer und zugleich großer Moment. Da ist erneut der Crash, der uns hier in seiner stillen und unspektakulären Variante eigenartig und still bewegt. Rainer Maria Rilke hat in seinem Gedicht *Herbst* für diesen Augenblick des Blätterfallens ein treffendes Bild gefunden: „[...] sie fallen mit verneinender Gebärde. / [...] / Wir alle fallen. Diese Hand da fällt. / Und sieh dir andre an: es ist in allen."[17] „Vita hominum flos est" – das Leben des Menschen ist eine Blume.

„Noch wil was Ewig ist kein einig Mensch betrachten"[18]

In seinem Film *The Eternal Life* von 2009 zeigt Wouter Verhoeven das Stillleben in einem wechselnden Bilderreigen zusammen mit Landschaften und einem sich unmerklich verändernden Porträt (S. 207 ff.). Sämtliche Bilder dieses 35-minütigen Films sind aus einer festen Kameraposition heraus aufgenommen, wodurch jede einzelne Aufnahme eine große Ruhe ausstrahlt und als eigenständig komponiertes Bild wahrzunehmen ist.[19] Hinzu kommt der malerische Duktus seiner Filmbilder: Verhoeven „malt" mit dem Licht und wählt Bildausschnitte, die an Gemälde erinnern. Diese Eigenständigkeit besitzen auch die sich wiederholenden Stilllebenarrangements im Film, wie die Kartoffeln, die Blumen, der Teller mit Speck und weitere Kompositionen. Sämtliche Aufnahmen der Landschaften entstanden im Juli 2007 in der niederländischen Provinz Nord-Brabant und damit in einer Region, in der viele Stillleben des 17. Jahrhunderts gemalt wurden. Durch das Wechselspiel mit diesen niederländischen Landschaften und dem altmeisterlich anmutenden Porträt einer Frau führt Verhoeven das Stillleben zugleich in seinen ursprünglichen genrehaften Bildkontext zurück. Dabei erzählt der Film keine stringente Geschichte, er bewegt sich nicht im Milieu einer belebten Markt- oder Küchenszene. Der langsame Reigen der Bilder, die Überblendungen einzelner Motive und die entfernten Klänge von Wind, Regen und Hundegebell wirken vielmehr wie Sequenzen eines Traumes. Verhoeven gelingt eine atmosphärische Aufladung, ohne jemals kitschig zu werden. Die melancholische Bildstimmung potenziert sich im Verlauf des Films, indem der Betrachter das zuvor Gesehene immer in das nächste Bild mit hineinnimmt. Gerade die Stillleben funktionieren hier wie eine Lupe, die das bislang Gezeigte symbolhaft bündelt. In vergleichbarer Weise, wenn auch in einer ganz anderen Bildsprache, setzt Peter Greenaway in seinen Filmen, vor allem in *Der Koch, der Dieb, seine Frau und ihr Liebhaber* (1989), das Stilllebenmotiv ein. Nachdem sich in Verhoevens Film die schwarz gekleidete Frau mit Tränen in den Augen vom Betrachter abwendet, folgt bald darauf das Bild eines leeren Stuhles, dann ein Stillleben mit einem verglimmenden Lampendocht und schließlich eine leere Schale. Wie auf einem Altar steht diese weiße Schale dort; durch das über ihrem Rand liegende Tuch wirkt sie wie ein Abendmahlsgefäß. Es ist ein eindrückliches Bild am Ende, das wir unmittelbar auf die Abwesenheit der Frau beziehen, als wäre es ein Hinweis auf das Ende ihres Lebens. Das mit Wasser gefüllte, vibrierende und funkelnde Glas von Christoph Brech und diese leere Schale können als Anfangs- und als Schlussbild unsere endliche „Passage" durch das Leben markieren. *The eternal life*, das „ewige Leben", findet nicht auf Erden statt. Die Zeit geht über uns hinweg und ist ihrerseits von ewigem Charakter, wie es Paul Fleming im 17. Jahrhundert in seinen „Gedancken über der Zeit" formuliert hat:

Der Mensch ist in der Zeit; sie ist in ihm ingleichen.
Doch aber muß der Mensch / wenn sie noch bleibet / weichen.
Die Zeit ist / was ihr seyd / und ihr seyd / was die Zeit /
Nur daß ihr Wenger noch / als was die Zeit ist / seyd.[20]

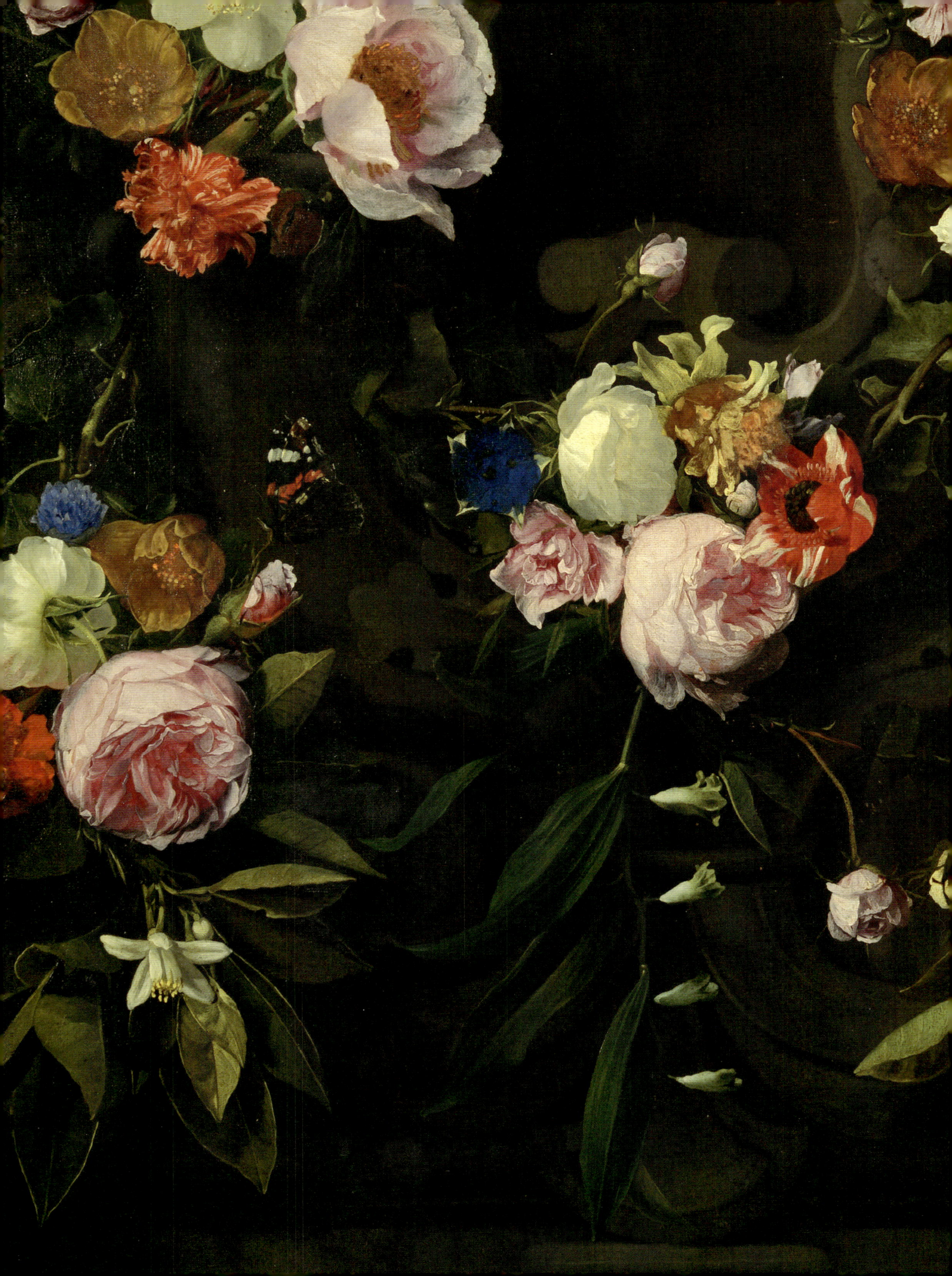

Ausgerechnet Stillleben

Gerrit Stevens

Cornelius de Heem / von Antorf / befliße sich auf allerley stillstehende Natürlichkeiten / als: Obs / Früchten / Muschlen / Bancqueten / Spiel / Instrumenten / Blumen-Geschirr / auf Metall oder Glas zu mahlen / die er über alle maßen vollkommen und mit rarer Natürlichkeit herfür brachte / derentwegen er auch hohes Lob erhalten / und noch unvergleichlich hoch geschätzet / gesuchet und gebrauchet wird. Als ich deßen Stucken eines in die zwey Ellen lang / so eine Tafel von dergleichen stillstehenden Sachen repraesentirt / bey dem liebhabenden Thoma Kretzer zu Amsterdam angetroffen / hat sie mir / wegen sonderbarer Raritát / so ich darinnen befunden / so beliebet / daß ich ihm alsbald 450. baare Gulden darfür geschlagen / er hat sie aber / unerachtet er sonst mein guter Freund ist / nicht darfür laßen wollen / mit Vorwenden / solches Werk wäre ihm um kein Geld feil / wie dann diese edle Hand viel mehr als Silber und Gold bey den Kunstliebenden gelten solle.

Joachim von Sandrart[1]

Erzählte Zeit als Natur des barocken Stilllebens

Die Stillleben der Alten Meister schmücken die Museen der Welt und immer wieder werden ihnen große Ausstellungen gewidmet. Fast wundert man sich darüber, dass diesem Genre seit seiner Blüte im 17. Jahrhundert eine nahezu ungetrübte Popularität zuteil wird. Warum ausgerechnet Stillleben, die eine ausschnitthafte Grundkomposition mit weitgehend sich wiederholenden Mustern aufweisen? Die Bedeutung der Gattung bleibt längst nicht mehr allein auf die Malerei beschränkt, sondern findet seit Beginn des 21. Jahrhunderts in bemerkenswerter Vielfalt im Medium des Films ihren Ausdruck. Steckt das Potenzial dieser Entwicklung bereits in den niederländischen Barockgemälden? Was zeichnet diese Gemälde aus heutiger Sicht aus und warum wird das Stillleben inzwischen auch von der Videokunst aufgegriffen? Im Film stehen insbesondere zwei Faktoren im Vordergrund: Erstens charakterisiert ihn das bewegte Bild und zweitens resultiert aus seiner gegebenen Erzählstruktur immer eine besondere Beziehung zur Zeit. Die Zeit und das Erzählen sind die beiden Elemente des Films, die in variabler Ausprägung auch in den Gemälden der Alten Meister verankert sind. Sie liegen als Erzählstrang aus Zeitdehnung, Zeitraffung und Echtzeit bereits in den barocken Gemälden vor, die nicht als reines Abbild von arrangierten Gegenständen, sondern als Allegorien der Vergänglichkeit geschaffen und rezipiert wurden. Stillleben faszinieren zeitgenössische Künstler nicht in erster Linie aus einer Retromode heraus, sondern weil sie darauf verweisen, dass das Leben endlich und Zeit kostbar ist. Bereits in den barocken Stillleben war die Zeit das beherrschende Thema und mithilfe diverser Bildstrukturen konnten komplexe Zeiträume auch in dem im Moment verharrenden Stillleben erzählt werden.

Cornelis de Heem, dessen „stillstehende Natürlichkeiten" von dem eingangs zitierten Barockkünstler und Kunstliteraten Joachim von Sandrart (1606–1688) gelobt wurden,[2] zählt zweifelsfrei zu den führenden Stilllebenmalern des 17. Jahrhunderts. Der Zeitgenosse Sandrart verdeutlicht mit seiner kleinen Anekdote, dass das Stillleben bereits im Barock eine besondere Wertschätzung genoss, wenngleich es gegenüber der Historien-, Landschafts- und Porträtmalerei nach wie vor eine untergeordnete Rolle spielte. Die unterschiedliche Bewertung der Gattungen findet sich beispielsweise in dem Lehrbuch „Einführung in die hohe Schule der Malkunst, oder die sichtbare Welt" des Dordrechter Malers Samuel van Hoogstraten (1627–1678).[3] Wie steht es aber um Erzählstrukturen und Zeitebenen im Werk von de Heem? Dieser war in der zweiten Hälfte des 17. Jahrhunderts tätig, als das Blumenstillleben in der Nachfolge von Jan Brueghel d. Ä. (1568–1625) – der als „Blumen-Brueghel" bezeichnet wurde – schon eine lange Bildtradition hatte. Cornelis de Heems *Blumenstrauß* (S. 96) vereint üppig blühende Tulpen und Rosen in einer bauchigen Glasvase. Am oberen Bildrand umflattert ein Schmetterling die Blumen. Der Blick des Betrachters fällt zunächst auf die roten Blüten, die sich von dem dunklen Hintergrund abheben. Insbesondere sticht die rot-weiß blühende Tulpe ins Auge, da ihre Hell- und Dunkeltöne im Kontrast wie ein Signalband wirken. Von ihr wandert der Blick in Leserichtung von Blüte zu Blüte, die in leichtem Abstand einen Kranz um die Vase bilden.

Die kranzförmige Komposition in Blumenstillleben geht auf die floralen Rahmen religiöser Votivbilder zurück. Dieser Zusammenhang wird in den Stillleben von Daniel Seghers offensichtlich. Seghers arbeitete mehrfach mit Erasmus Quellinus d. J. zusammen: Während er auf das Blumenbild spezialisiert war, fertigte Quellinus, der auch eine Ausbildung als Bildhauer genossen hatte, Figuren, Porträts oder gemalte Statuetten an – so malte er etwa in dem ersten der zwei hier gezeigten Oldenburger Stillleben Seghers' die Marienbüste in der Nische (S. 89). Das zweite Oldenburger Stillleben, ebenfalls in Form eines Blumenkranzes um eine Nische angeordnet, stammt dagegen ausschließlich von der Hand Daniel Seghers' (S. 88). Die Marienbüste fehlt, wodurch die Blumen zum Hauptgegenstand des Bildes erhoben werden. Das Gemälde, sofern es in diesem Zustand als abgeschlossenes Werk angesehen wird, veranschaulicht die Abgrenzung vom religiösen Bildbezug hin zur Darstellung des Blumenkranzes als alleiniges Sujet. Auffällig ist, dass die Lilie als Mariensymbol auf dem Blumenbild ohne Marienbüste rechts oben aufgegriffen wurde, während sie in dem Stillleben mit Marienbüste in deren Rahmung nicht vorkommt. Die Lilie gilt wegen ihrer weißen Blüte als Sinnbild der Reinheit und Keuschheit und wurde deshalb zum Sinnbild der unbefleckten Empfängnis Marias.

In der *Blumengirlande mit Prachtlibelle* von Michaelina Woutiers tritt die veränderte Akzentuierung deutlicher hervor (S. 105). Die Blumen in voller Blüte dominieren das gesamte Bild und insbesondere die rosa Blüte im Bildzentrum scheint auf den Betrachter ausgerichtet. Der Blick wird mithilfe des leuchtend blauen Bandes von einer oberen Ecke zur anderen geführt, und erst im zweiten Moment erfasst das Auge die Insekten, die sich zart vom Bildhintergrund abheben. Um die Blumengirlande fliegen eine Biene, die in ihrer Funktion als Blütenbestäuberin für Fruchtbarkeit steht, ein Schmetterling, der nach der Verpuppung zu einem anmutigen Insekt geworden ist und somit den Wandel zur Schönheit und im christlichen Kontext die Auferstehung symbolisiert, und dessen Gegenpart, die Libelle. Die Libelle erscheint deshalb antipodisch zum Schmetterling, weil sie als besonders große Fliege und somit als Sinnbild für gravierendes Übel galt. Demgegenüber stand der Schmetterling, der als einziges Insekt positiv konnotiert war. Die Blumenstillleben thematisieren Zeit, indem sie Pflanzen gemeinsam zeigen, die eigentlich zu unterschiedlichen Jahreszeiten blühen. Häufig vereinen diese Bouquets auch aufeinanderfolgende Stadien der Blüte. Die idealisierten Kompositionen beziehen sich fast ausschließlich auf Zeitspannen, was im Kontrast zur Auffassung steht, bei einem Stillleben handele es sich um einen gemalten Augenblick.

Das Abbilden von Natur im Stillleben

Charles William Hamilton übte sich in der natürlichen Wiedergabe von Tierkadavern, wie in seiner Studie *Toter Dompfaff und tote Goldammer* (S. 116) zu sehen ist, und spezialisierte sich innerhalb der Gattung

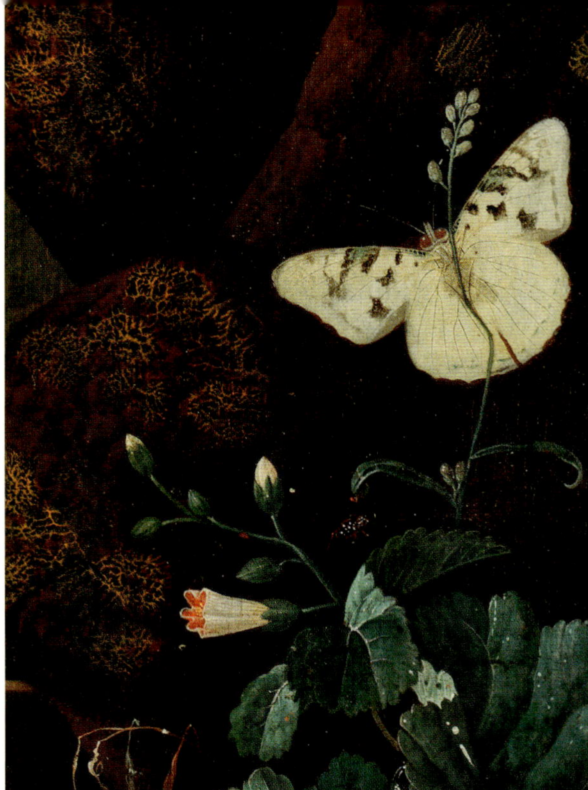

Johann Falch, Stillleben mit Distelfalter, Schnirkelschnecke und Ringelnatter, um 1710, Öl auf Holz (Detail)

Stillleben auf das Waldbodenstück, den sogenannten *sottobosco*. Deshalb erhielt er – analog zu Jan Brueghels Bezeichnung als „Blumen-Brueghel" – den Namen „Distel-Hamilton".[4] Das Waldstillleben *Stillleben mit Distelfalter, Schnirkelschnecke und Ringelnatter* von Johann Falch (S. 129) zeichnet sich durch ein besonderes Naturabbild aus: Die Flügel des Schmetterlings stammen nachweislich vom Leinwandabdruck eines echten Insekts. Enger konnte ein Stilllebenmaler wohl kaum dem Vorbild der Natur folgen.

Das Stillleben vor dem Stillleben: Genremalerei und die ersten Stillleben

Historisch betrachtet, entwickelte sich das Stillleben aus dem Kontext der Genremalerei, die in Flandern und den Niederlanden im 16. und frühen 17. Jahrhundert weite Verbreitung fand.[5] Im 17. Jahrhundert war das entscheidende Qualitätskriterium für ein gelungenes Genrebild dessen Naturtreue. Darunter wurde nicht ein fotografisches Abbild, sondern die Überzeugungskraft eines Bildes verstanden: Es ging darum, Lebendigkeit in einer als authentisch empfundenen Umgebung wiederzugeben.[6] Die zentralen Elemente der Genreszenen sind demnach die gezeigte Handlung und der Raum, in dem diese präsentiert wird. Im Gegensatz zum Stillleben ist die Thematisierung von Zeit nachrangig. Stattdessen werden moralische Themen in Form von Handlungen und Motiven direkt oder allegorisch aufgegriffen. Die Genremaler spezialisierten sich wie später die Stilllebenmaler auf bestimmte Darstellungen mit wiederkehrender Motivik und Bedeutung. Adriaen van Utrechts *Die Gemüseverkäuferin* existiert beispielsweise in mehreren nahezu identischen Fassungen, hier gezeigt ist die Fassung aus dem Martin von Wagner Museum der Universität Würzburg (S. 195). Das Format des Gemäldes ist stets bemerkenswert groß – eine späte Tendenz in der Genremalerei. Die Mehrzahl der überlieferten Genreszenen wie auch der Stillleben ist hingegen klein- und mittelformatig. Der Marktstand der Gemüseverkäuferin besteht aus einem langen Tisch, auf dem das Gemüse ausgebreitet ist und auf dem auch die alte Marktfrau sitzt. Hinter dem Gemüsetisch stehen ihr zwei Kunden gegenüber. Während der eine von ihnen, ein Mann, die Münze betrachtet, die er in seiner rechten Hand hält, streckt die Gemüseverkäuferin ihm ihre geöffnete Hand entgegen. Sie erwartet

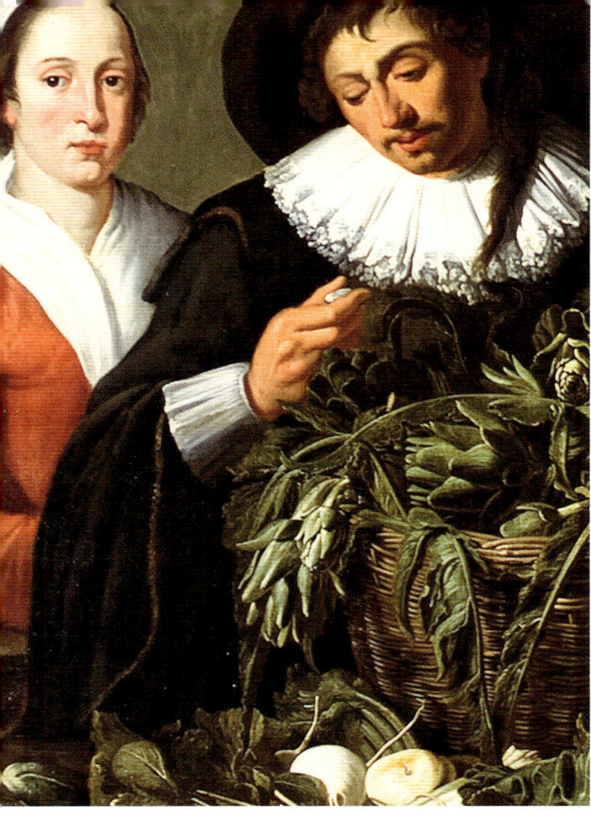

Adriaen van Utrecht,
Die Gemüseverkäuferin, o. D.,
Öl auf Leinwand (Detail)

den Erhalt der Münze: eine klassische Marktsituation. Hinter dem Mann trägt eine junge Frau einen noch leeren Einkaufskorb, der sie als Gegenpart der Gemüseverkäuferin erscheinen lässt: Diese hält als Attribut einen mit Gurken gefüllten Korb in ihrer linken Hand. Die rot-weiße Farbe ihrer Kleidung wie auch ihre weißen Kopfbedeckungen verbinden beide Frauen, die für unterschiedliche Lebensalter stehen. Der kompositorisch angelegte Vergleich von Jung und Alt zielt auf die Flüchtigkeit von Schönheit und Jugend ab. Neben der beschriebenen Handlung impliziert das Gemälde somit ebenfalls einen zeitlichen Bezug.

Ein für die Entwicklung des eigenständigen Stilllebens entscheidender Ort für Genredarstellungen ist die Küche. Jeremias van Winghes *Stillleben mit Gemüsehändlerin (Küchenszene)* enthält bereits viele Motive der Stilllebenmalerei und wird doch von den handelnden Personen dominiert (S. 198). Ein Mann bedrängt eine Frau und bietet ihr Geld an. Neben ihnen stiehlt ein Knabe einen Apfel, biblisch als Naschen von der verbotenen Frucht zu deuten. Besonders anzüglich erscheint die Haltung des gerupften Huhns, das mit seinen gespreizten Schenkeln direkt auf die sexuelle Begierde des Mannes verweist. Das Gemälde an der Küchenwand thematisiert ein weiteres Laster: die Spielsucht. Es zeigt drei Männer beim Tric-Trac-Spiel, der barocken Variante von Backgammon. Auf dem Tisch im Vordergrund liegen Elemente aus vielen Untergruppen des Stilllebens vereint: Gemüse und Obst, Fleisch und Fisch sowie frisch erlegtes Geflügel. Von diesem Tisch separiert, steht auf einem zweiten Tisch eine Fastenmahlzeit aus Brot, Käse und Wein. Diese Motive finden sich häufig in Verbindung mit Fisch als weiterer Fastenspeise in Mahlzeitenstillleben vor einem monochromen Hintergrund.

Die Entwicklung des autonomen Stilllebens aus einem größeren Kontext heraus bedingt zunächst eine Konzentration auf Details und eine formale Loslösung von arrangierten Objekten aus einem Handlungszusammenhang. Diese Dekontextualisierung ermöglicht es dem Betrachter, eigene, weiter reichende Interpretationsansätze zu entwickeln – ein entscheidender Faktor für die anhaltende Popularität von Stillleben.

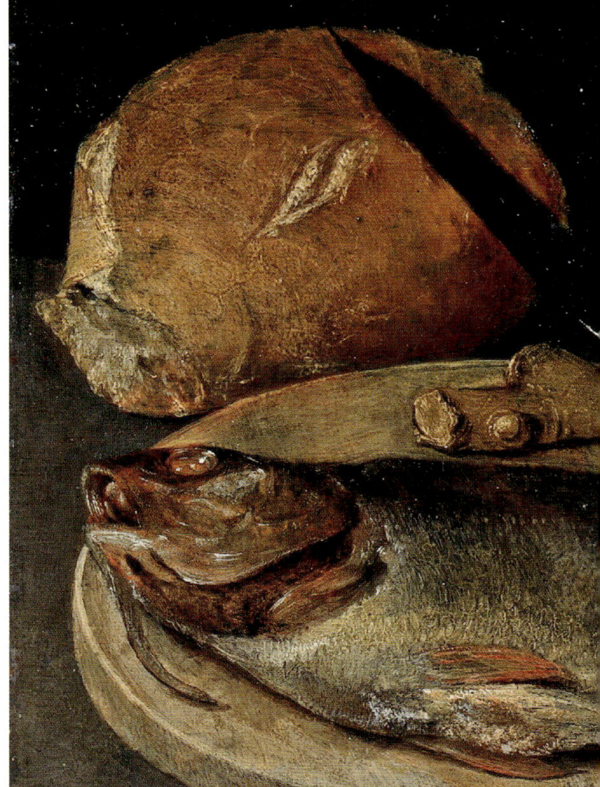

Georg Flegel, Stillleben mit Fisch und Semmel, um 1635, Öl auf Holz (Detail)

Wie das Wort bereits besagt: Mahl-Zeit

Georg Flegels *Stillleben mit Fisch und Semmel* (S. 178) besteht aus einem Fisch, Brot, einer Muskatnuss, Ingwer und einer Trinkschale. Das Ensemble ist sehr nah an einer Tischkante platziert, sodass sich eine Raumsituation nicht recht ausmachen lässt. Das Messer lehnt an dem noch unberührten Brot und der Knauf liegt da wie griffbereit, auch der Fisch wartet auf dem Schneidebrett darauf, verspeist zu werden: Flegel inszeniert eine einfache Mahlzeit kurz vor dem Verzehr. Im *Stillleben mit Brot und Früchten* von C. C. G. Conradt (S. 62 / 63) wurde die Mahlzeit hingegen bereits begonnen: Das Brot ist angebrochen, eine Frucht wurde aus der Schale genommen, auf den Teller gelegt und halbiert und das Weinglas ist gut gefüllt – in der Regel zeigen Stillleben halb gefüllte Gläser, wie sie bei Hendrik van Streeck (S. 139) zu sehen sind. In den Mahlzeitenstillleben werden demnach unterschiedliche Zeitpunkte festgehalten.

Der Fisch, wie im Gemälde von Flegel zu sehen, zählt als Symbol für Christus und wichtiges Nahrungsmittel in der Fastenzeit zu den häufig wiederkehrenden Motiven in Stillleben. Besonderer Beliebtheit erfreute sich das fette, glänzende Fleisch des Lachses. Die rote Farbe vor dunklem Hintergrund hebt diesen Fisch in der Komposition nahezu zwangsläufig hervor. Gesteigert wird die Wirkung der Lachsscheibe, indem sie über den Rand des Tisches gelegt ist und dadurch gelängt wirkt. Diese Bilddramaturgie nutzt der unbekannte holländische Meister im seinem *Fischstillleben* aus der Staatlichen Kunsthalle Karlsruhe (S. 191) genauso wie Gerrit van Vucht in seinem *Küchenstillleben mit Fleisch, Fischen und Gemüse* aus der SØR Rusche Sammlung (S. 186 / 187). Bei van Vucht neigt sich der Lachs, der der Schwerkraft enthoben zu sein scheint, bis ins Unnatürliche gesteigert über die Tischkante.

Vergänglichkeit zwischen Saus und Braus

Weniger bescheiden als in den Gemälden der einfachen Mahlzeiten werden in den Prunkstillleben üppige Tafeln mit Luxusgütern bestückt. Ein häufiges Merkmal dieser Stillleben ist der Hummer, aber auch andere teure Lebensmittel, imposante Trinkgefäße und Porzellanschalen in Überfülle

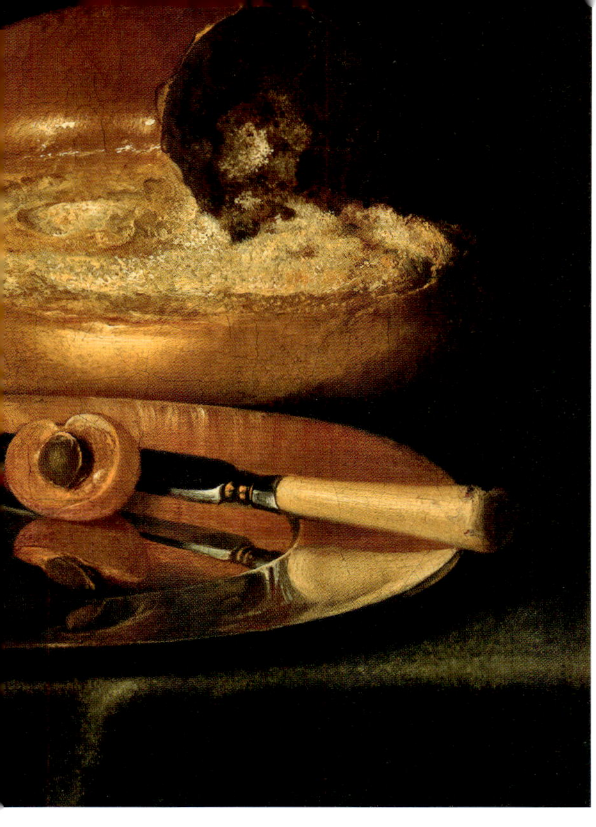

C. C. G. Conradt, Stillleben mit Brot und Früchten, o. D., Öl auf Holz (Detail)

charakterisieren sie. Ein sprechendes Beispiel dieser Untergattung ist das *Stillleben mit Hase, Vögeln, Hummer und Trauben* von Frans Snyders (S. 146 / 147). Der Hummer leuchtet in seiner roten Farbe und weist mit seinen Scheren auf die vielen erlegten Tiere: Hasen, Fasane, Rebhühner, Wachteln und weiteres Geflügel türmen sich auf der Tischplatte. Die toten Augen des Hummers und der Hasen blicken aus dem Bild, wohingegen die Vögel die Augen geschlossen haben. Eine kunstvoll verzierte Standschale ist großzügig mit Weintrauben gefüllt. Aus dem Hintergrund tritt zart ein mit breitem Goldrand bekröntes Stangenglas hervor. Der ebenfalls überbordend gedeckte Tisch eines Stilllebens von Pieter de Ring (S. 141) vereint Obst, angerichtet auf einem weiß-blauen Wanli-Teller, mit einer kunstvoll geschälten Zitrone, einem Hummer und einem halb gefüllten Römerglas. Rechts neben dem Hummer liegt ein Ring auf dem Tisch. Der Künstler signierte seine Gemälde mit diesem sprechenden Symbol in Anlehnung an seinen Familiennamen. Beide Stillleben präsentieren Luxus in Qualität und Quantität der kostbaren Gegenstände. Die vielen Weißhöhungen intensivieren diesen Güteanspruch. Anders als in einem Stillleben von Harmen van Steenwijk (S. 75), das in seiner Komposition eher an die einfachen Mahlzeiten erinnert und dessen Früchte Flecken von Überreife und beginnender Fäulnis tragen, wirken die Objekte der Prunkstillleben makellos. Die Vergänglichkeit von Luxus schwingt höchstens latent mit, die Objekte verweisen in erster Linie auf die gehobenen Ansprüche und das Selbstverständnis des Auftraggebers oder Besitzers dieser Gemälde.

Wenn überhaupt, tritt der Aspekt der Vergänglichkeit in denjenigen Prunkstillleben am offenkundigsten auf, die besonderen Wert auf das Abbilden von Gläsern legen. Das Stillleben von Gerrit Willemsz. Heda (S. 134 / 135) stellt eine solche Materialität zur Schau. Die Lebensmittel der Mahlzeit sind an den Bildrand gedrängt oder beinahe aufgebraucht. Heda führt kunstvoll den Faltenwurf einer glänzend weißen Tischdecke, einen noch halb gefüllten Römer, ein Stangenglas und liegende Silbergefäße aus. Die Glanzpunkte heben die Qualität der Objekte hervor. Die Mahlzeit – zweifelsfrei ein üppiges Mahl, wie eine verbliebene Austernschale bezeugt – neigt sich ihrem Ende zu. Zeit wird in diesem Gemälde zur endlichen Größe.

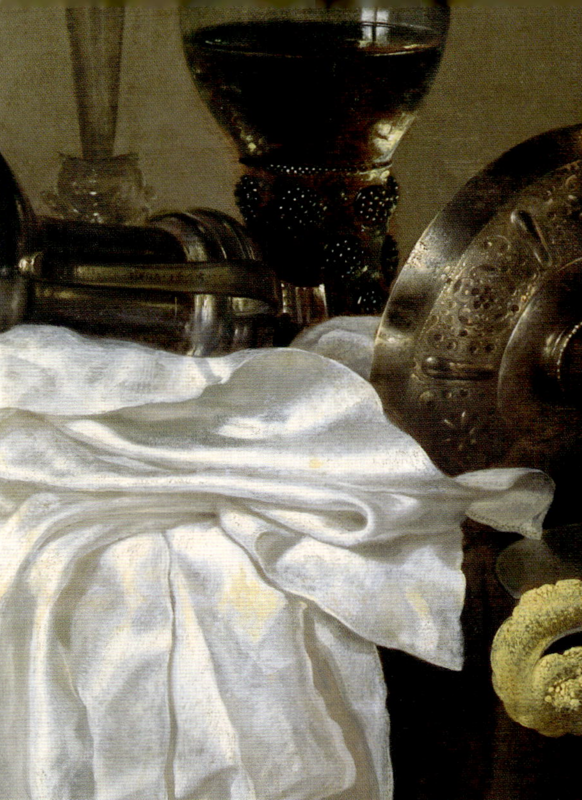

Gerrit Willemsz. Heda,
Frühstücksstillleben, 1645,
Öl auf Holz (Detail)

Glas war auch deshalb in den Stillleben so beliebt, weil es auf der einen Seite das Können des Künstlers herausforderte, ein Material wiederzugeben, das durchsichtig ist. Auf der anderen Seite waren die feinen, besonders gestalteten Glaspokale zugleich wahre Kostbarkeiten. Glas eignete sich außerdem als Metapher für eine veränderte Sicht auf die Dinge: Es konnte zu Sichtverzerrungen führen oder als Brille überhaupt erst Sehen ermöglichen. Ein Römerglas steht auch im Zentrum des Stilllebens von Willem Kalf (S. 133). Die Wölbung des Glases deutet der Künstler mit einem breiten Lichtreflex und der gekrümmten Oberfläche des Weins an. Die Orange im Bildzentrum ist überreif und dominiert mit ihrer runden Form die Komposition. Das Markenzeichen des Künstlers, die geschwungene Zitronenschale, lockert die konzentrierte Darstellung auf, indem es den klaren Formen ein verspieltes Element hinzufügt.

Material und Körperlichkeit spielen auch in Musikstillleben eine wichtige Rolle. Auffällig ist, dass die Saiteninstrumente häufig den Ursprung ihres Klangs – die Saiten – verbergen und nur der Korpus sichtbar ist. Musikinstrumente verweisen in Stillleben auf die Flüchtigkeit von Musik, auf ihr Verklingen, und sind aus diesem Grund Symbole der Vergänglichkeit. Eine Lesart im Sinne einer leichten, heiteren Lebensführung – die ja durchaus auch möglich wäre – drängt sich hingegen für die dunkel, meist monochrom gehaltenen Musikstillleben nicht auf. Indem Franz Friedrich Franck in seinen Stillleben die Instrumente umgedreht, mit ihrem Boden nach oben weisend präsentiert, betont er ihren Charakter als Resonanzkörper (S. 163, 165).

Eine Sonderstellung nimmt das *Stillleben mit Tric-Trac-Spiel* von Gerrit van Vucht (S. 157) ein, da es mit einer angedeuteten Raumecke im Hintergrund so etwas wie eine Bühne öffnet. Zwei Stühle stehen an einem mit Stangenglas und Römer gedeckten Tisch, zwischen ihnen lehnt eine Bratsche; die Reste einer Fischspeise liegen noch auf einem Schneidebrett. Obwohl das Gemälde typische Motive des Stilllebens vereint, bleibt der Eindruck, dass es sich bei diesem Beispiel eher um ein Genrebild handelt, dem die agierenden Personen abhanden gekommen sind. Das Musikinstrument wird wie in den erwähnten Gemälden von Franck in Rückansicht präsentiert und der Bogen liegt für den ersten

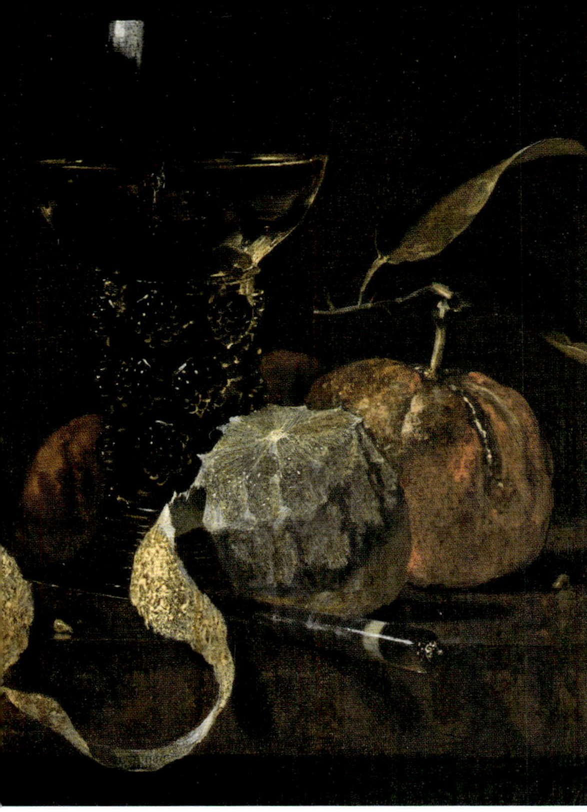

Willem Kalf, Stillleben mit Römer, Zitrone und Orangen, um 1663/64, Öl auf Leinwand (Detail)

Ton bereit. Sogar das Notenheft ist aufgeschlagen auf einem der Stühle zu sehen. Der konkrete Raum und die für das Musikspiel vorbereitete Bratsche suggerieren mehr als in anderen Stillleben eine mögliche Handlung. Raum und Anordnung haben demnach einen Einfluss auf die Erzählstruktur des Stilllebens.

Von den Zeichen der Jagd

Jagdstillleben zeigen tote Tiere – Beutetrophäen. Sie verweisen darüber hinaus auf den sozialen Status der Personen, die ein solches Stillleben besaßen oder in Auftrag gaben, da die Jagdberechtigung im 17. Jahrhundert in weiten Teilen Europas ein Privileg der weltlichen Aristokratie war. In ihrer Grundaussage stehen sie den Prunkstillleben nahe.

Isaack Adamsz. Colonia stellt in seinem Gemälde aus der SØR Rusche Sammlung (S. 115) einen toten Kiebitz dar, der mit einer dünnen Leine um seine rechte Kralle fixiert wurde. Kopfüber hängend, mit abgespreizter linker Keule ist das Tier als Jagdbeute gekennzeichnet. Sein gebrochener Hals wird durch das Aufliegen des Kopfes auf einer Tischplatte betont. Colonia verzichtet in der Präsentation des toten Vogels auf eine offensichtliche metaphorische Aufladung. Im *Jagdstillleben mit Rebhuhn vor Steinnische* von François Desportes (S. 127) und im *Stillleben mit totem Geflügel* von Abraham Mignon (S. 125) bieten die architektonische Nische und der stärker betonte Faden, an dem die Tiere jeweils hängen, einen breiteren Interpretationsansatz. Desportes bekrönt die Nische mit einer Muschel, einem Symbol der Auferstehung, das nach der *Naturgeschichte* des Plinius bereits in der Antike bekannt war und in diesem Sinn beispielsweise im Bild der schaumgeborenen Venus aufgegriffen wurde.[7] Der Kopf des Rebhuhns berührt nicht wie bei Colonia die Tischplatte, sondern das Tier hängt mit überstrecktem Rücken in der Nische. Zwei weitere Vögel sind auf einer Steinplatte davor positioniert, umgeben von einem umgestürzten Becher und Pflaumen an einem Zweig mit welkenden Blättern. Die Komposition weist über ihren Charakter als Jagdstillleben hinaus, da die beschriebenen Attribute in Entsprechung zu anderen Stillleben als Zeichen der Vergänglichkeit identifiziert werden können. Mignon gibt dem Geflügel in seinem Stillleben hingegen Schnecken, Spinnen,

Bienen, Schmetterlinge und weitere Insekten zur Seite. Das Gefieder zeigt er detailliert, sodass geknickte und zerzauste Federn von dem verlorenen Todeskampf zeugen. Vereinzelte Daunen fallen von dem Tier ab. Im Vergleich der drei Tierkadaver wirkt Colonias nüchterne Komposition ohne zusätzliche Objekte beklemmend endgültig. In den Stillleben von Desportes und Mignon führen die Ausschmückungen zu einer allegorischen Lesart: Das tote Tier wird zum mahnenden Symbol und ist nicht mehr ausschließlich Opfer eines vorangegangenen Tötungsaktes.

Nichts bleibt für die Ewigkeit?

Letztlich liegt jedem Stillleben mehr oder weniger offensichtlich der Verweis auf die Vergänglichkeit zugrunde. Am plakativsten gestaltet sich die Verbildlichung der Vergänglichkeit allen menschlichen Lebens natürlich, indem ein Totenkopf integriert wird. Der Schädel ist das, was vom Menschen nach dessen Tod bleibt – das Zeugnis des endlichen Lebens. Stillleben mit Totenköpfen bilden daher eine weitere Unterkategorie: die Vanitas-Stillleben. Das Vanitas-Thema geht auf die biblischen Worte aus dem Buch Kohelet zurück: „Vanitas vanitatum dixit Ecclesiastes omnia vanitas." („Es ist alles ganz eitel, spricht der Prediger, ganz eitel.")[8]

Ein unbekannter deutscher Meister stellt in einem um 1620 entstandenen Stillleben mit Totenschädel, Wachsstock und Taschensonnenuhr (S. 168) Zeichen der vergehenden Zeit dem Relikt des Todes dialogisch gegenüber. In Cornelis Norbertus Gysbrechts' Stillleben aus der SØR Rusche Sammlung (S. 171) sind viele aus den hier erläuterten Subkategorien des Stilllebens bekannte Objekte um einen Schädel drapiert. Eine Geige, eine Flöte und Notenblätter verbildlichen wie in den Gemälden von Gerrit van Vucht oder Franz Friedrich Franck die Flüchtigkeit der Musik. Das Laster der Spielsucht und die Versuchungen des Geldes klangen insbesondere im Frankfurter Genrebild von Jeremias van Winghe an. Die nahezu abgebrannte Kerze, die Sanduhr im Hintergrund und die Taschenuhr am blauen Band führen unmittelbar wie im Stillleben des unbekannten deutschen Meisters die vergehende Zeit vor Augen. Schließlich verweisen die Blumen auf Zeitspannen, die in den Stillleben impliziert sind, indem sie alle in voller Blüte gezeigt werden, obwohl sie in der Natur zu unterschiedlichen Zeiten blühen.

Zeit ist eine entscheidende Größe in den Stillleben des 17. Jahrhunderts und die Gemälde verlieren bis in die Gegenwart hinein nicht ihre Faszination, weil sie grundlegende philosophische Fragen nach der Endlichkeit des Lebens stellen und ihre bildhafte Sprache immer noch vertraut erscheint. Diese Kompositionen sind in ihren Details sehr genau und naturgetreu, in ihrer Deutung aber lassen sie vielfältige Schlüsse und Raum für Interpretationen zu. Vielleicht macht ja genau das den Reiz von Stillleben aus.

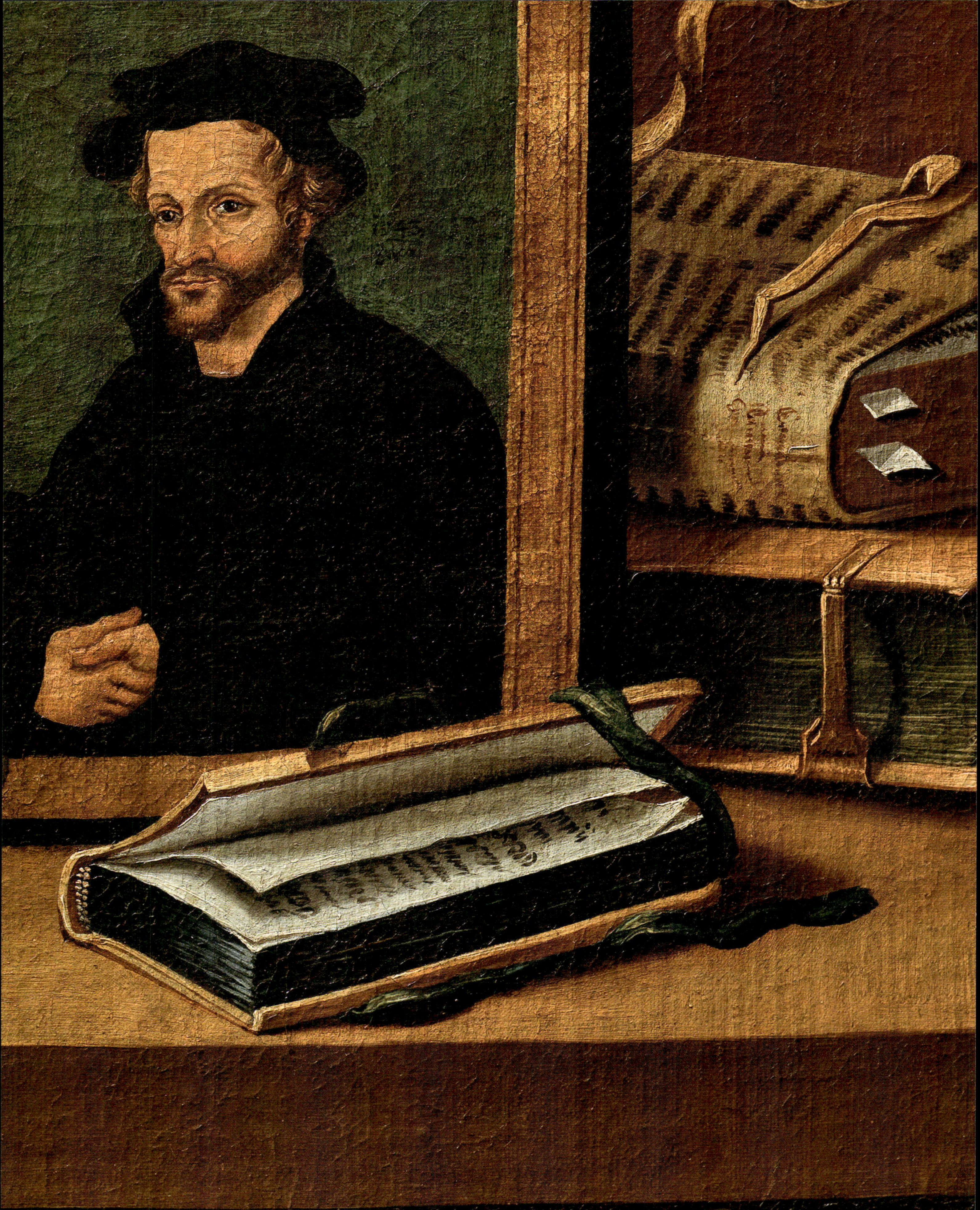

Fraktur und Kontinuität
Zum bildräumlichen Aufbau von Stillleben einst und jetzt

Christof Trepesch

Der Bildraum der Stillleben des Straßburger Malers Sebastian Stoskopff (1597–1657) wird von Eigentümlichkeiten in großer Prägnanz bestimmt, wie es im *Stillleben mit Porträt von Melanchthon* (um 1645; S. 206)[1] exemplarisch nachzuweisen ist: Klar und überschaubar sind die Bildgegenstände auf einer hölzernen Tischplatte organisiert; links liegt ein Brief mit erbrochenem Siegel, dahinter befindet sich eine Flaschenkaraffe mit Blumen, im Zentrum steht, leicht angekippt, das Porträt des großen Reformators Philipp Melanchthon (1497–1560), das offenbar auf ein Vorbild von Lucas Cranach d. Ä. (um 1472–1553)[2] zurückgeht; davor liegt ein Buch im Pergamenteinband, das sich, ein wenig zerlesen, zum Betrachter hin öffnet; rechts zwei weitere, aufeinandergestapelte Folianten, der obere mit gelösten Buchbändern. Kompositorisch betrachtet, ergeben die Linien der Gegenstände ein statisches Netz aus Geraden, Schrägen und Gegenschrägen, die aufeinander verweisen bzw. sich aufeinander beziehen. Das Bildlicht ist weit von einer die einzelnen Objekte akzentuierenden Lichtführung entfernt, vielmehr herrscht ein gleichmäßiges, bildimmanentes Licht vor, das die Bildgegenstände in ihrer Dreidimensionalität im Sinne einer Modellierungshelle herausarbeitet. Auf der lichtabgewandten Seite zeigen lediglich kleinere Schattenlinien an, dass die Lichtquelle links oben, außerhalb der Bildwelt liegt. Letztere scheint sich somit in großer Ordnung vor unseren Augen zu entfalten.

Doch bei genauerem Hinsehen erweist sich diese Bildwelt als ein hochartifizieller Bildraum, der eigenen Gesetzmäßigkeiten folgt, die auch in der Stilllebenmalerei des 17. Jahrhunderts ungewöhnlich sind: Der geöffnete Brief wirkt eigentümlich schwebend, das Porträt steht verkantet auf der Tischplatte, die Standfläche der Glaskaraffe ist unsichtbar, die beiden Folianten rechts verharren ebenfalls in einem merkwürdigen Schwebezustand über dem dunklen Gegenstandsschatten des Buches im Vordergrund.[3] Die auf den ersten Blick sicher geglaubte Bildwelt wird zu einem Organismus höchster Verunsicherung, der sich den Gegebenheiten unserer Erfahrungswelt entzieht. Stoskopff war offensichtlich bestrebt, die Basislinien der einzelnen Objekte zu verdecken und damit zu verunklären; wenn dies nicht möglich war, unterfütterte er die Gegenstände mit einem Schattensaum und brachte sie damit in den beschriebenen Schwebezustand. Die von ihm entwickelte Bildkomposition weicht so von unserem naturwissenschaftlich geprägten Erfahrungshorizont wesentlich ab – dazu passt auch die auffallende Eigendynamik der Aufhängeschleife des Bildes sowie das gestisch wegzipfelnde Buchband oder die Spitzwinkligkeit der Briefecken, die alle in einer unnatürlichen Eigenbewegung

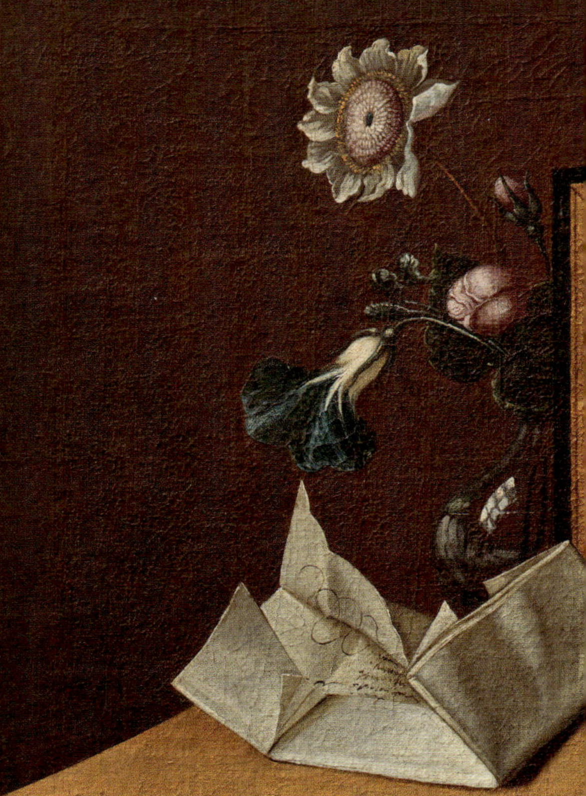

Sebastian Stoskopff,
Stillleben mit Porträt von Melanchthon, um 1645, Öl auf Leinwand (Detail)

verharren. Stoskopffs Stilllebenwelt ist ein Gefüge gegenseitiger Bezugnahmen und Abhängigkeiten, die im Ikonografisch-Inhaltlichen verankert ist, denn das Stillleben präsentiert sich auf den zweiten Blick als ein Gelehrtenstück, das das Porträt des Reformators gleich einer Ikone oder einem Heiligenbild in einen verehrungswürdigen Zustand bringt. Dieser der lutherischen Lehre entgegenstehende Bedeutungshorizont des Personenkultes ist eine der Frakturen, die mit der brüchigen Raumkonstruktion korrespondieren und den hohen Grad an programmatischer Künstlichkeit der uns vor Augen gestellten Bildwelt belegen.

Die Videoarbeit *The Eternal Life* des niederländischen Künstlers Wouter Verhoeven (geb. 1961) von 2009 zeigt in einer 35-minütigen Aneinanderreihung verschiedener Bildsequenzen Motive, die die Langsamkeit der Natur und des Menschen ins Zentrum setzen (S. 207 ff.). In poetischen, meist dunkeltonigen Bildern spannt sich ein Bogen von unterschiedlichen Natureindrücken, wie Bäumen, Wassertropfen, Pflanzen, Schattenspielen von Blättern, bis hin zu einem statischen Frauenporträt in altmeisterlichem Duktus, dessen Lebendigkeit nur durch das langsame Atmen der Porträtierten zum Ausdruck kommt. Dazwischen eingestreut sind Stilllebensequenzen, die in der Bildsprache der holländischen und deutschen Malerei verwurzelt sind und bei denen sich der Bildraum – ohne Verfremdungstechniken – als ein klar definierter Raumausschnitt erweist, der unserem Erfahrungshorizont eng verbunden ist. Die Sequenz mit einem Stillleben aus Blumenvase und Äpfeln zeigt – wie bei Stoskopff – einen Tisch, auf dem diverse Bildgegenstände arrangiert sind: Auf der Tischplatte befinden sich links eine Zitrone, davor in der Bildmitte ein kunstvoll drapiertes weißes Tuch, eine Vase mit Blumen sowie drei Äpfel, von denen der hintere in kräftig-saftigem Rot das Bild nach rechts mit einem bedeutungsvollen Akzent abschließt. Der Hintergrund wird von einer nachtartigen Dunkelheit eingenommen, die als sphärischer Grund die Leuchtkraft der Objekte verstärkt. Es herrscht eine Kontinuität des Raumes vor mit klar definierten Überschneidungen und Distanzen, jedem Gegenstand ist sein Ort zugewiesen, den er in Entfaltung seiner Dreidimensionalität auch einzunehmen vermag. Betrachtet man eine weitere Sequenz mit einem anderen Stilllebenarrangement, dann ist ein Perspektivwechsel festzustellen, der an die polyperspektivischen Darstellungsformen konstrukti-

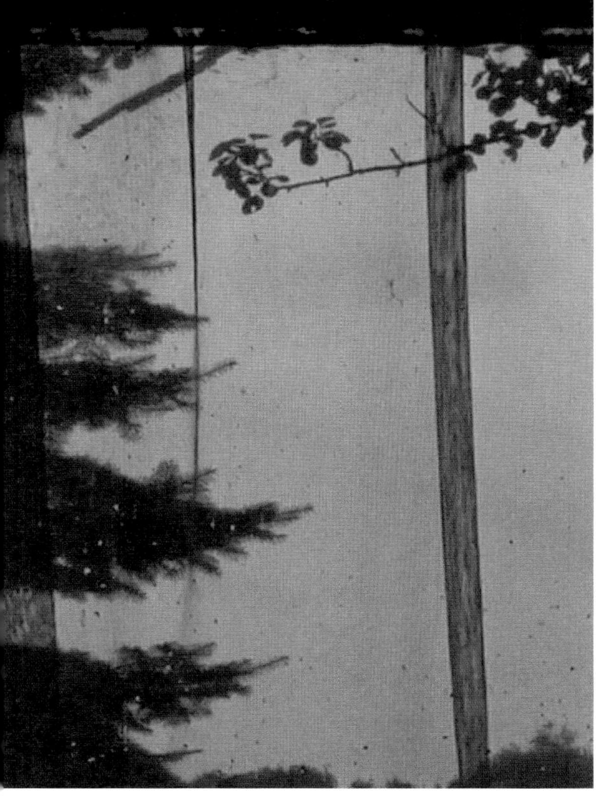

Wouter Verhoeven,
The Eternal Life, 2009,
PAL-Video, 35 min (Detail)

vistischer Kunst denken lässt: Der Künstler präsentiert eine Tischplatte mit karierter Decke in Schrägsicht von oben mit einem Teller, auf dem eine Gabel sowie ein Stück Schinkenspeck liegen. Es handelt sich somit um ein Küchenstillleben, bei dem durch perspektivische Rückbindung der Bildgegenstände eine besondere Flächigkeit in der Komposition erzeugt wird. Eine andere Stilllebensequenz thematisiert das Licht- und Schattenspiel auf einer mit bunten Blumen bestückten Doppelhenkelvase mit hochglänzender geflammter Glasur. Die Vase steht auf einem Tisch, der nahe an eine Wand herangerückt ist, sodass das von links einfallende Sonnenlicht in unterschiedlicher Art und Weise auf der Vase und den Blumen selbst sowie auf der foliierenden Wand reflektiert wird. Bei zunehmender Lichtintensität, die sich als unberechenbares fleckiges Sonnenlicht darstellt, nimmt auch die Intensität des Raumdunkels zu, wodurch sich eine akzentuierte Raumwirkung einstellt, die ebenso eine Akzentuierung der Plastizität der Bildgegenstände bewirkt. Diese rein auf die Lichtwirkung abzielende Inszenierung eines Stilllebens lässt zweifelsohne an die impressionistische Vorstellungswelt der zweiten Hälfte des 19. Jahrhunderts denken, die sich der *instantanéité*, der Augenblicklichkeit, verschrieben hat.

Die Gegenüberstellung von Sebstian Stoskopff und Wouter Verhoeven belegt, dass in den künstlerischen Arbeiten aus unterschiedlichen Jahrhunderten zwar motivische Ähnlichkeiten vorkommen, diese sich aber durch prinzipiell andere Raumauffassungen als eigenständige künstlerische Positionen von hoher Qualität erweisen: Während das Stillleben bei Stoskopff dem Prinzip der Raum-Fraktur folgt, das heißt, die Bildgegenstände in unsichere Zusammenhänge gebracht werden, zeigt Verhoeven divergierende Ausprägungen einer Raum-Kontinuität, das heißt räumlich klar definierbare Stilllebenkompositionen, die allerdings durch Perspektive und Licht eine künstlerische Deutung erfahren. Letztere Deutungsmechanismen rekurrieren auf die Kunstgeschichte, indem sie flächig-perspektivische Rückbindungen oder eine vom Licht- und Schattenspiel erzeugte ephemere Situation ins Zentrum setzen. Fraktur und Kontinuität des Raumes sind somit Möglichkeiten der Komposition eines Stilllebens, dem sich insbesondere in den Filmsequenzen eine neue Welt der Zeitlichkeit eröffnet.

Anmerkungen zum Beitrag von Johannes Janssen

1 Andreas Gryphius (1616–1664), *Es ist alles Eitel*, 2. Strophe, Zeile 1, zit. nach *Deutsche Gedichte*, hg. von Hans-Joachim Simm, Frankfurt a. M. / Leipzig 2009, S. 241 f., hier S. 241.

2 Hartmut Rosa, *Beschleunigung und Entfremdung. Entwurf einer kritischen Theorie spätmoderner Zeitlichkeit*, Berlin 2013, S. 39.

3 Monika Wagner, *Vom Nachleben des Stilllebens im bewegten Bild*, in: *Vom Objekt zum Bild. Piktorale Prozesse in Kunst und Wissenschaft, 1600–2000*, hg. von Bettina Gockel, Berlin 2011, S. 245–263, hier S. 261.

4 Christian Hofmann von Hofmannswaldau (1616–1679), *Was wiltu Doris machen*, 3. Strophe, Zeile 1 f., zit. nach http://gutenberg.spiegel.de/buch/575/7 [gelesen am 31.7.2013].

5 Astrid Lindgren, *Immer dieser Michel*, Hamburg 1972, S. 126 f.

6 Andreas Gryphius, *Es ist alles Eitel*, 1. Strophe, Zeile 2, zit. nach *Deutsche Gedichte* 2009 (wie Anm. 1), S. 241.

7 Andreas Gryphius, *Es ist alles Eitel*, 2. Strophe, Zeile 2, zit. nach ebd.

8 Joachim Meyerhoff, *Wann wird es endlich wieder so, wie es nie war. Alle Toten fliegen hoch, Teil 2*, Köln 2013, S. 21.

9 Andreas Gryphius, *Es ist alles Eitel*, 3. Strophe, Zeile 1, zit. nach *Deutsche Gedichte* 2009 (wie Anm. 1), S. 241.

10 *Die Magie der Dinge. Stilllebenmalerei 1500–1800*, hg. von Jochen Sander (Ausst.-Kat. Städel Museum, Frankfurt a. M. / Kunstmuseum Basel), Ostfildern 2008.

11 Christian Hofmann von Hofmannswaldau, *Vergänglichkeit*, Zeile 45 f., zit. nach http://gutenberg.spiegel.de/buch/575/38 [gelesen am 31.7.2013].

12 *Statement* von Stefanie Pöllot für die ALTANA Kulturstiftung, 2013, Manuskript, o. S.

13 Stefanie Pöllot im Gespräch mit Benita Böhm 2010, zit. nach www.gallerytalk.net/2010/11/interview-mit-stefanie-pollot-gefuhrt-von-benita-bohm-2.html [gelesen am 29.7.2013].

14 Paul Fleming (1609–1640), *Gedancken / über der Zeit*, Zeile 1, zit. nach *Deutsche Gedichte* 2009 (wie Anm. 1), S. 229.

15 Christian Hofmann von Hofmannswaldau, *Was wiltu Doris machen*, Strophe 1, Zeile 7, zit. nach http://gutenberg.spiegel.de/buch/575/7 [gelesen am 31.7.2013].

16 Andreas Gryphius, *Vanitas; Vanitatum; et Omnia Vanitas. Es ist alles ganz eytel. Eccl. 1. V. 2.*, 2. Strophe, Zeile 3, zit. nach *Deutsche Gedichte* 2009 (wie Anm. 1), S. 237.

17 Rainer Maria Rilke, *Herbst*, Zeile 3 und 6 f., zit. nach ebd., S. 844 f.

18 Andreas Gryphius, *Es ist alles Eitel*, Zeile 14, zit. nach ebd., S. 242.

19 Siehe hierzu auch den Beitrag von Christof Trepesch in vorliegendem Band, S. 43–45.

20 Paul Fleming, *Gedancken / über der Zeit*, Zeile 11–14, zit. nach *Deutsche Gedichte* 2009 (wie Anm. 1), S. 229.

Anmerkungen zum Beitrag von Gerrit Stevens

1 Joachim von Sandrart, *Teutsche Academie der Bau-, Bild- und Mahlerey-Künste*, Nürnberg 1675–1680, wissenschaftlich kommentierte Online-Edition, hg. von Thomas Kirchner u. a., 2008–2012, TA 1675, II, Buch 3 (niederländische und deutsche Künstler), S. 318, zit. nach http://ta.sandrart.net/-text-544 [gelesen am 20.7.2013].

2 Da sowohl Cornelis als auch sein Vater Jan Davidsz. de Heem wichtige Vertreter der Gattung Stillleben sind, kann die Tatsache außer Acht gelassen werden, dass Sandrart in Amsterdam ein Gemälde des Vaters gesehen und lediglich die Namen vertauscht hat; vgl. Christian Klemm, *Joachim von Sandrarts „Teutsche Academie der edlen Bau-, Bild- und Mahlerey-Künste"*, in: *Renaissance und Barock*, hg. von Thomas Cramer und Christian Klemm, Frankfurt a. M. 1995 (Bibliothek der Kunstliteratur 1), S. 349–922, hier S. 875, Anm. 547,13.

3 Vgl. Samuel van Hoogstraten, *Inleyding tot de Hooge Schoole der Schilderkonst, anders de Zichtbaere Werelt*, Rotterdam 1678, S. 77.

4 *Die Magie der Dinge. Stilllebenmalerei 1500–1800*, hg. von Jochen Sander (Ausst.-Kat. Städel Museum, Frankfurt a. M. / Kunstmuseum Basel), Ostfildern 2008, S. 304.

5 Vgl. Stephan Kemperdick und Jochen Sander, *Das Stillleben vor dem Stillleben*, in: ebd., S. 12–27.

6 Vgl. *Genre*, hg. von Hans-Joachim Raupp (Niederländische Malerei des 17. Jahrhunderts der SØR-Rusche-Sammlung 2), Münster 1996, S. 12.

7 Vgl. Plinius d. Ä., *Naturgeschichte* IX, 80, 103.

8 *Kohelet* 12,8.

Anmerkungen zum Beitrag von Christof Trepesch

1 Öl auf Leinwand, 50 x 60,5 cm, Dauerleihgabe aus Privatbesitz bei den Kunstsammlungen und Museen Augsburg, Variation einer ebenfalls in Privatbesitz befindlichen Fassung nach einer freundlichen Mitteilung von Birgit Hahn-Woernle; vgl. dies., *Sebastian Stoskopff. Mit einem kritischen Werkverzeichnis der Gemälde*, Stuttgart 1996, S. 206 f., Kat. 66; das Gegenstück hierzu mit Luther-Porträt ebd., Kat. 65.

2 Von dem Bildnis aus dem Jahr 1543 existieren zahlreiche Fassungen, u. a. Öl auf Holz, 21 x 16 cm, Florenz, Uffizien, oder Öl auf Holz, 20,7 x 15,2 cm, Museumslandschaft Hessen Kassel, Gemäldegalerie Alte Meister.

3 Der Schatten ist eine gegenstandsgebundene Form des Dunkels und damit ein Dunkelphänomen, das eng mit einem Beleuchtungslicht gekoppelt ist.

Werke

Früchte

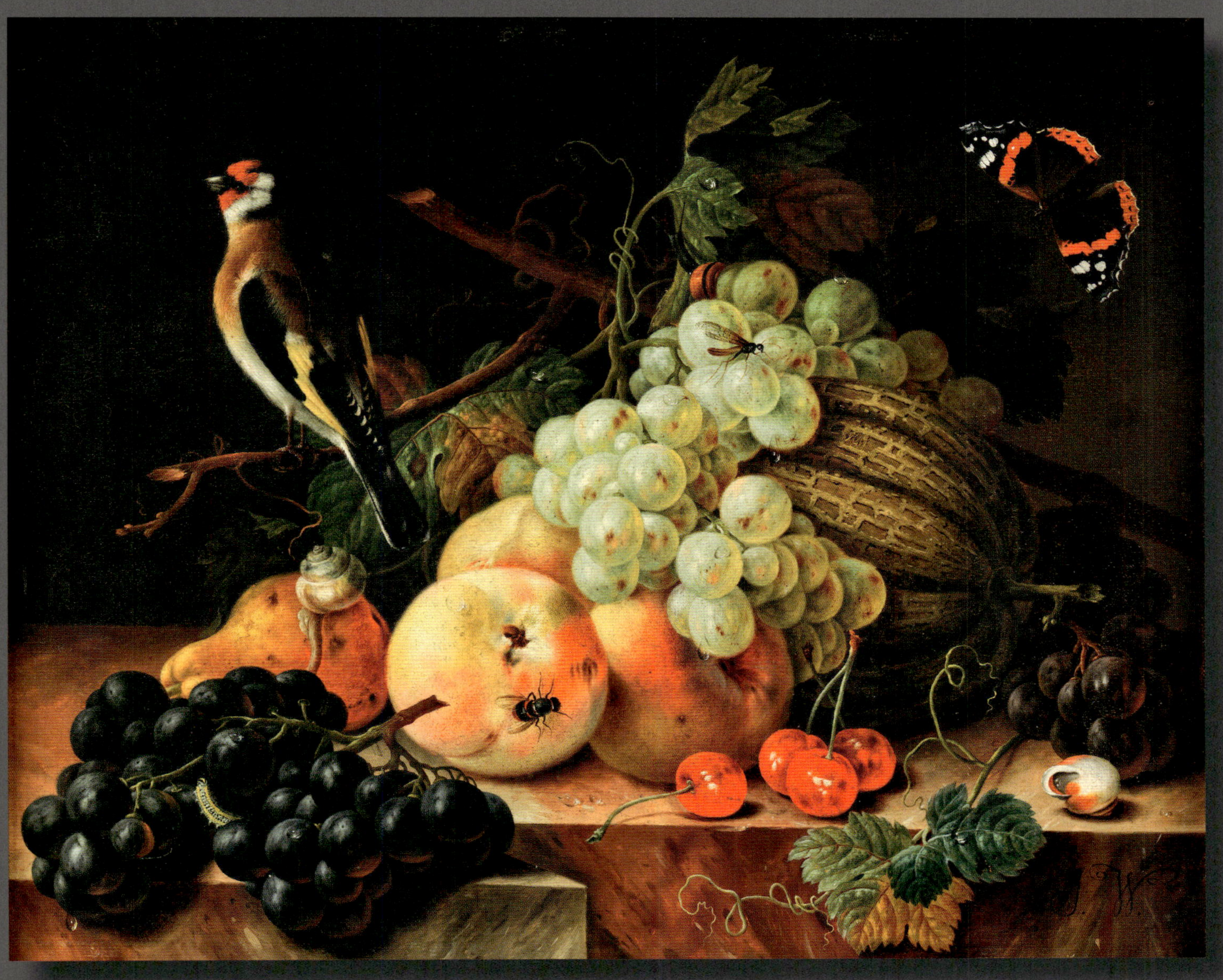

Johann Amandus Winck, Früchtestillleben mit Distelfink und Schmetterling, 1798, Öl auf Kupfer

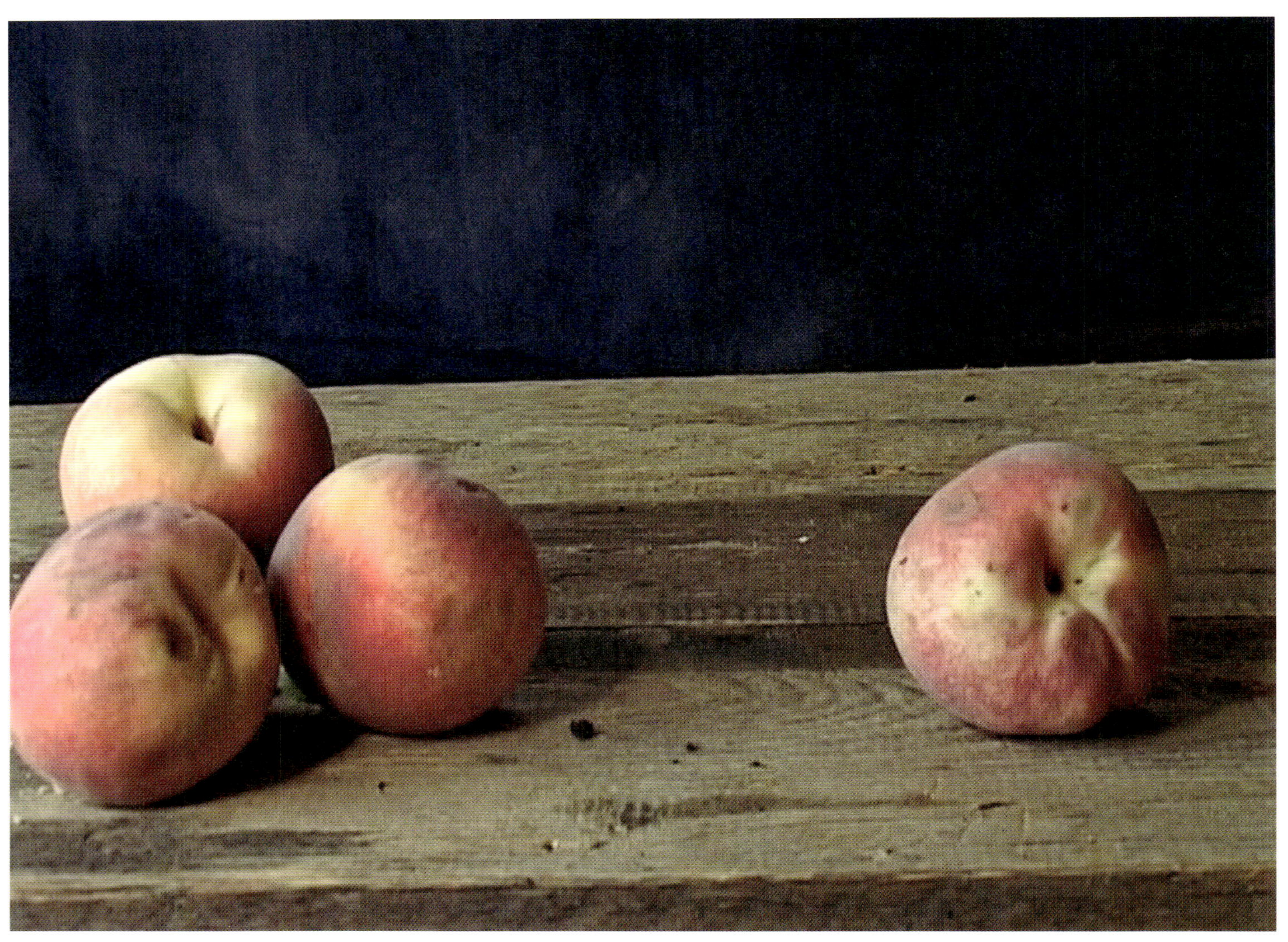

Gabriella Gerosa, Pfirsiche, 2007, HD-Video, 14 min

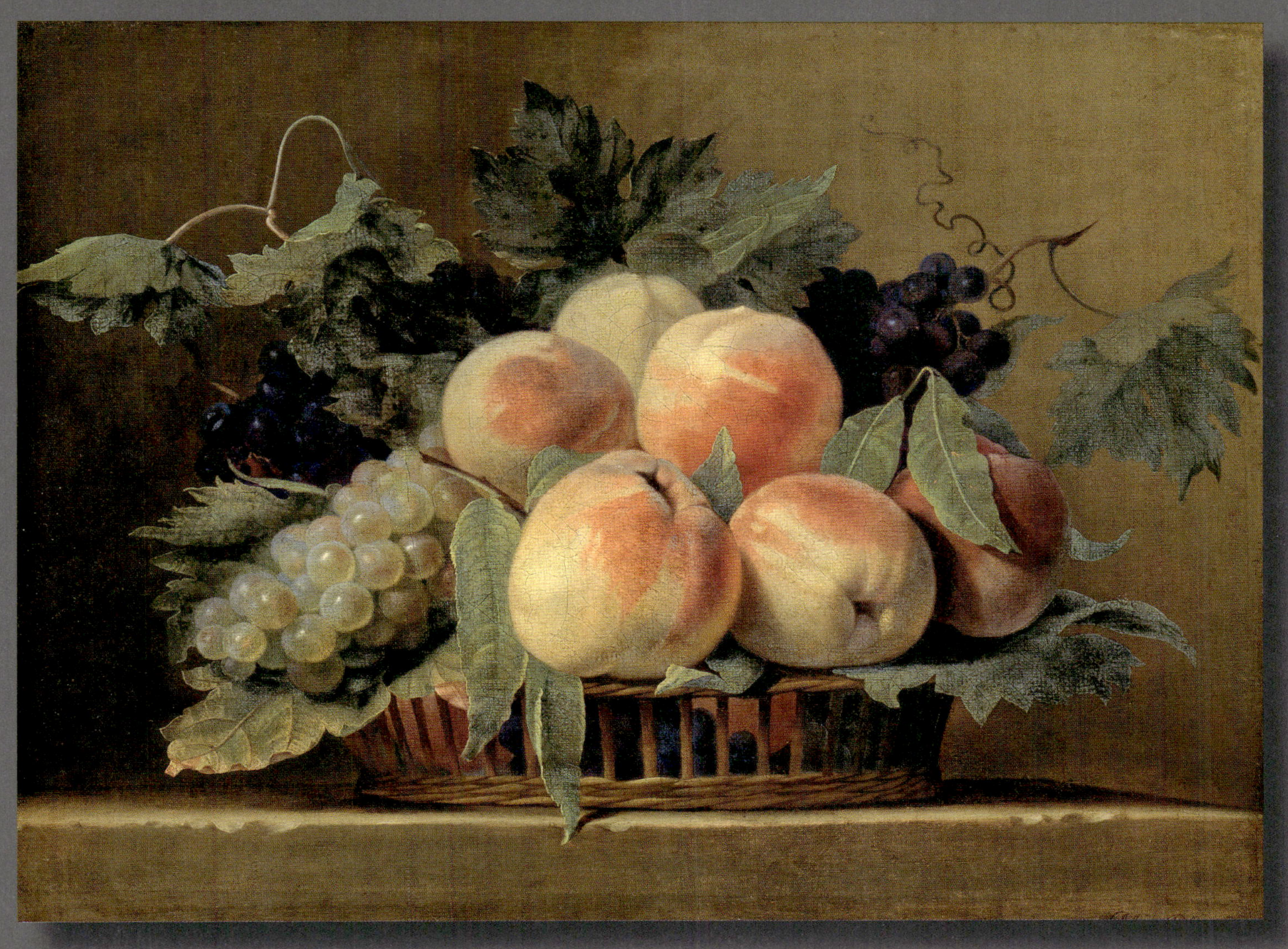

Jean Michel Picart, Körbchen mit Pfirsichen und Trauben, um 1635, Öl auf Leinwand

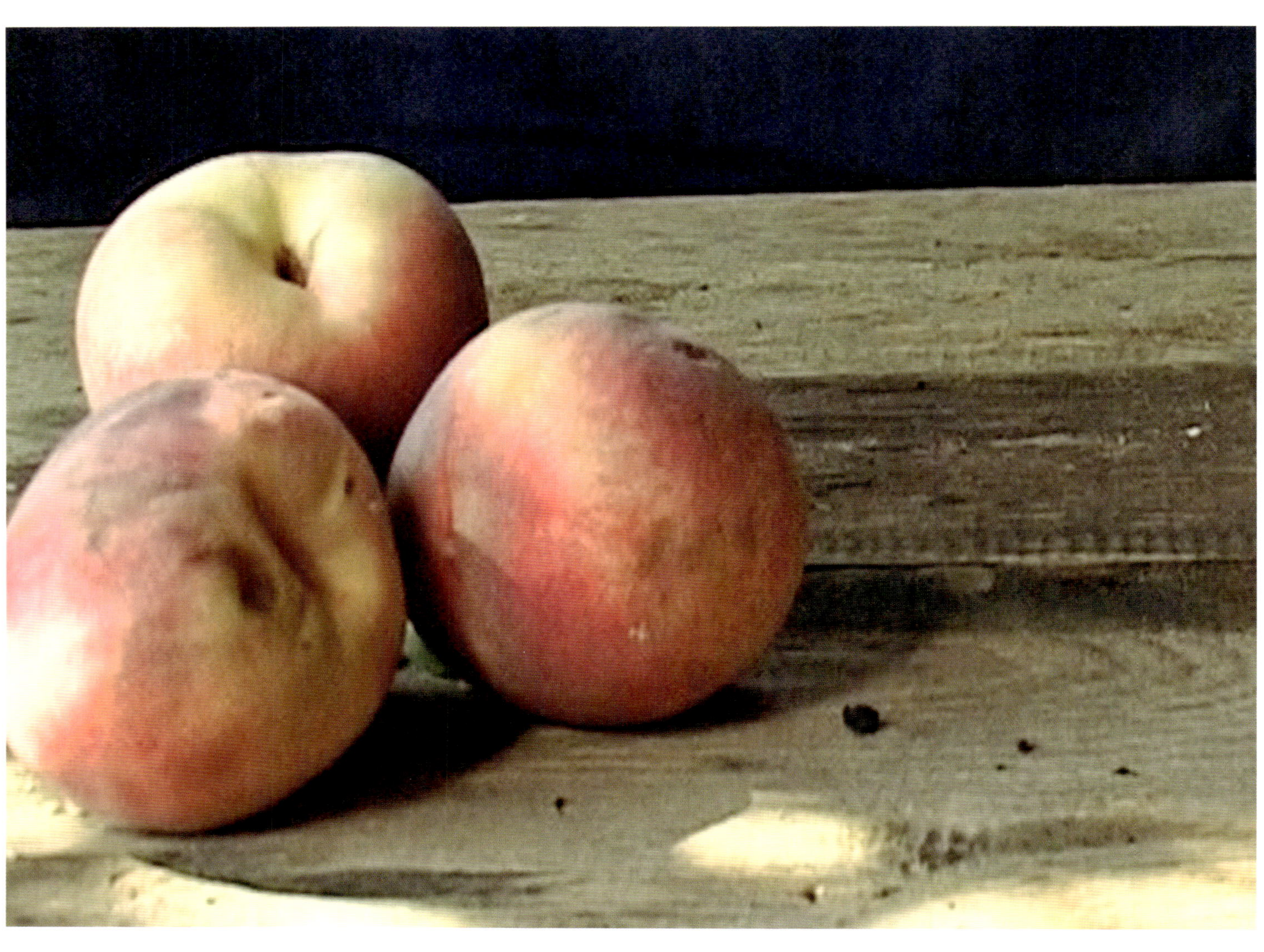

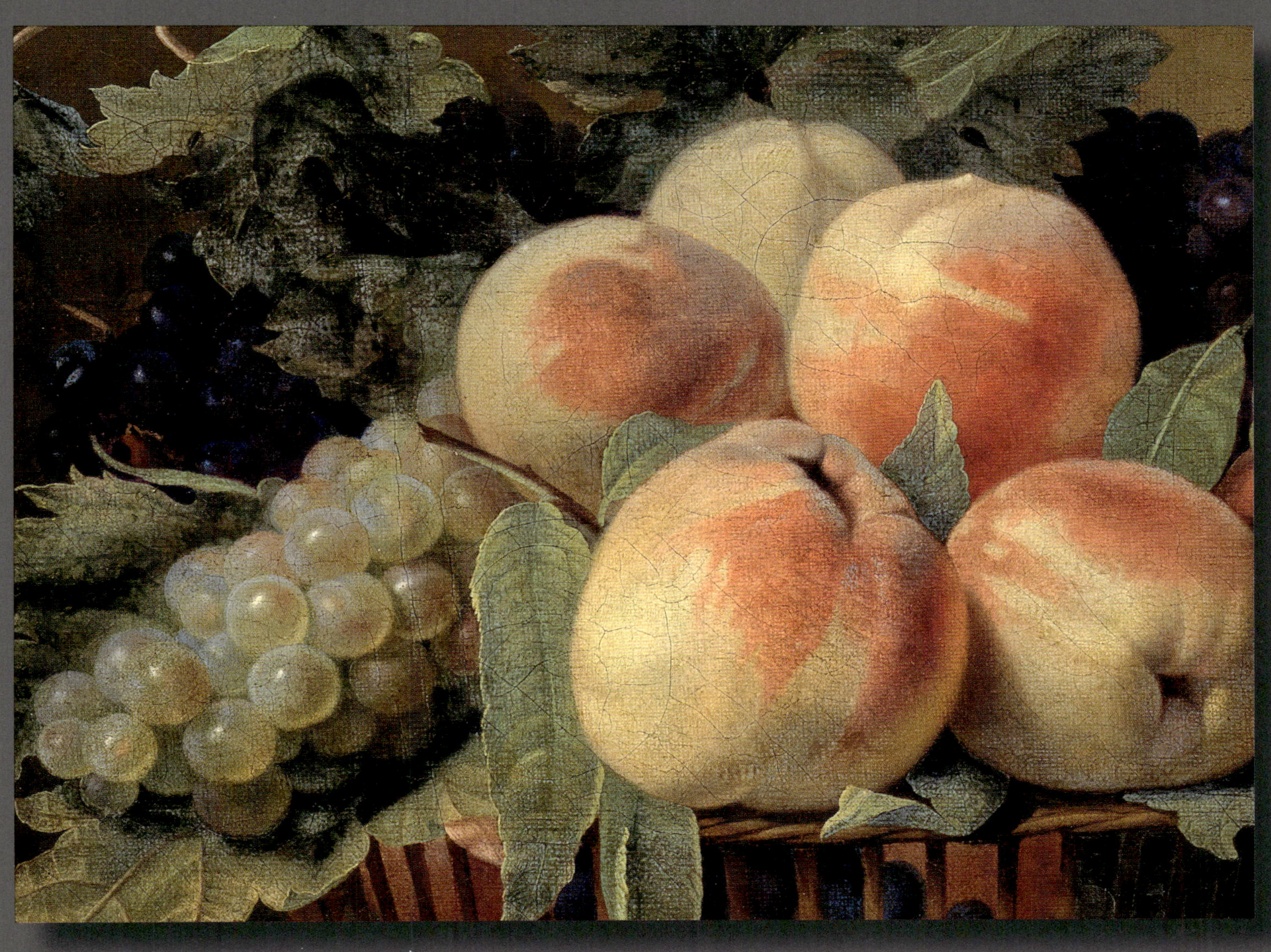

Zeit ist der dinge rauberin;
Die zeit trägt alle welt zu grabe

Christian Hofmann von Hofmannswaldau, Vergänglichkeit

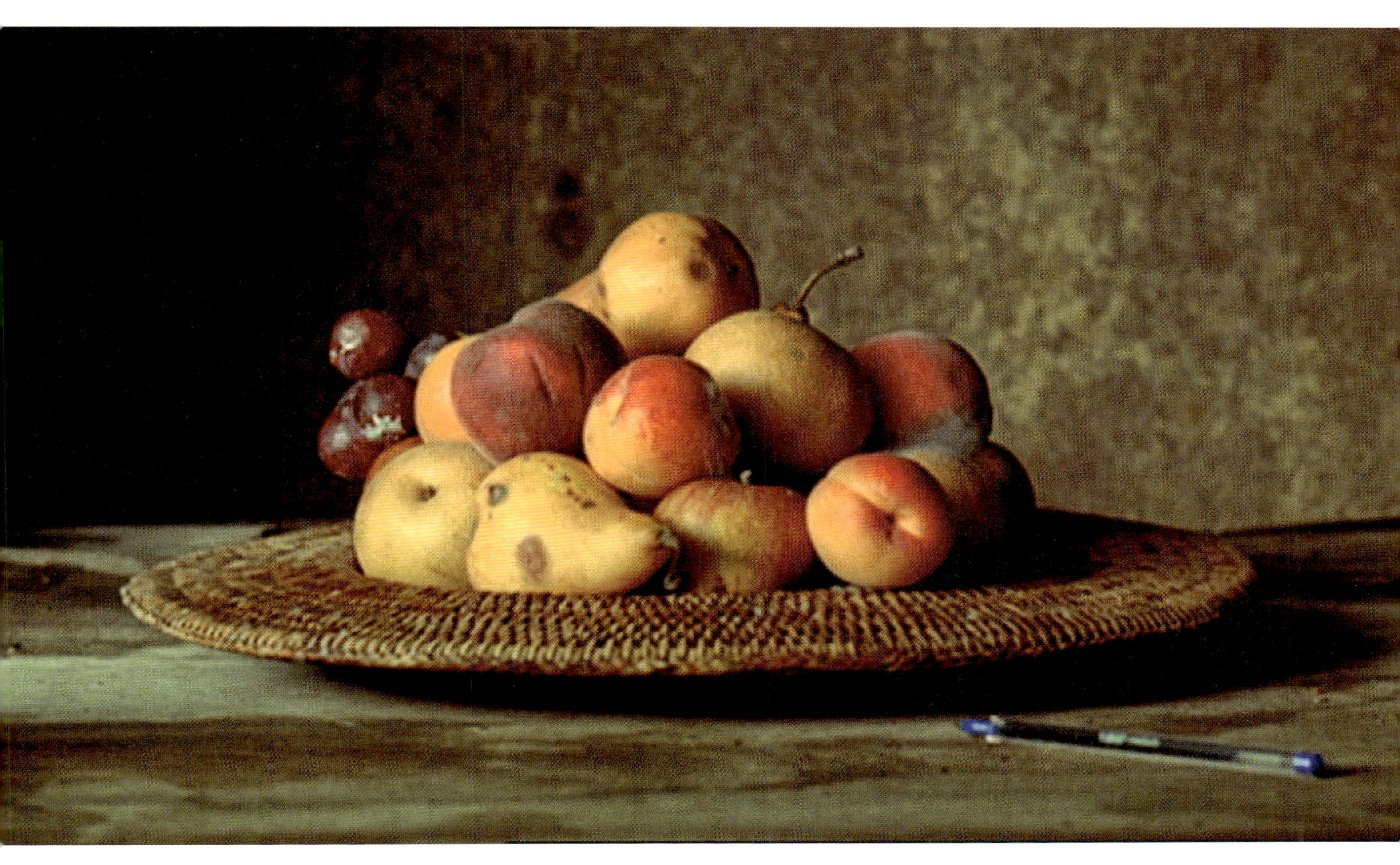

Sam Taylor-Johnson, Still Life, 2001, 35mm-Film, 3:44 min

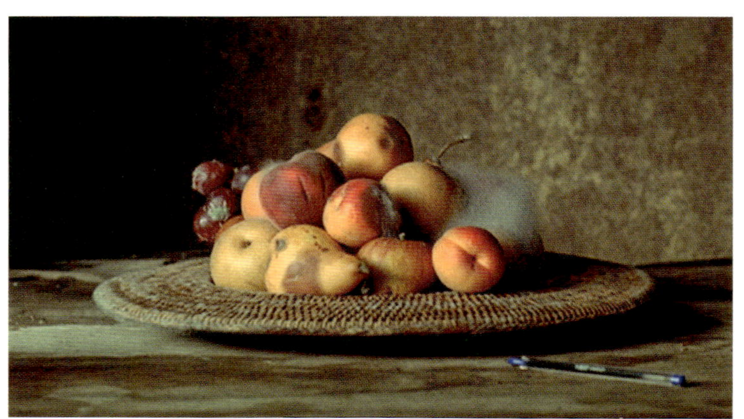

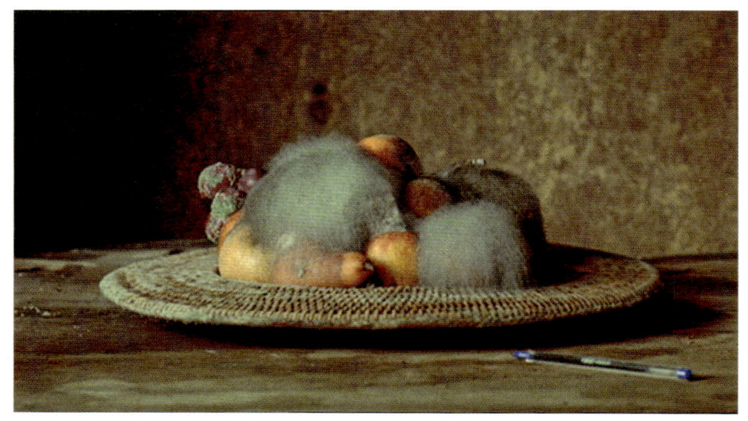

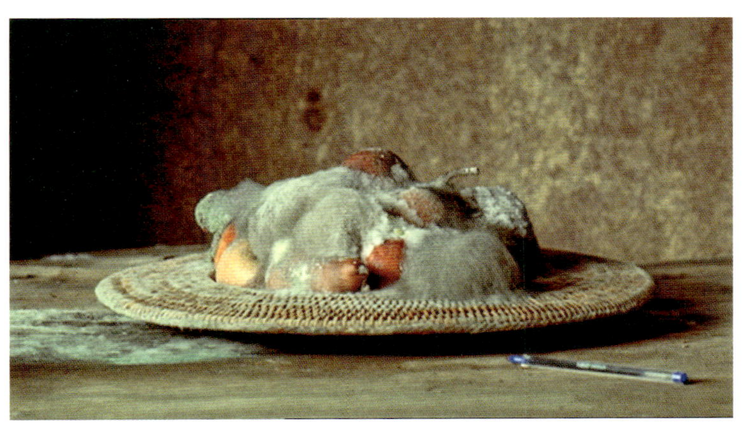

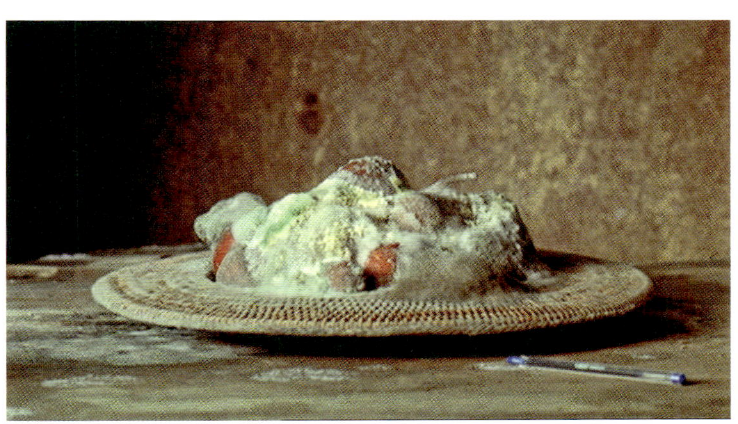

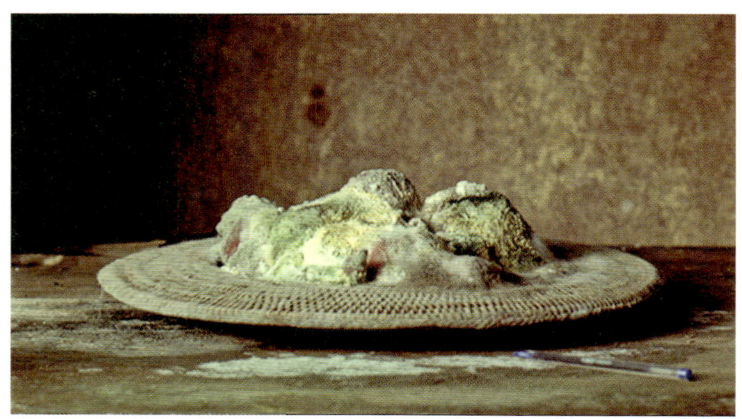

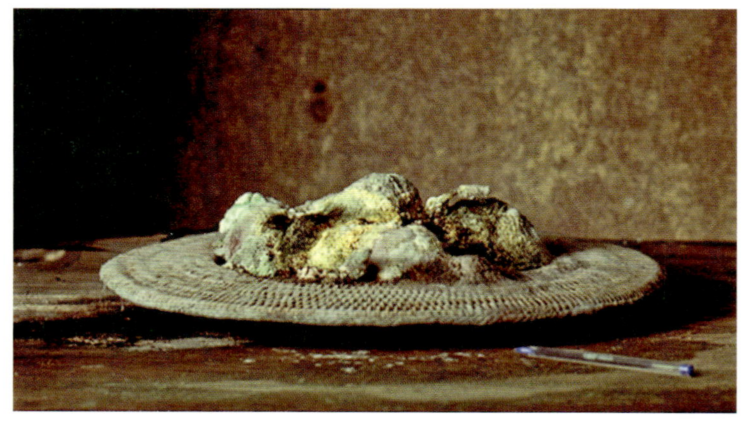

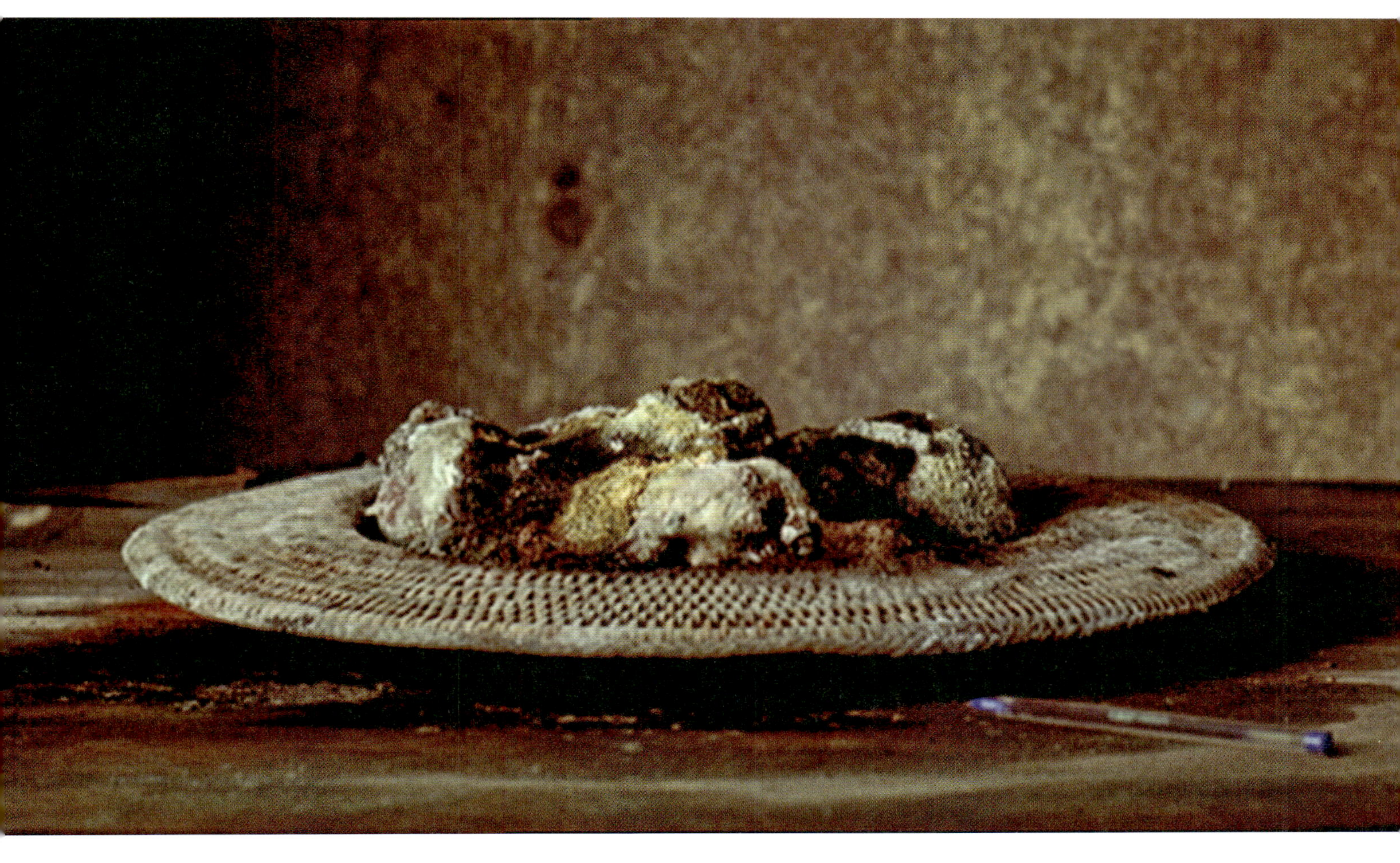

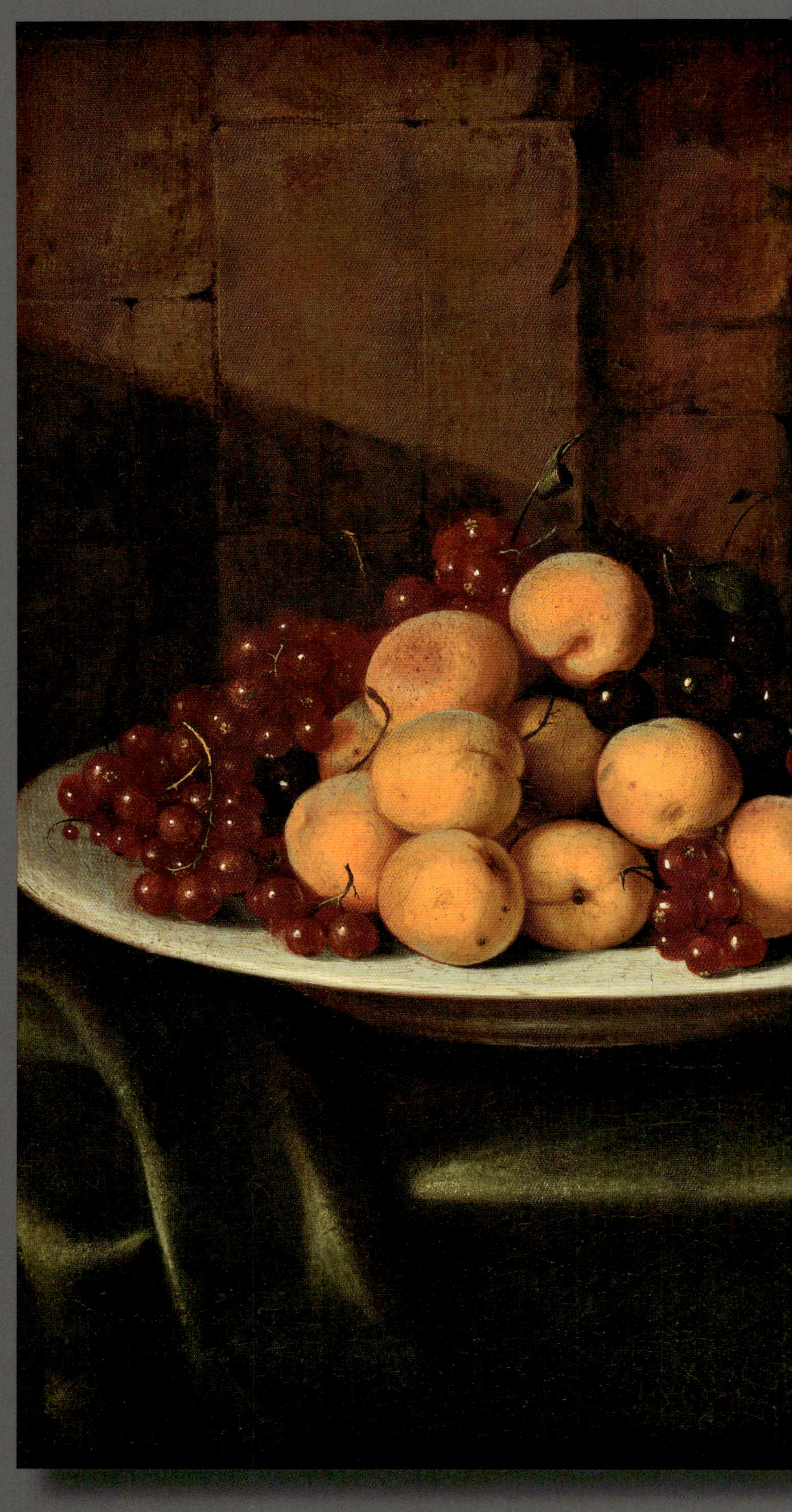

C. C. G. Conradt, Stillleben mit Brot und Früchten, o. D., Öl auf Holz

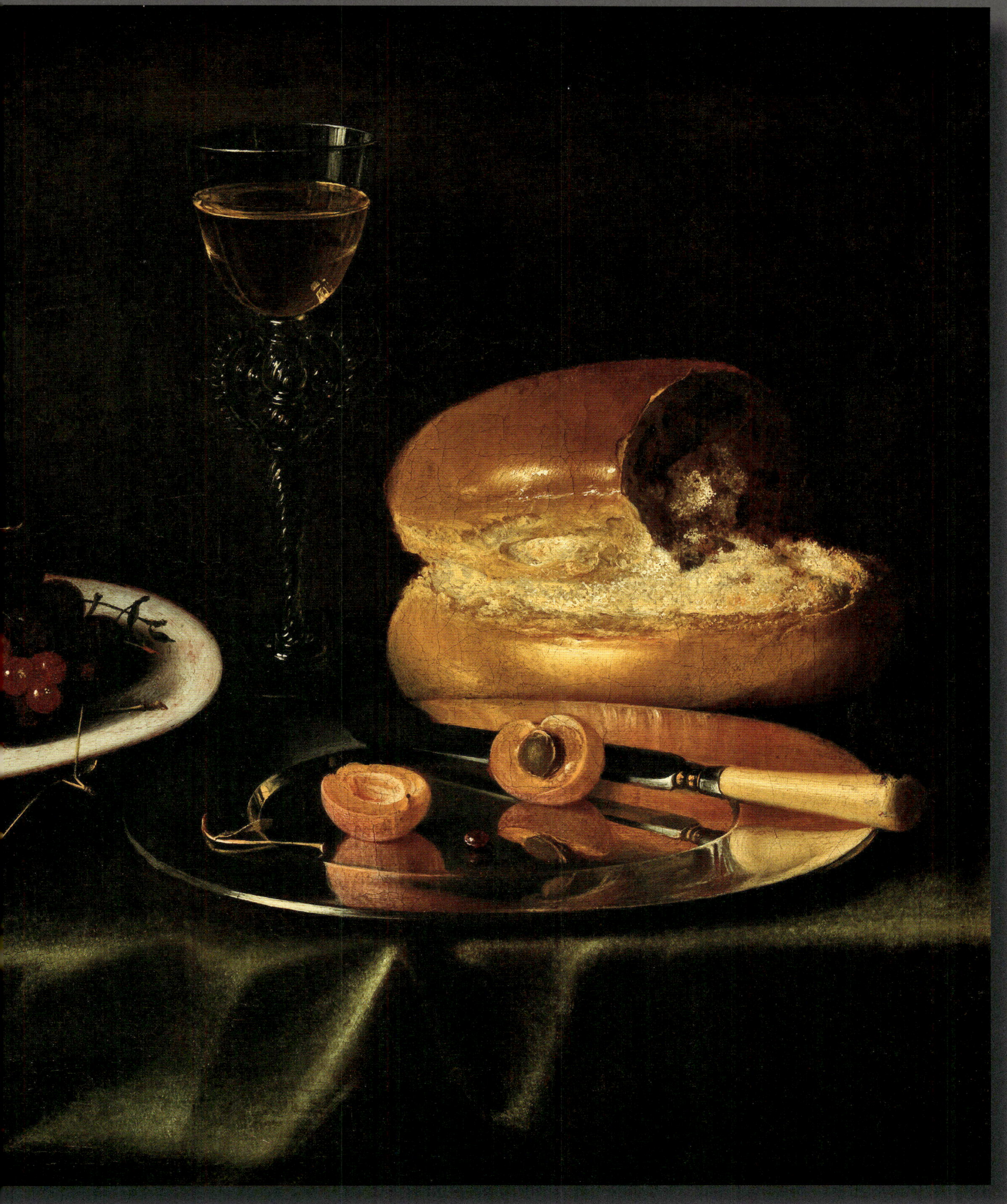

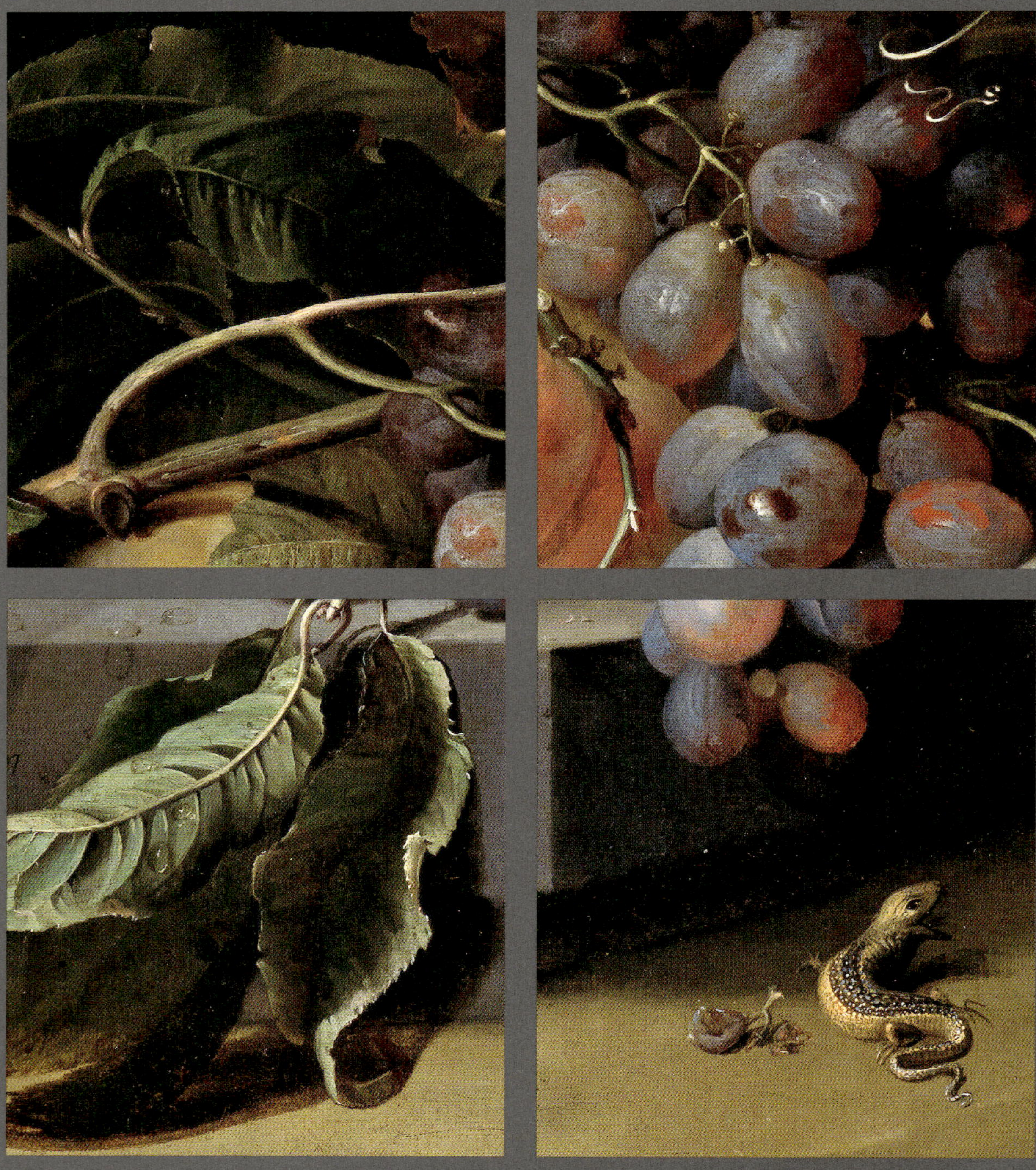

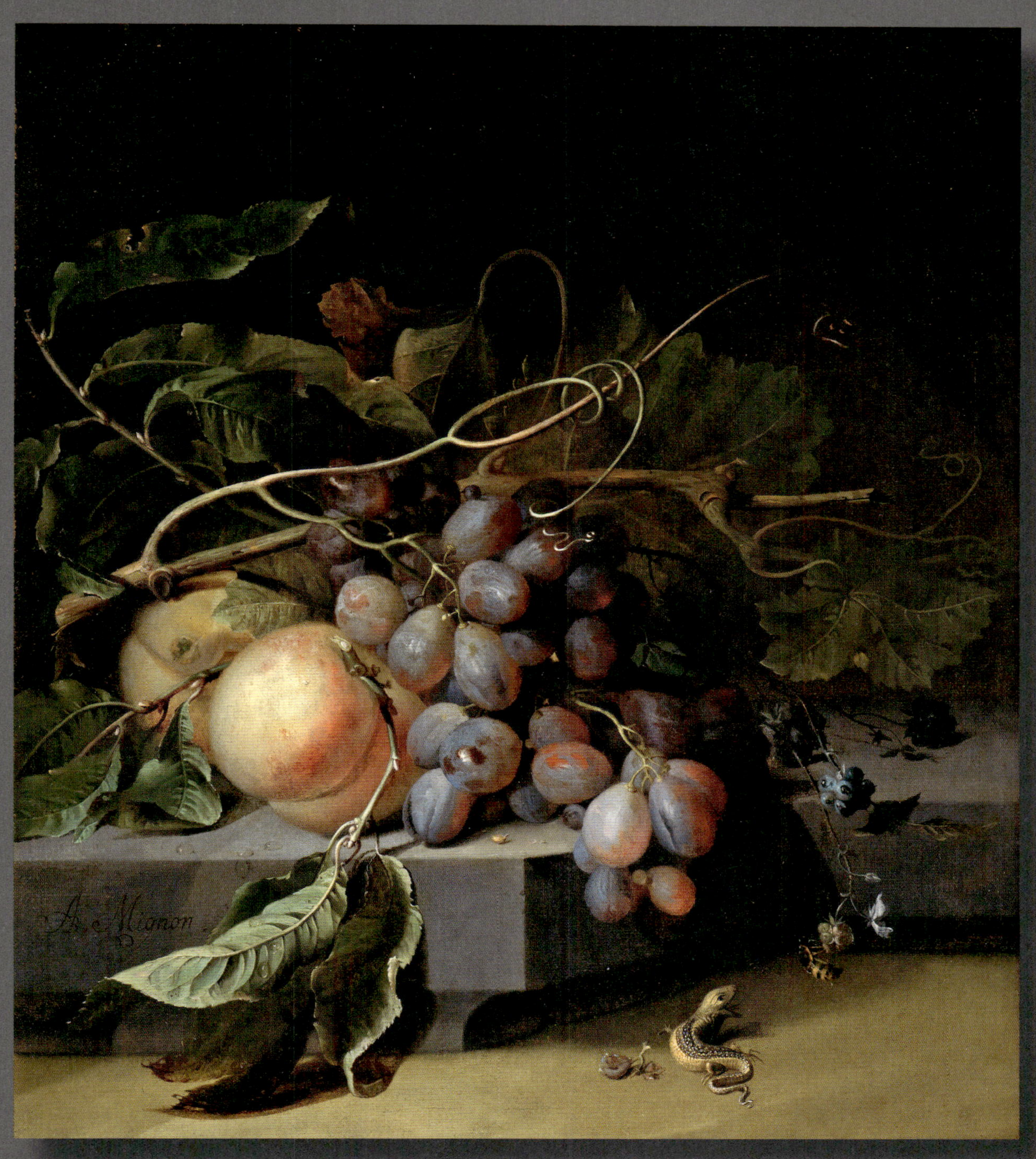

Abraham Mignon, Fruchtstillleben mit Eidechse, o. D., Öl auf Leinwand

Was itzund prächtig blüht / sol bald zutretten werden
Was itzt so pocht und trotzt ist Morgen Asch und Bein /
Nichts ist / das ewig sey / kein Ertz / kein Marmorstein.

Andreas Gryphius, Es ist alles Eitel

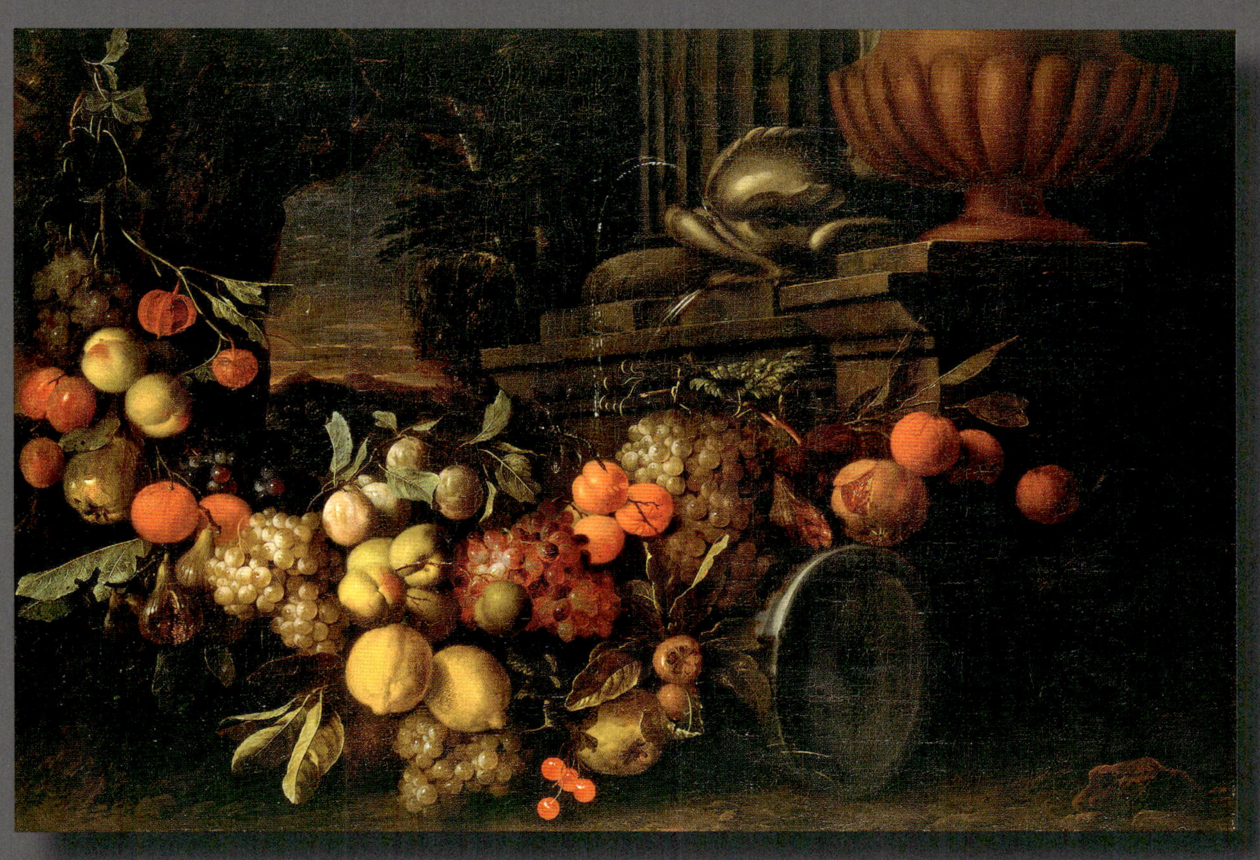

Jan Pauwel Gillemans d. Ä., Früchtegirlande an einem Brunnen, o. D., Öl auf Leinwand

Ihr lebet in der Zeit / und kennt doch keine Zeit /
So wisst Ihr Menschen nicht von / und in was Ihr seyd.

Diß wisst Ihr / daß ihr seyd in einer Zeit gebohren.
Und daß ihr werdet auch in einer Zeit verlohren.

Was aber war die Zeit / die euch in sich gebracht?
Und was wird diese seyn / die euch zu nichts mehr macht?

Die Zeit ist was / und nichts. Der Mensch in gleichem Falle.
Doch was dasselbe was / und nichts sey / zweifeln alle.

Die Zeit die stirbt in sich / und zeucht sich auch aus sich.
Diß kommt aus mir und dir / von dem du bist und ich.

Der Mensch ist in der Zeit; sie ist in ihm ingleichen.
Doch aber muß der Mensch / wenn sie noch bleibet / weichen.

Die Zeit ist / was ihr seyd / und ihr seyd / was die Zeit /
Nur daß ihr Wenger noch / als was die Zeit ist / seyd.

Paul Fleming, Gedancken / über der Zeit

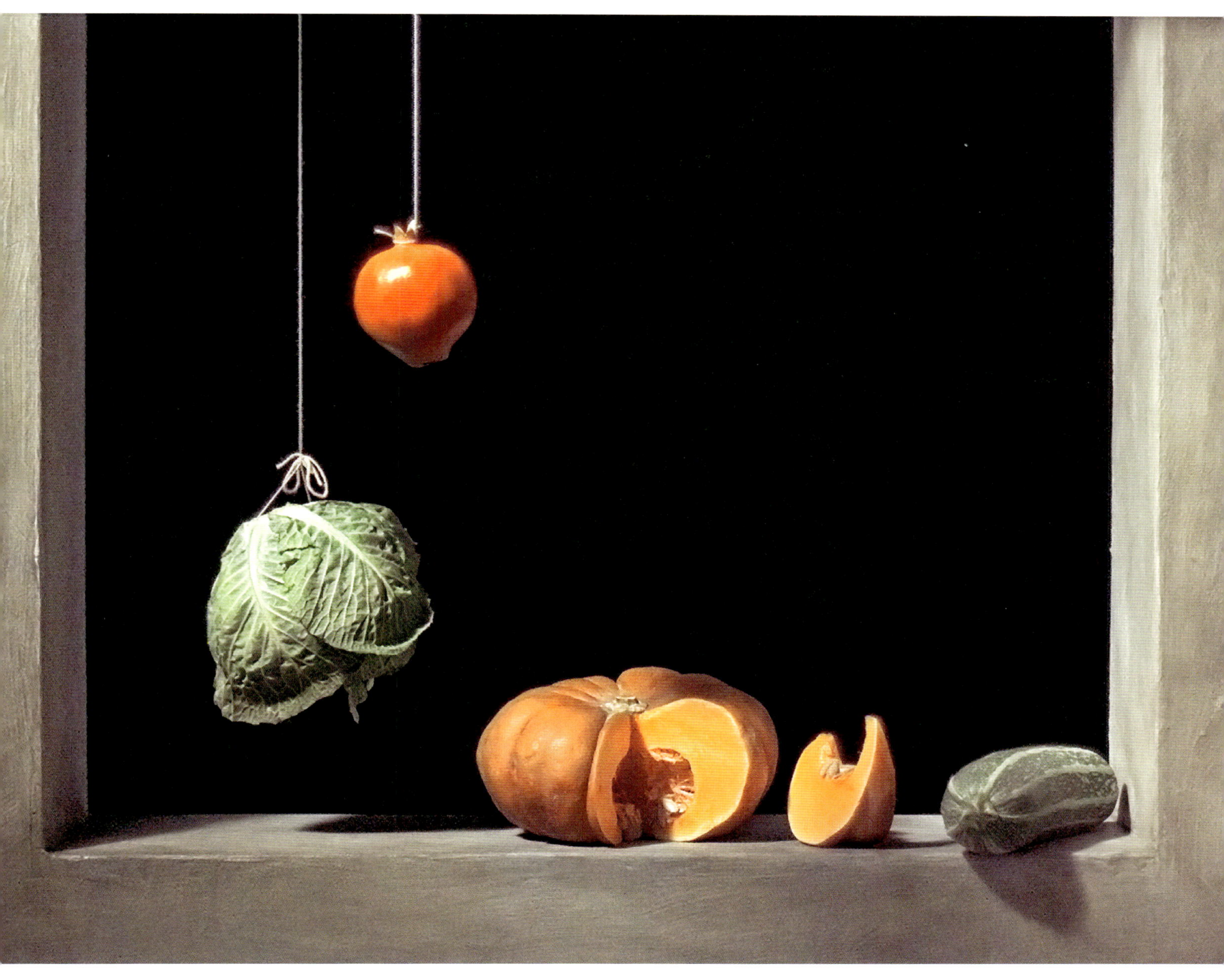

Ori Gersht, Pomegranate, 2006, HD-Video, 3:52 min

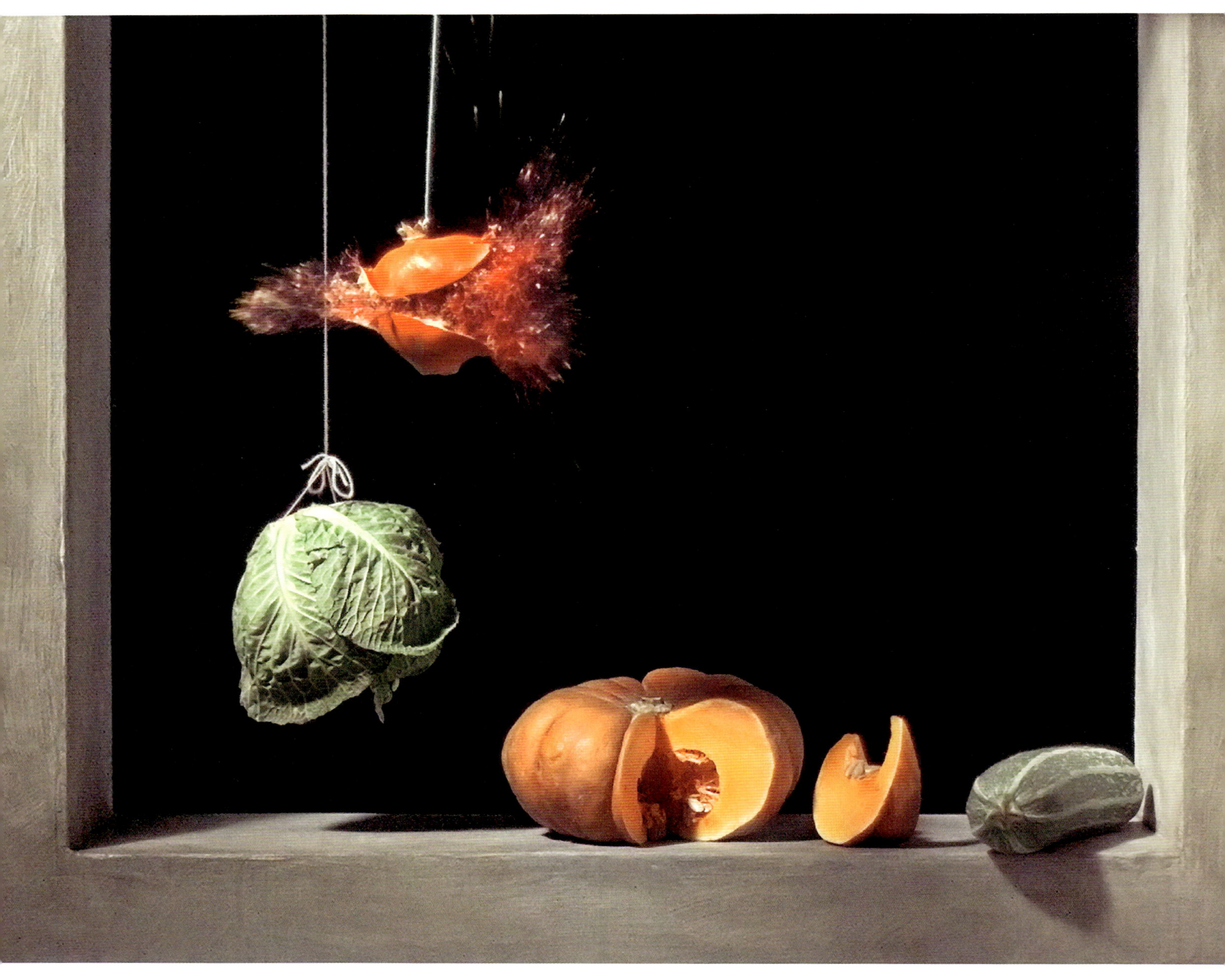

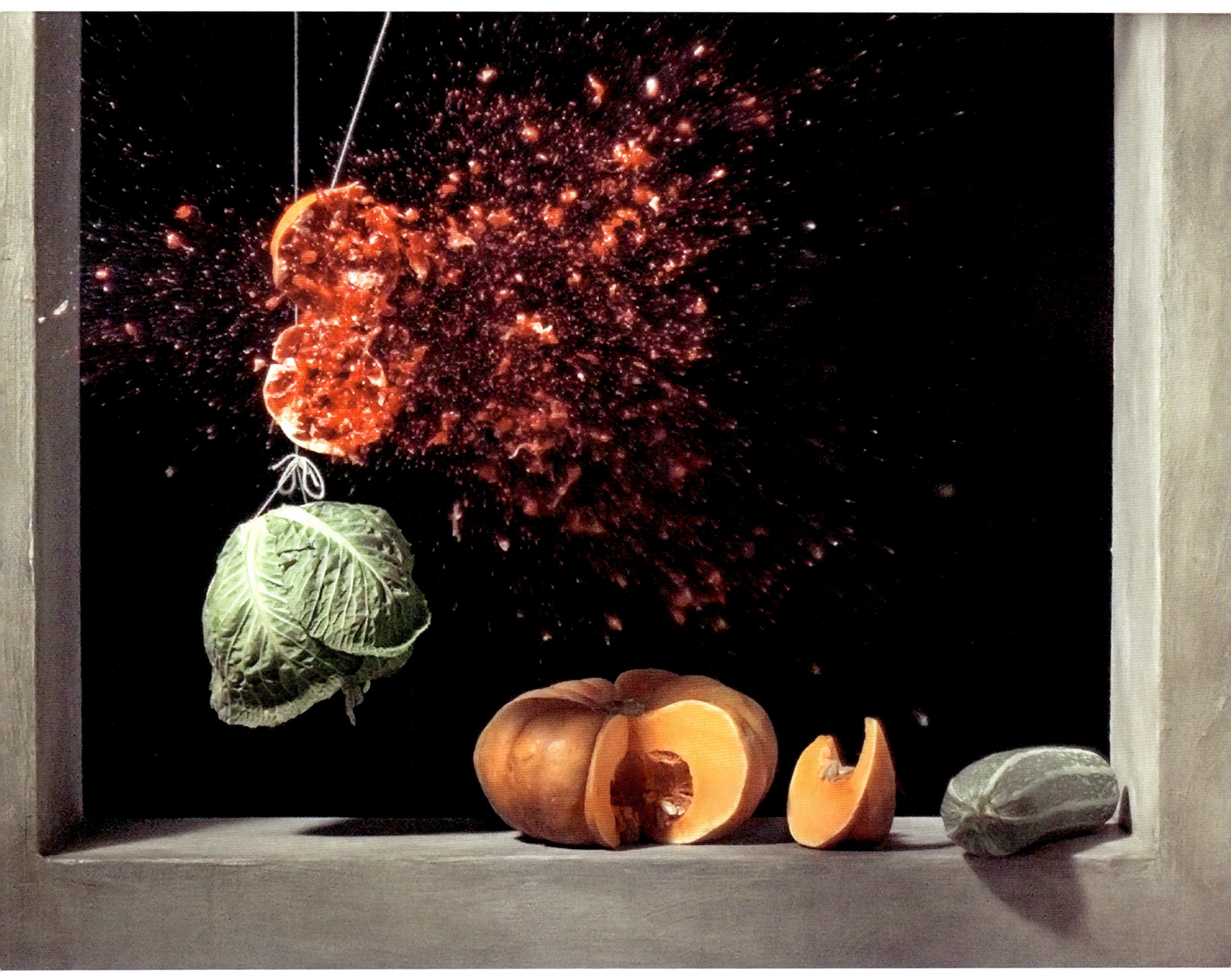

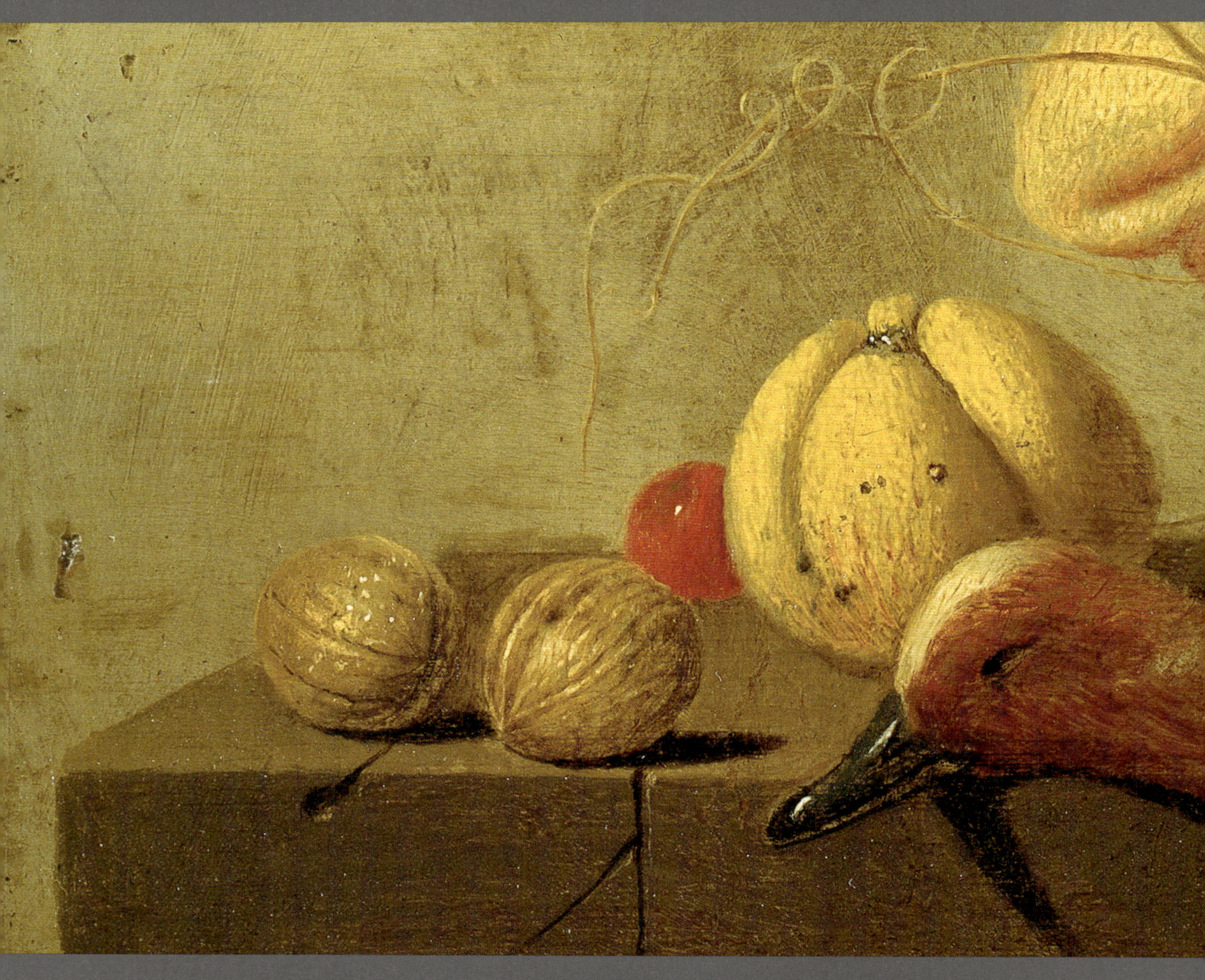

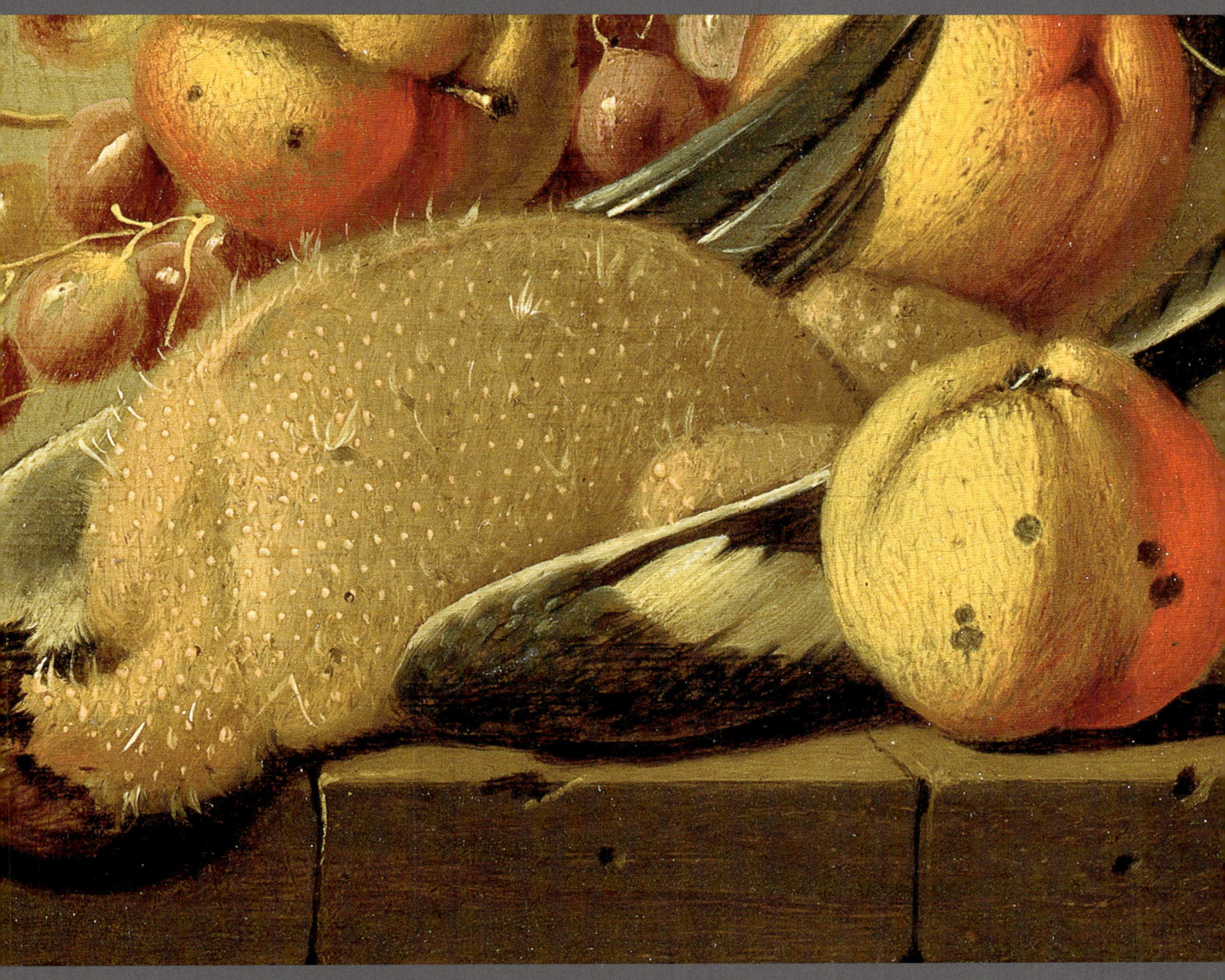

Vnd lernt: daß wenn man von Pancket des Lebens scheidet:
Kron / Weißheit / Stärck und Gut / bleib ein geborgter Pracht.

Andreas Gryphius, Ebenbild unseres Lebens

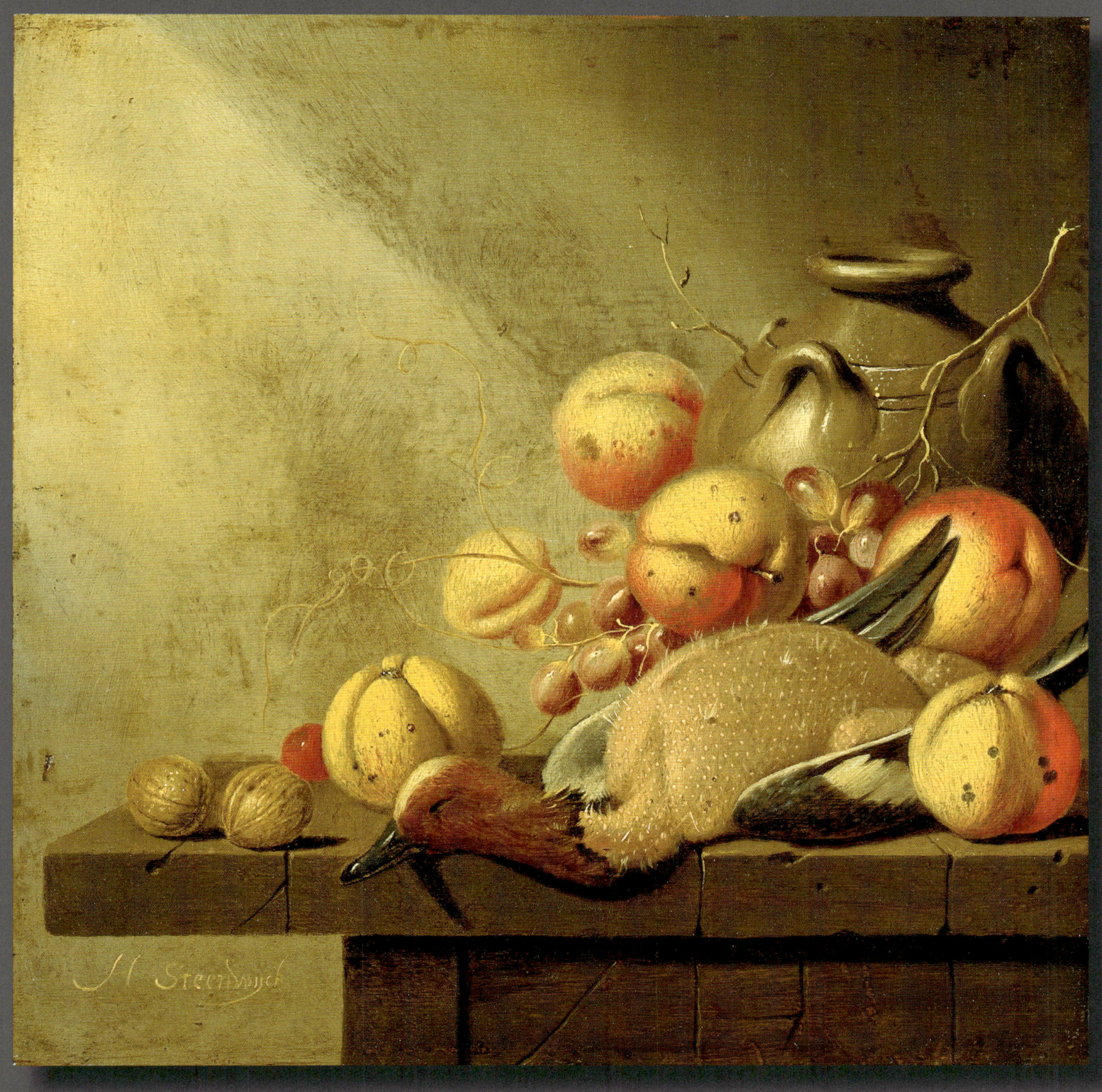

Harmen van Steenwijk, Stillleben mit Früchten und einer gerupften Ente, o. D., Öl auf Eichenholz

Blumen

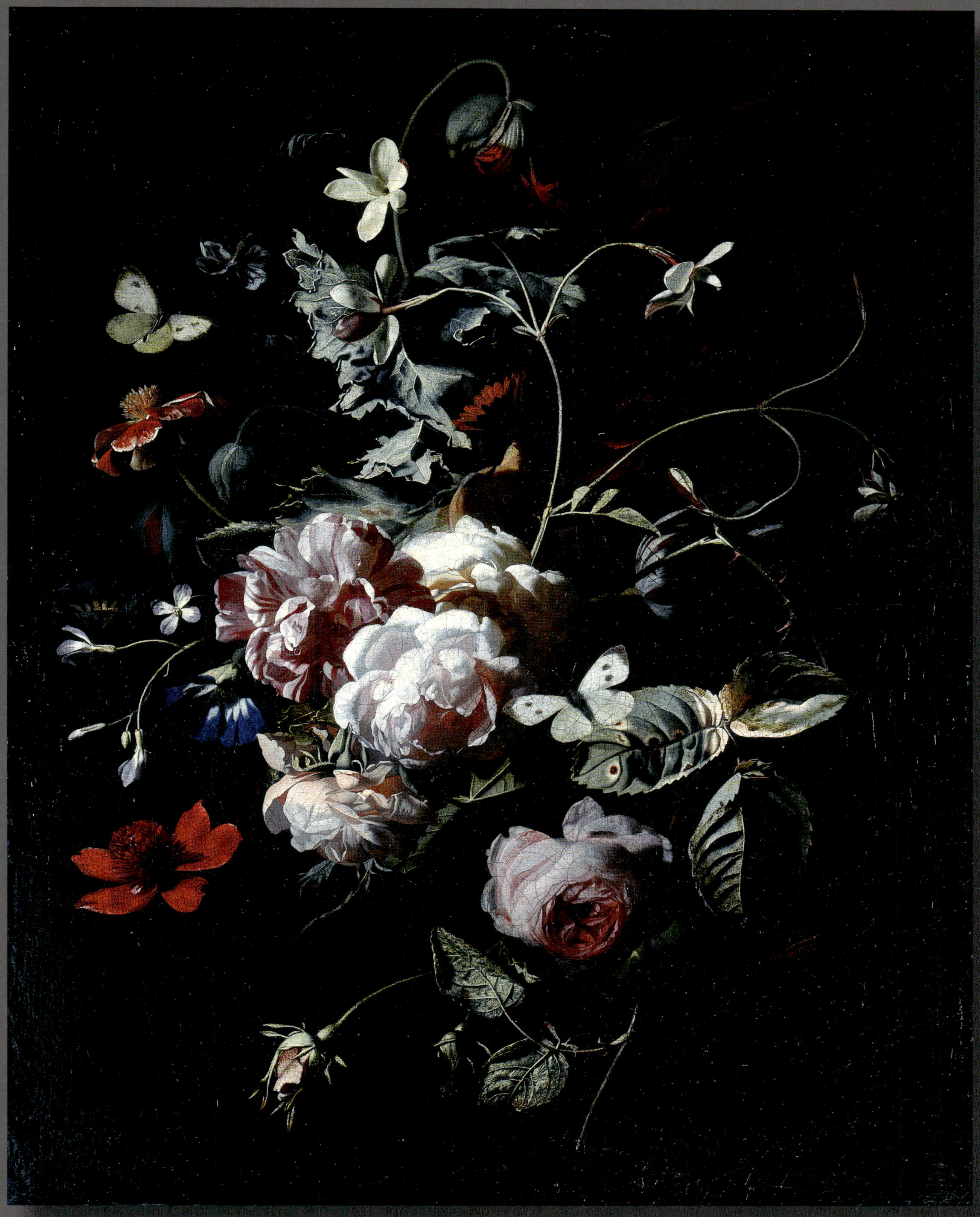

Simon Pietersz. Verelst, Blumenstrauß, vor 1700, Öl auf Leinwand

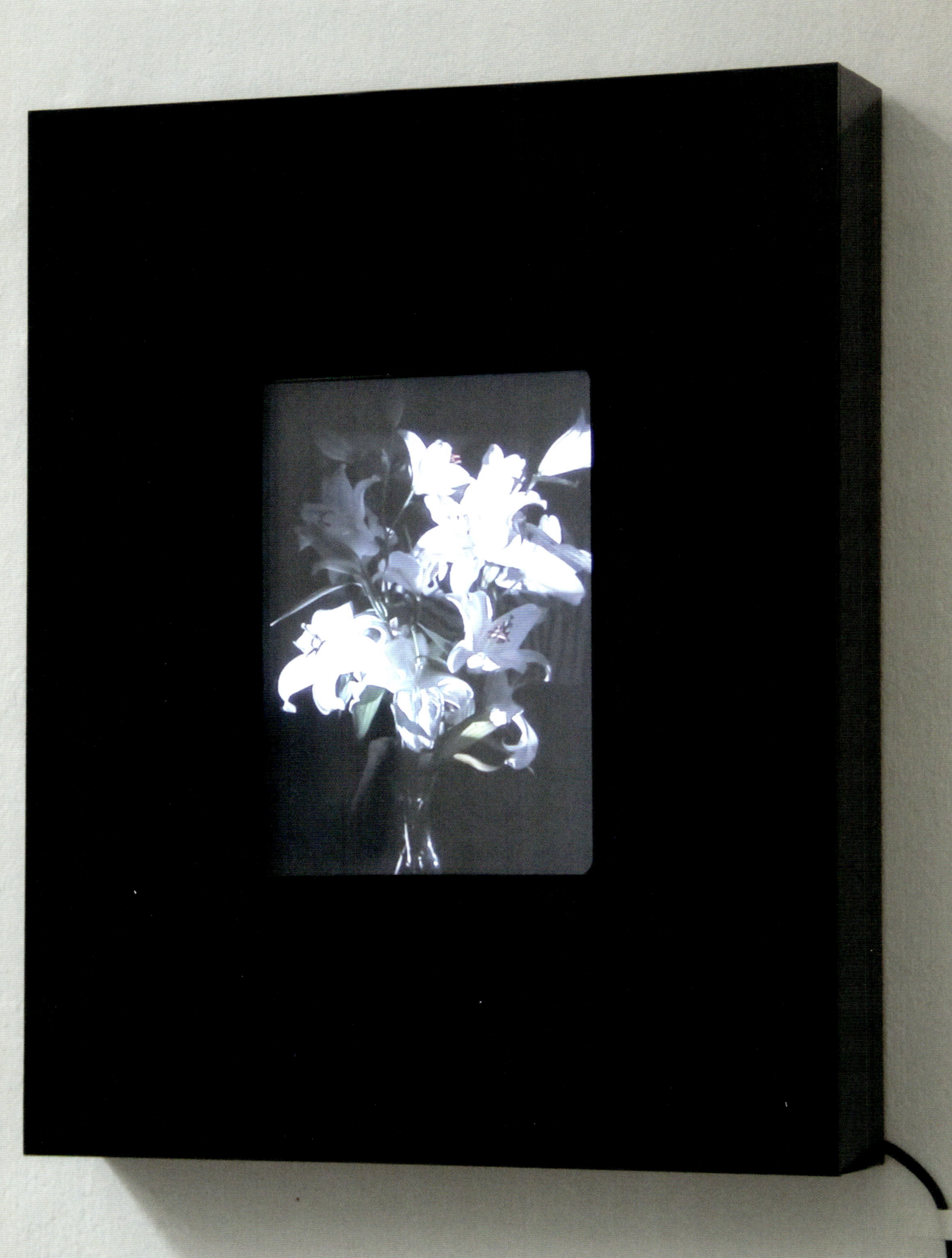

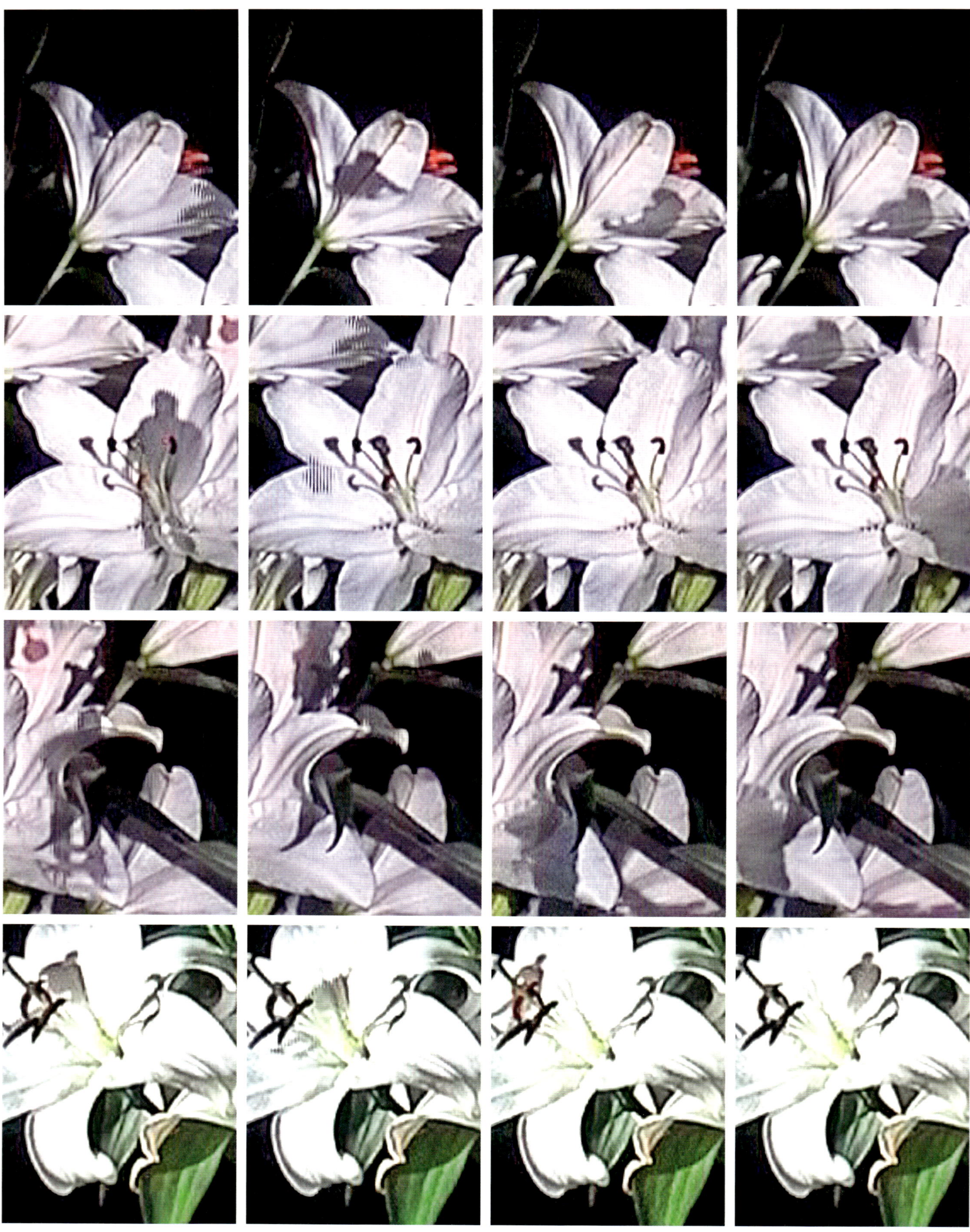

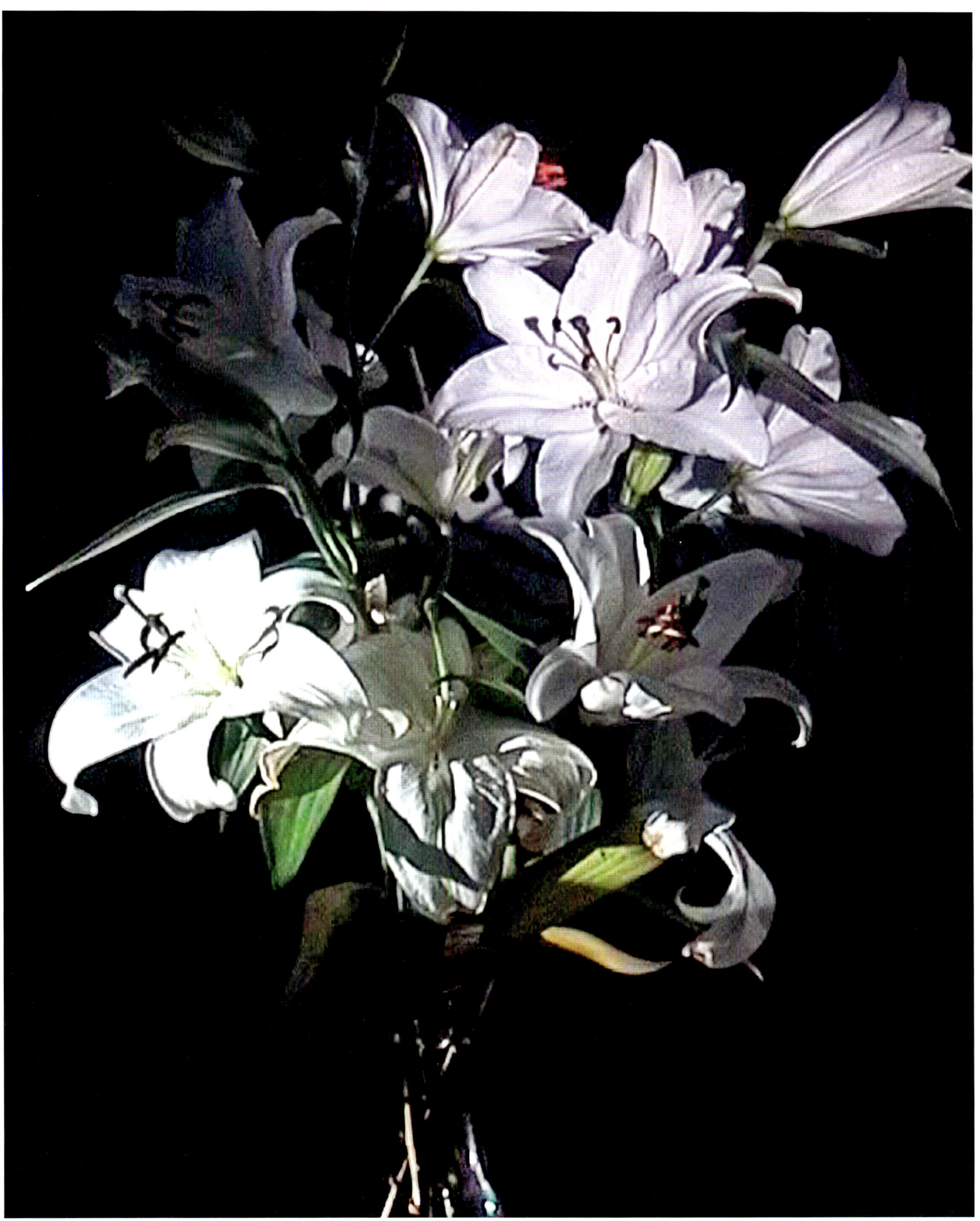

Stefanie Pöllot, Spuren in Weiß, 2010, PAL-Video, 8:44 min

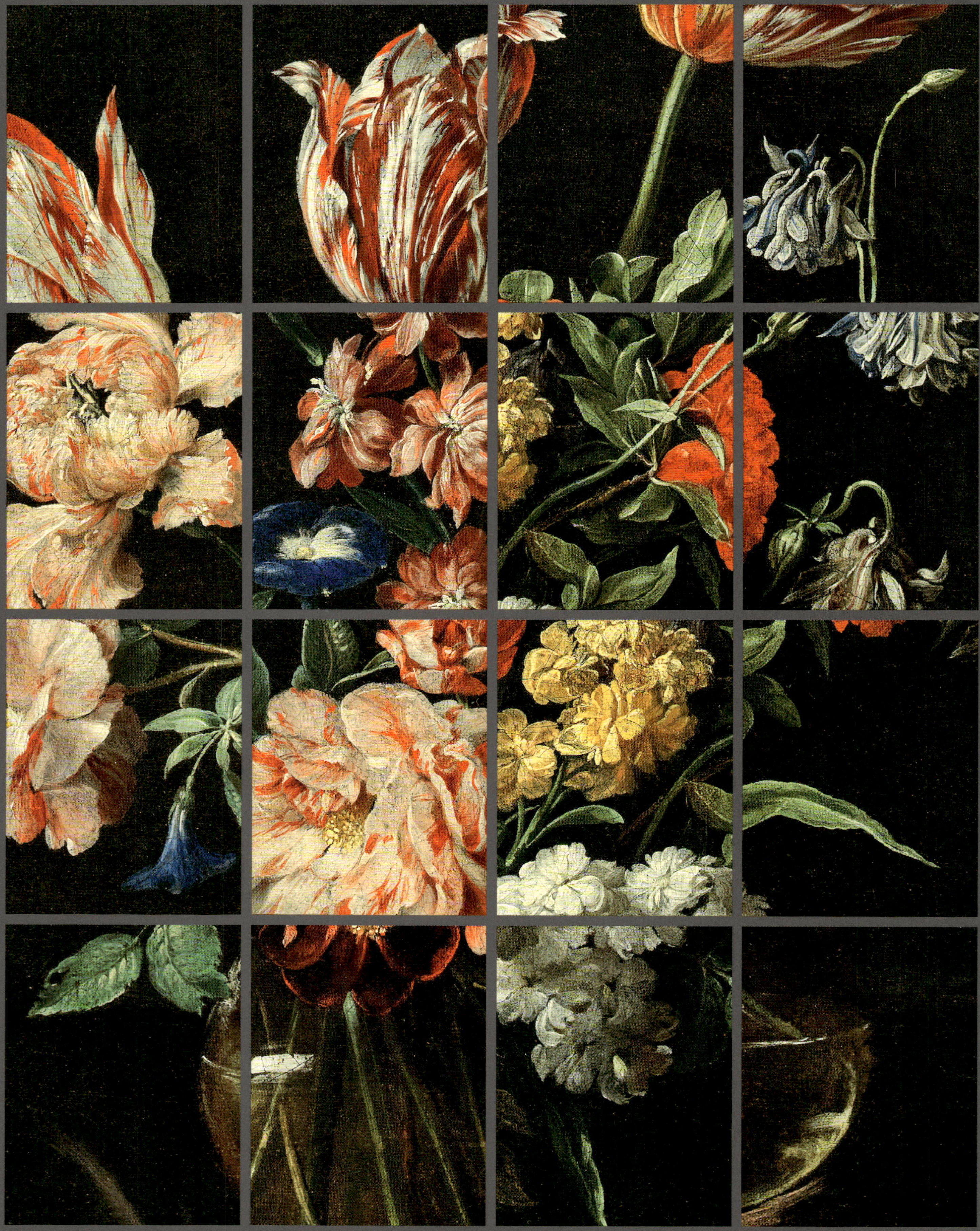

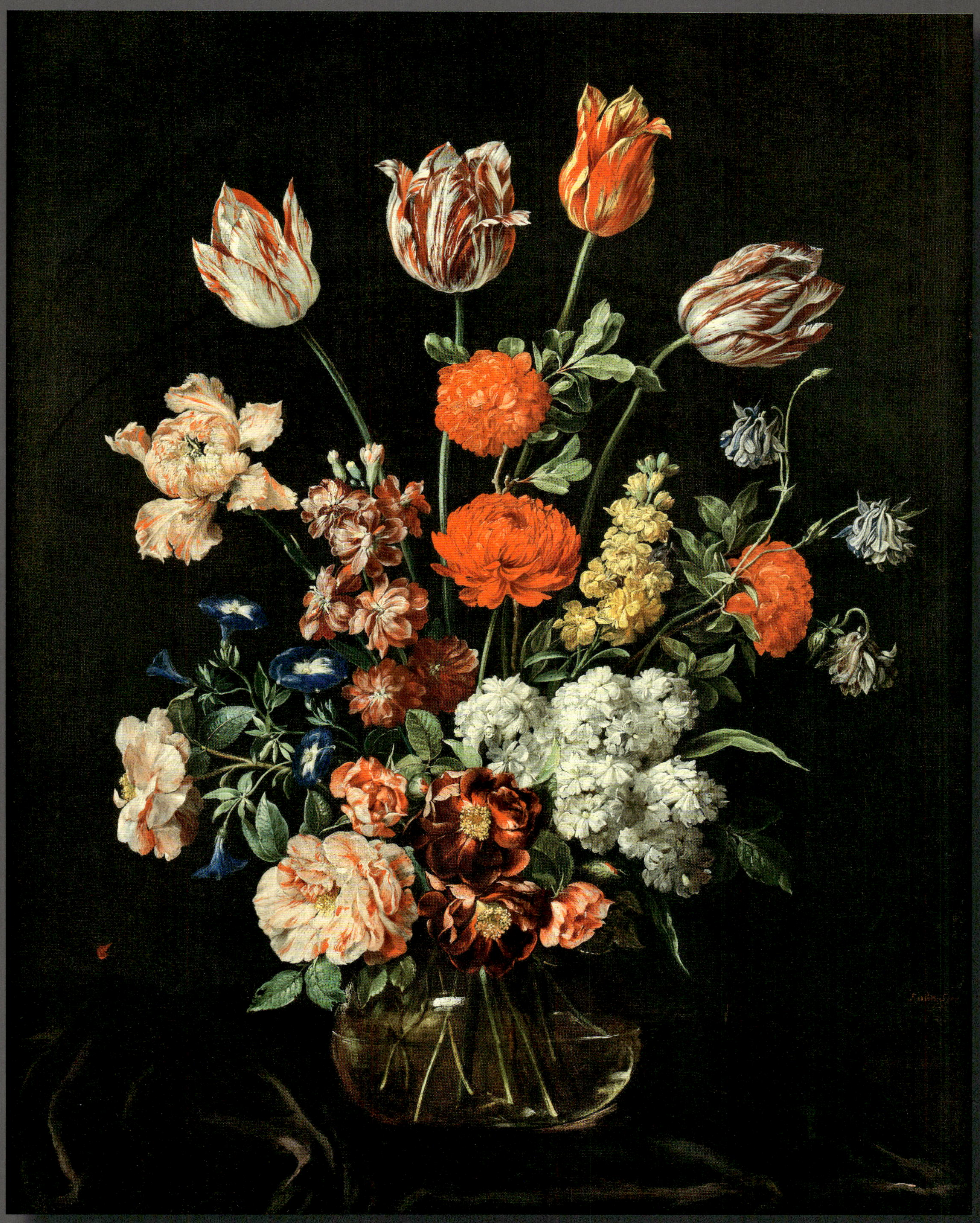

Andreas Stech, Blumen in einer Glasvase, um 1678/80, Öl auf Leinwand

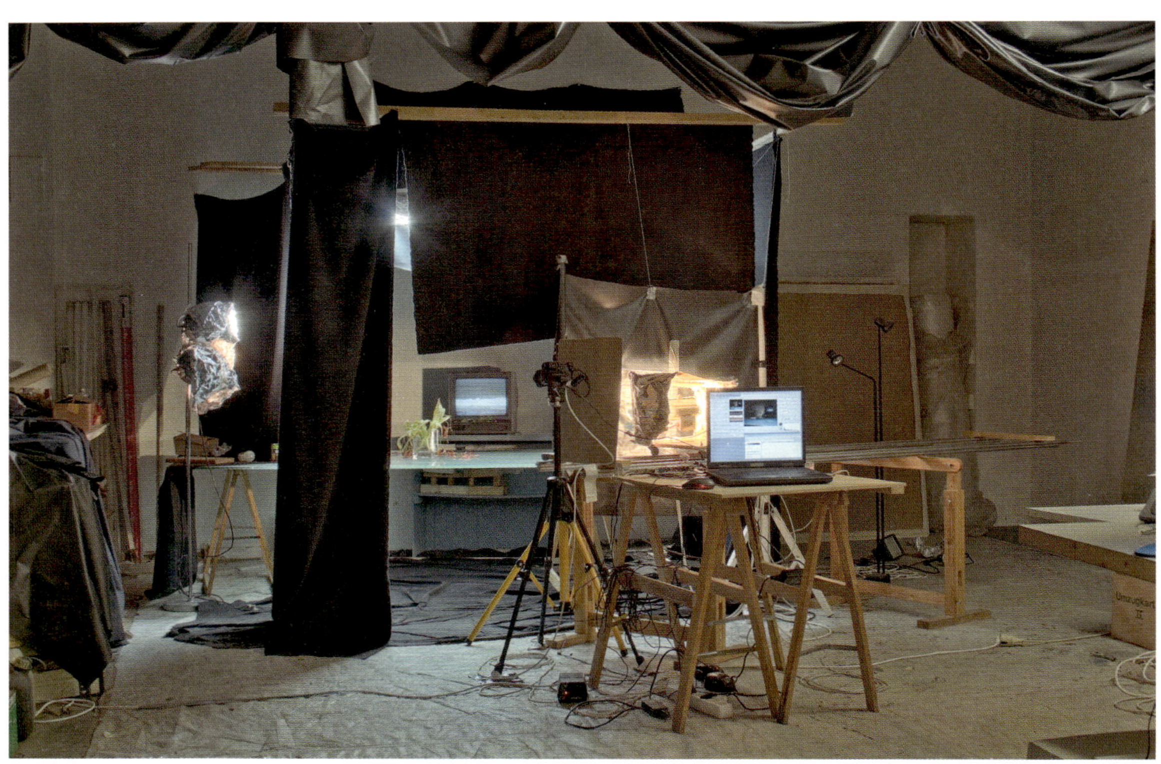

Arnold von Wedemeyer, on-time, still life I, 2006/07, HD-Video, 9:20 min

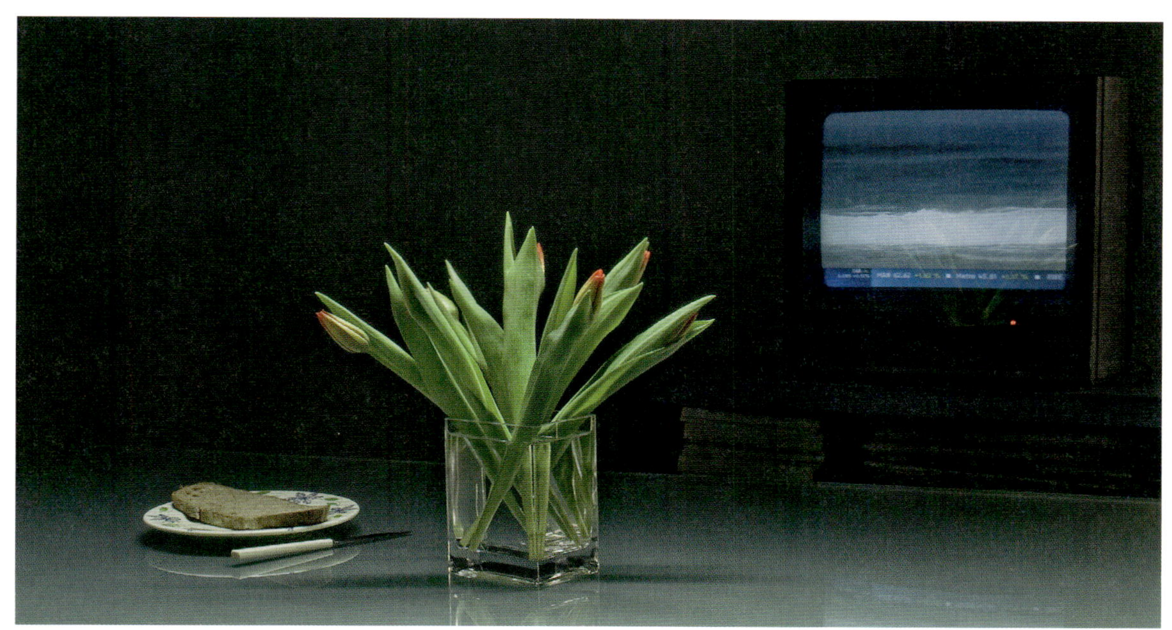

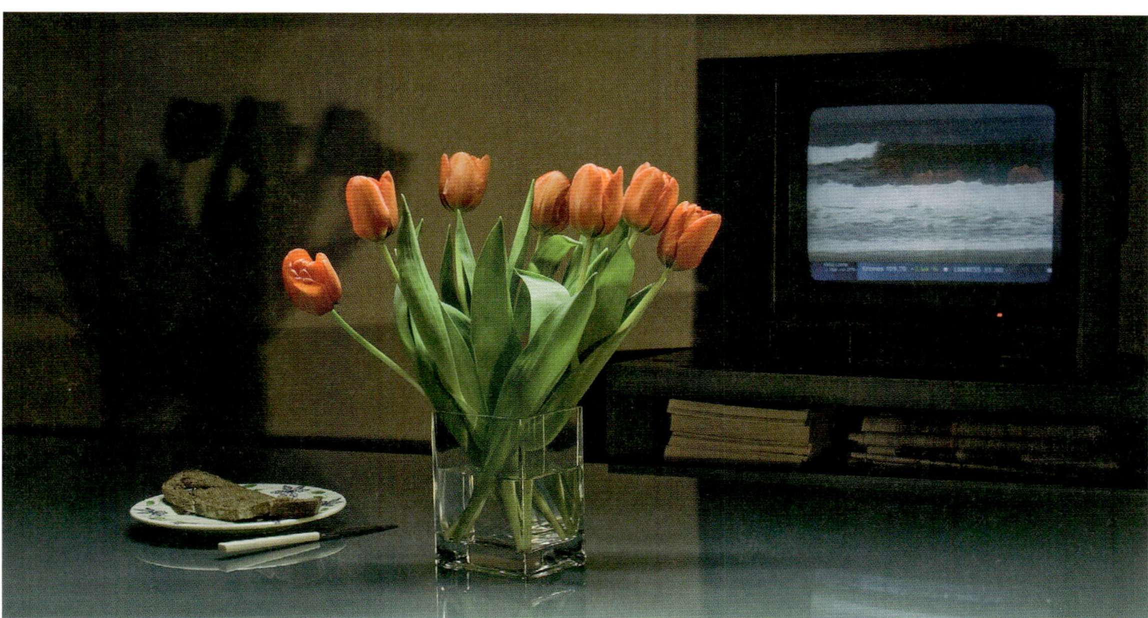

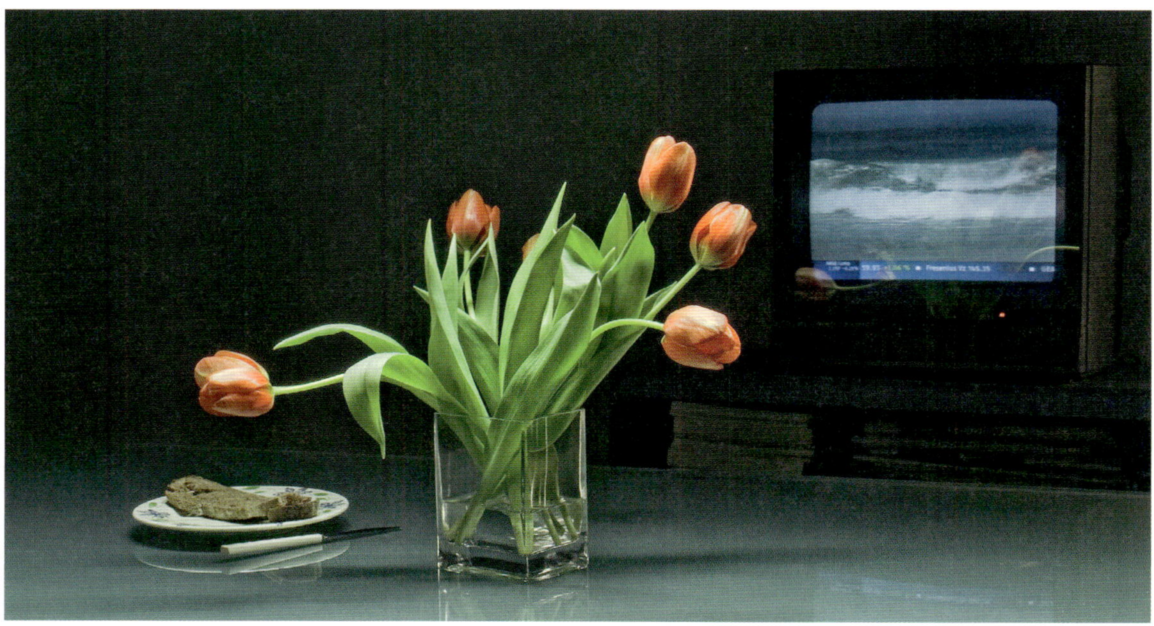

Wo ist der Gärten Pracht / der Blumen Königinn /
der Augen liebe Lust / die Anemone hin? [...]

Hier steht Ihr grüner Fuß / der Stengel noch zu schauen /
der schon auch matt und welck. [...]

Was hilfft es / Menschen seyn / was liebe Blumen küssen /
Wann sie sind schöne zwar / doch balde nichts seyn müssen!

Paul Fleming, Auff eines Kindes Ableben

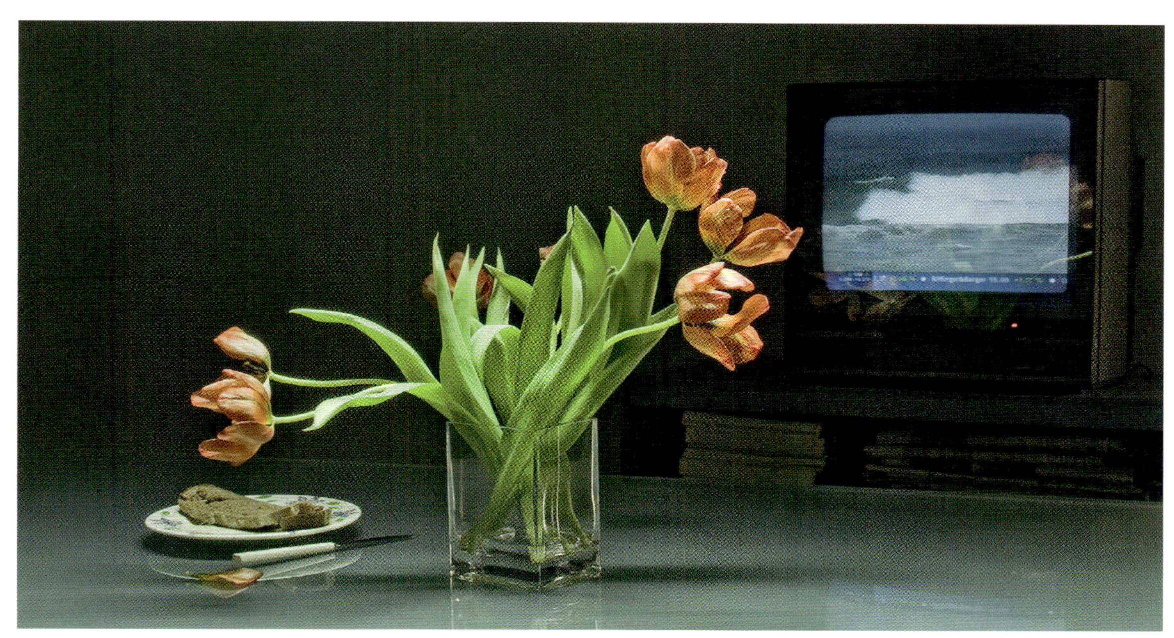

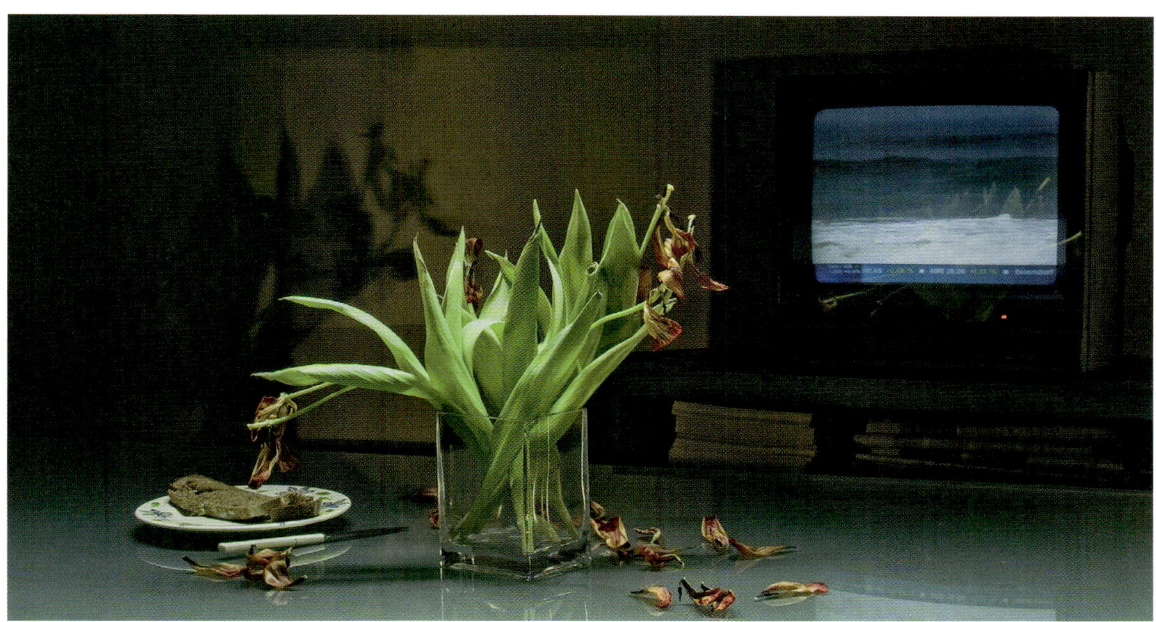

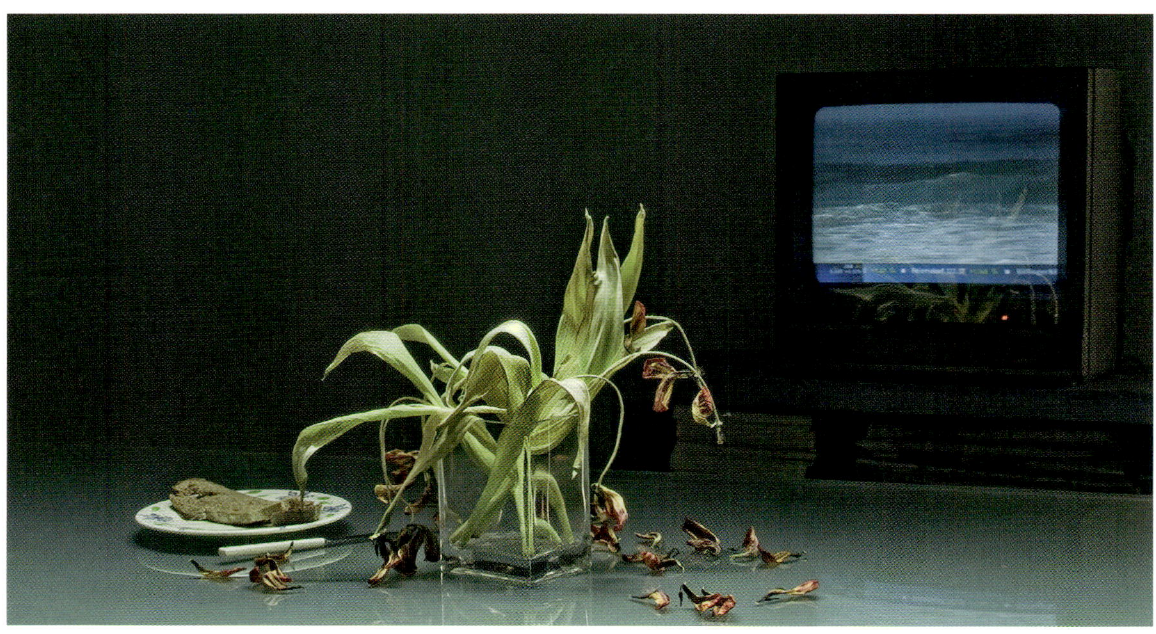

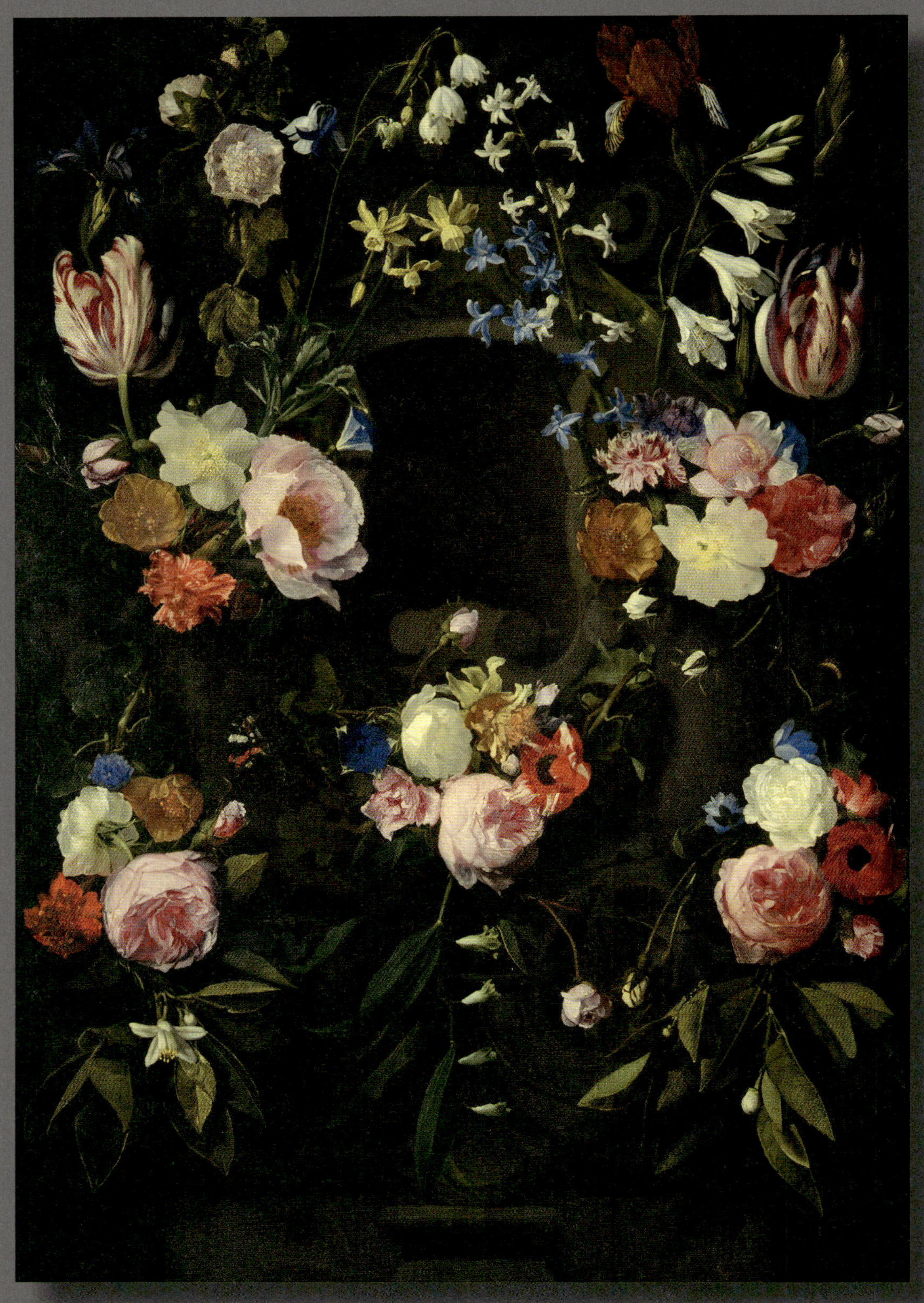

Daniel Seghers, Blumenkranz, um 1650, Öl auf Kupfer

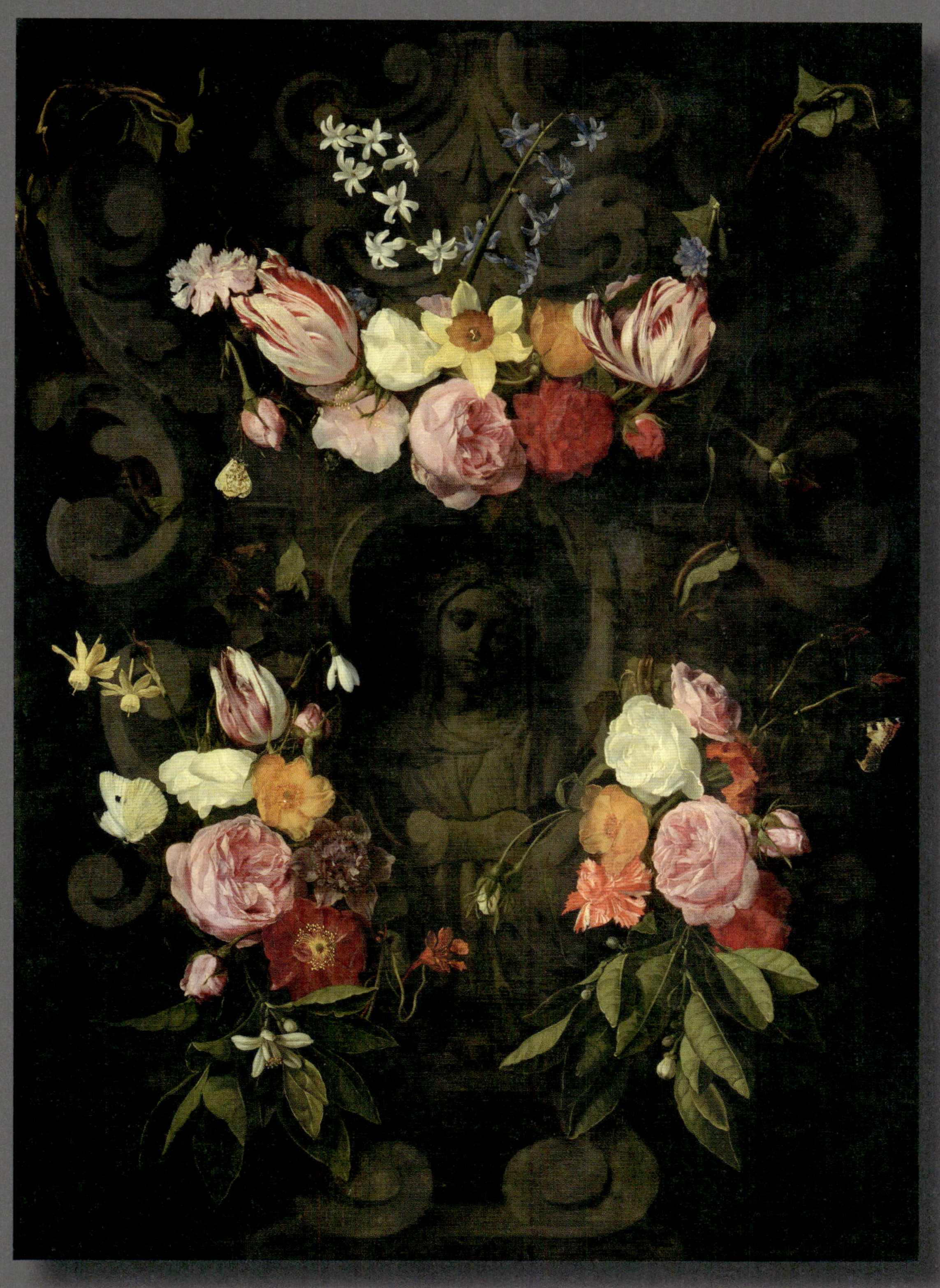

Daniel Seghers und Erasmus Quellinus d.J., Blumenkranz mit Marienbüste, um 1645/50, Öl auf Kupfer

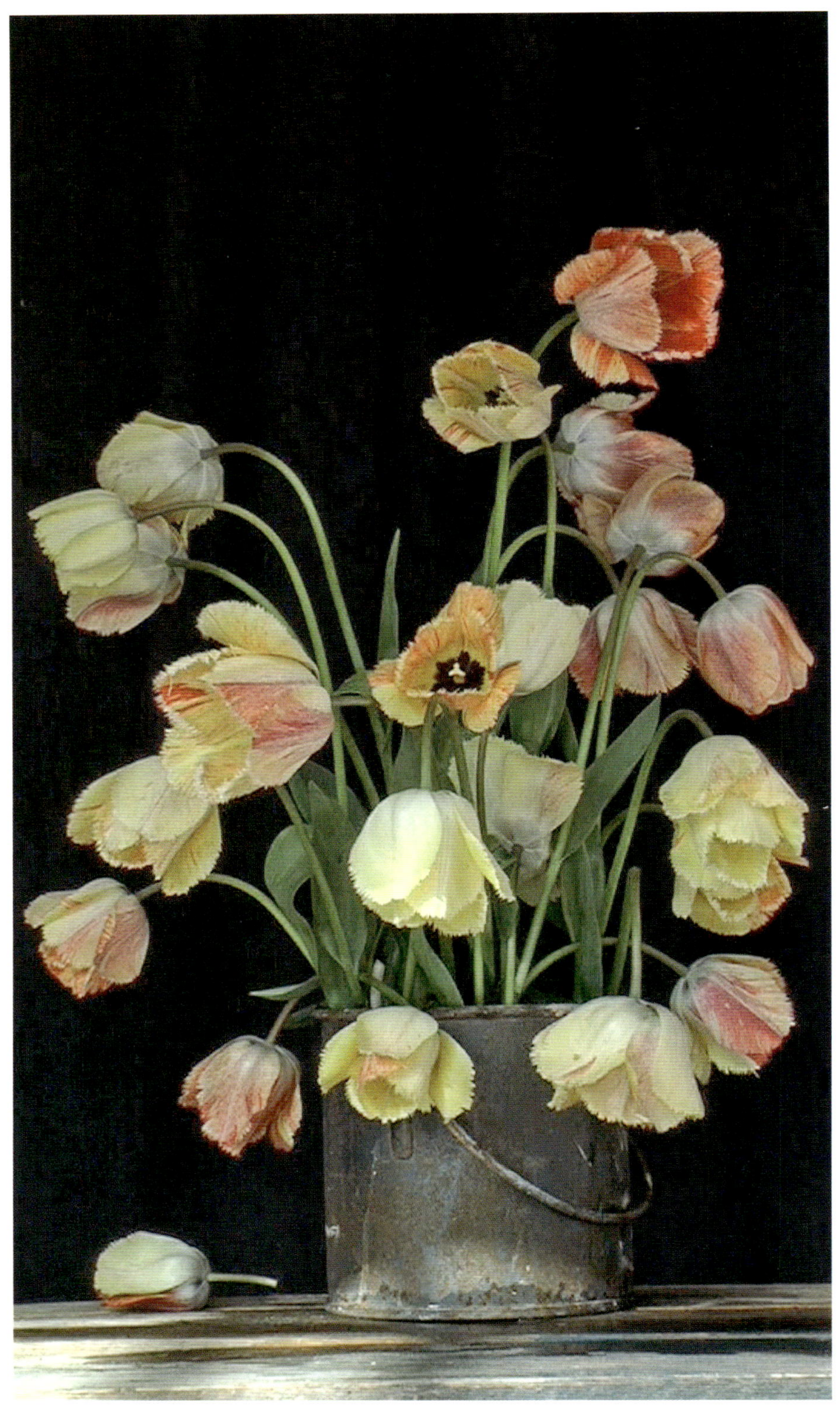

Gabriella Gerosa, Tulpen, 2011, HD-Video, 30 min

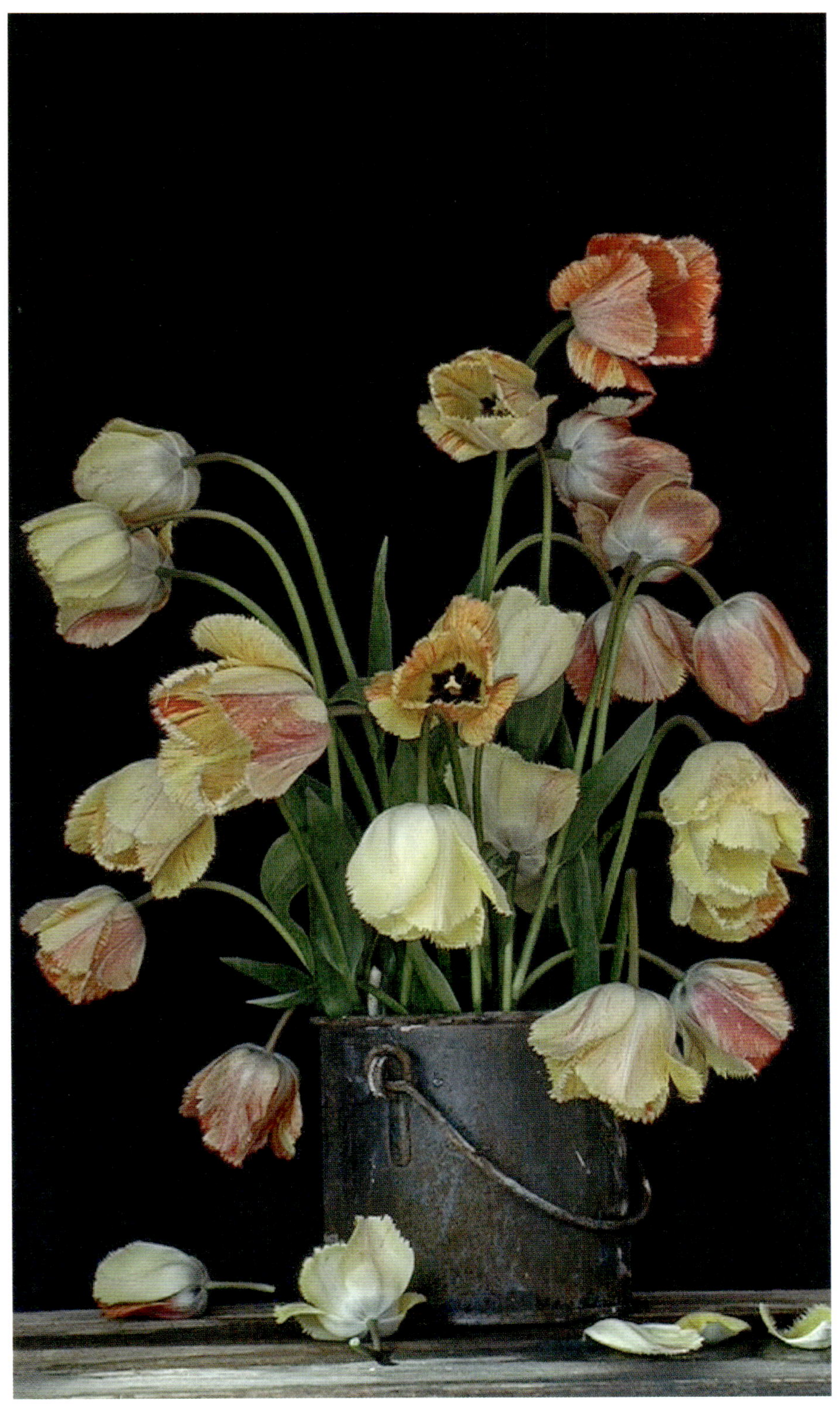

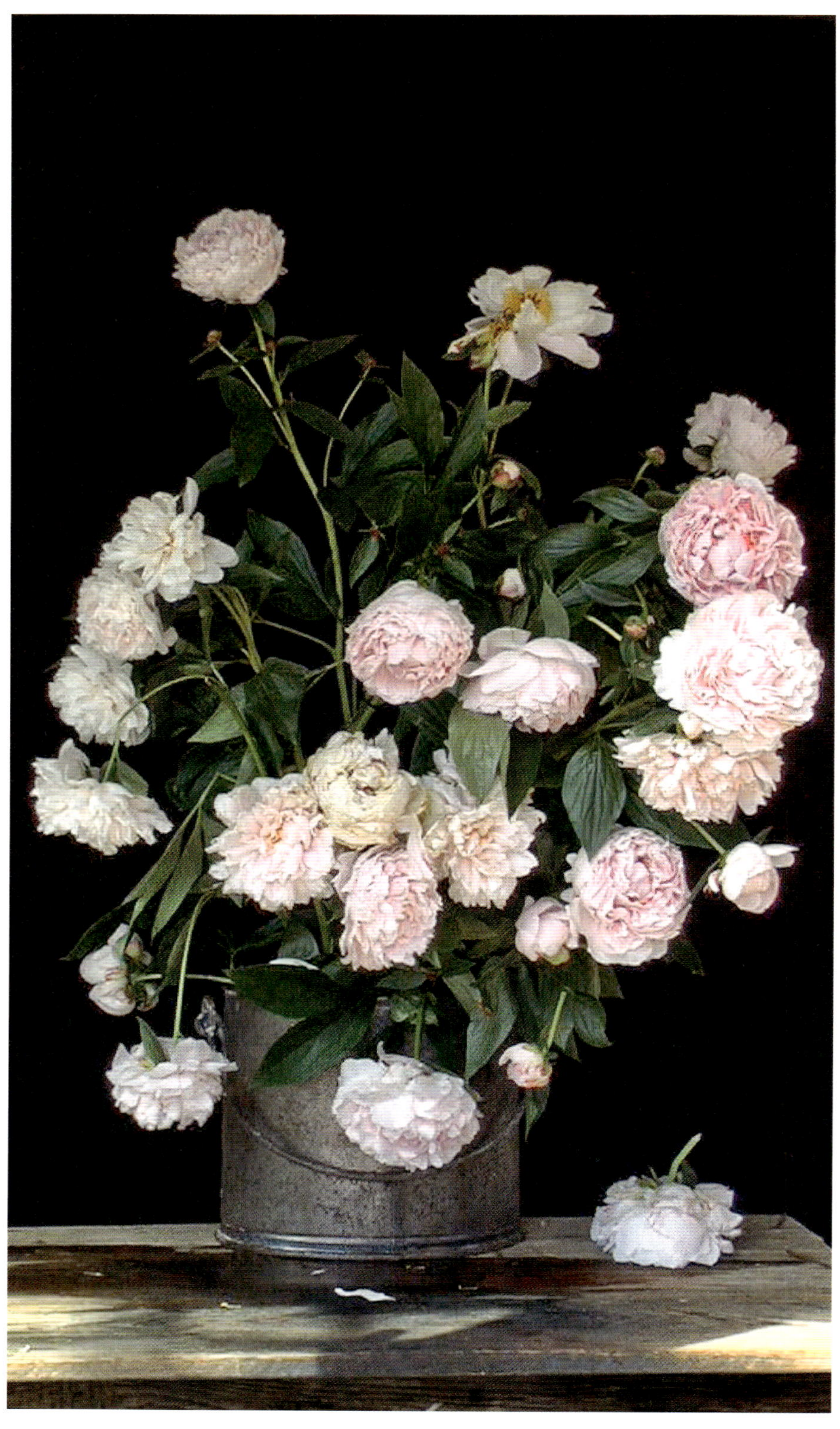

Gabriella Gerosa, Päonien, 2011, HD-Video, 60 min

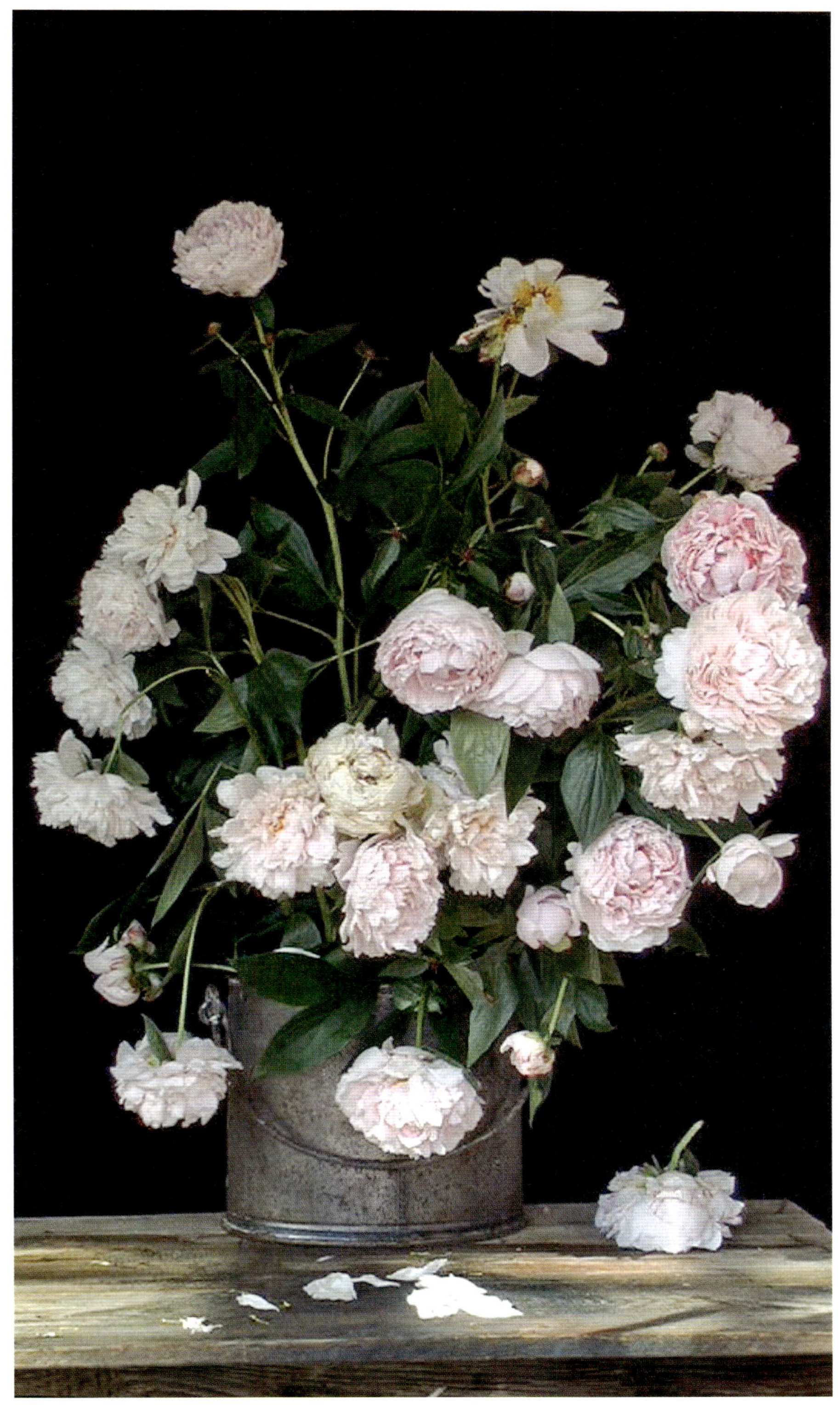

Wie blumen / die des sommers blühen /
Und wenn der abend sich einstellt /
Sich zu der erden niederziehen /
So ist das wesen dieser welt.

Christian Hofmann von Hofmannswaldau, Vergänglichkeit

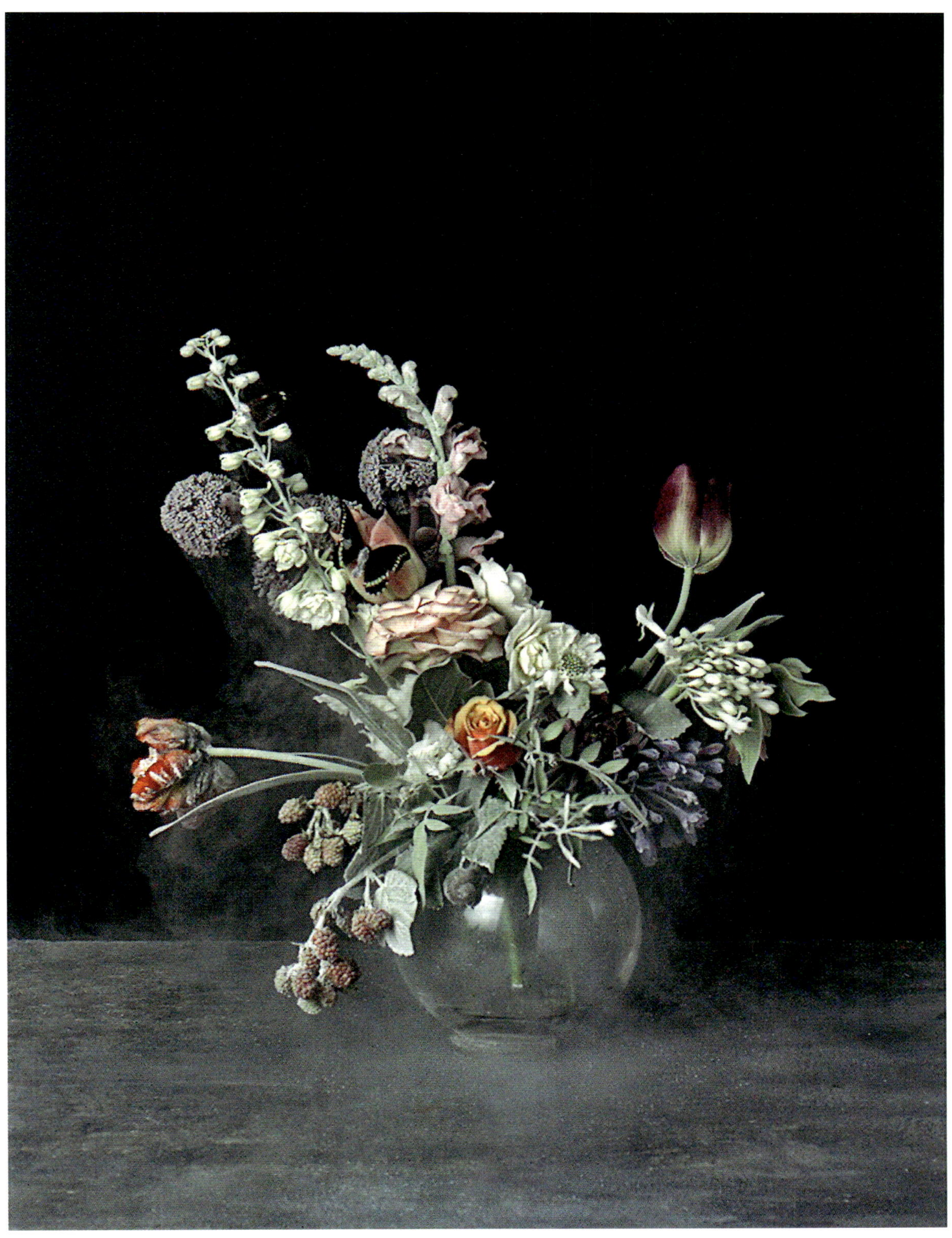

Ori Gersht, Big Bang, 2006, HD-Video, 4:32 min

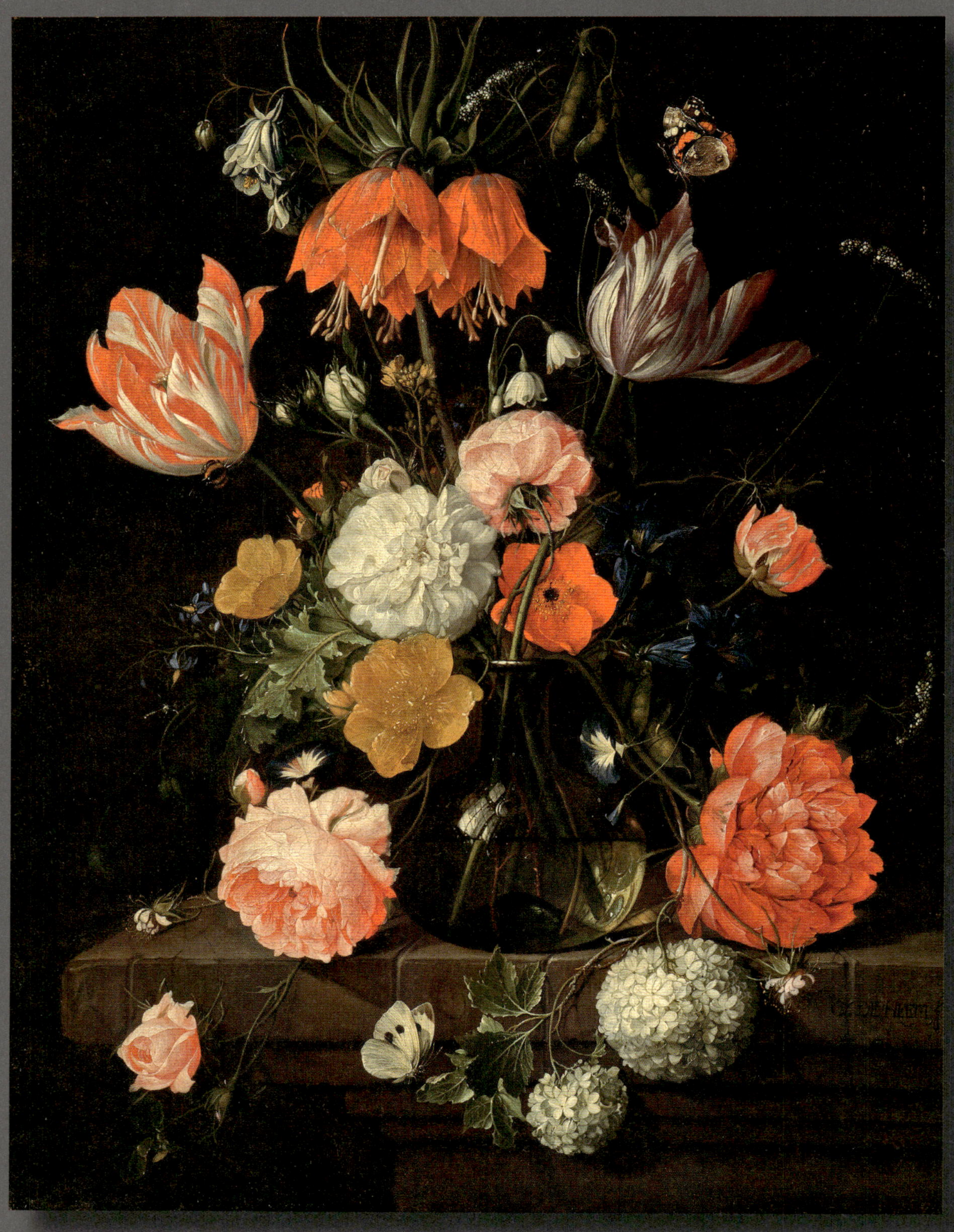

Cornelis de Heem, Blumenstrauß, o. D., Öl auf Leinwand

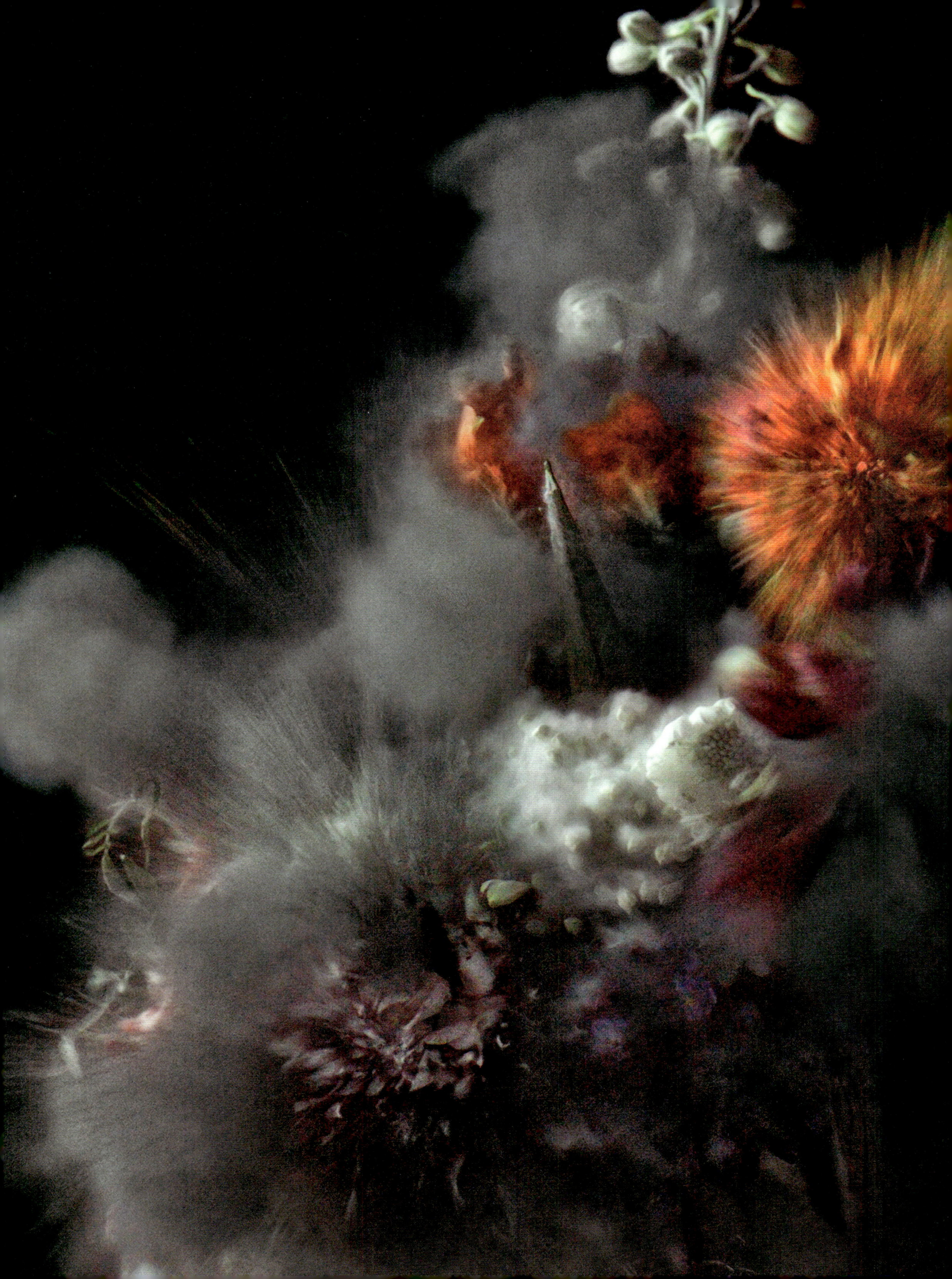

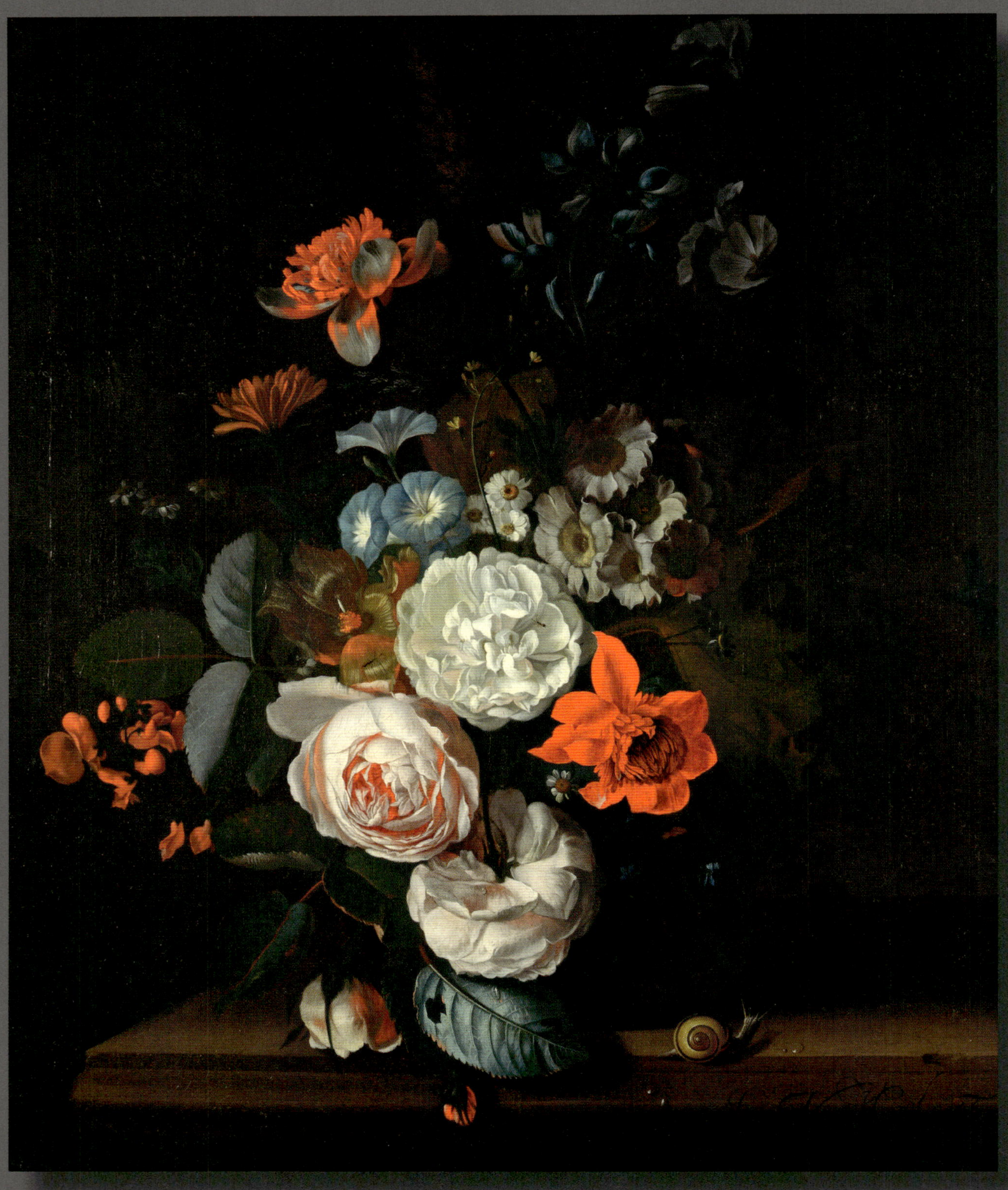

Jan van Huysum, Blumenstück, o. D., Öl auf Leinwand

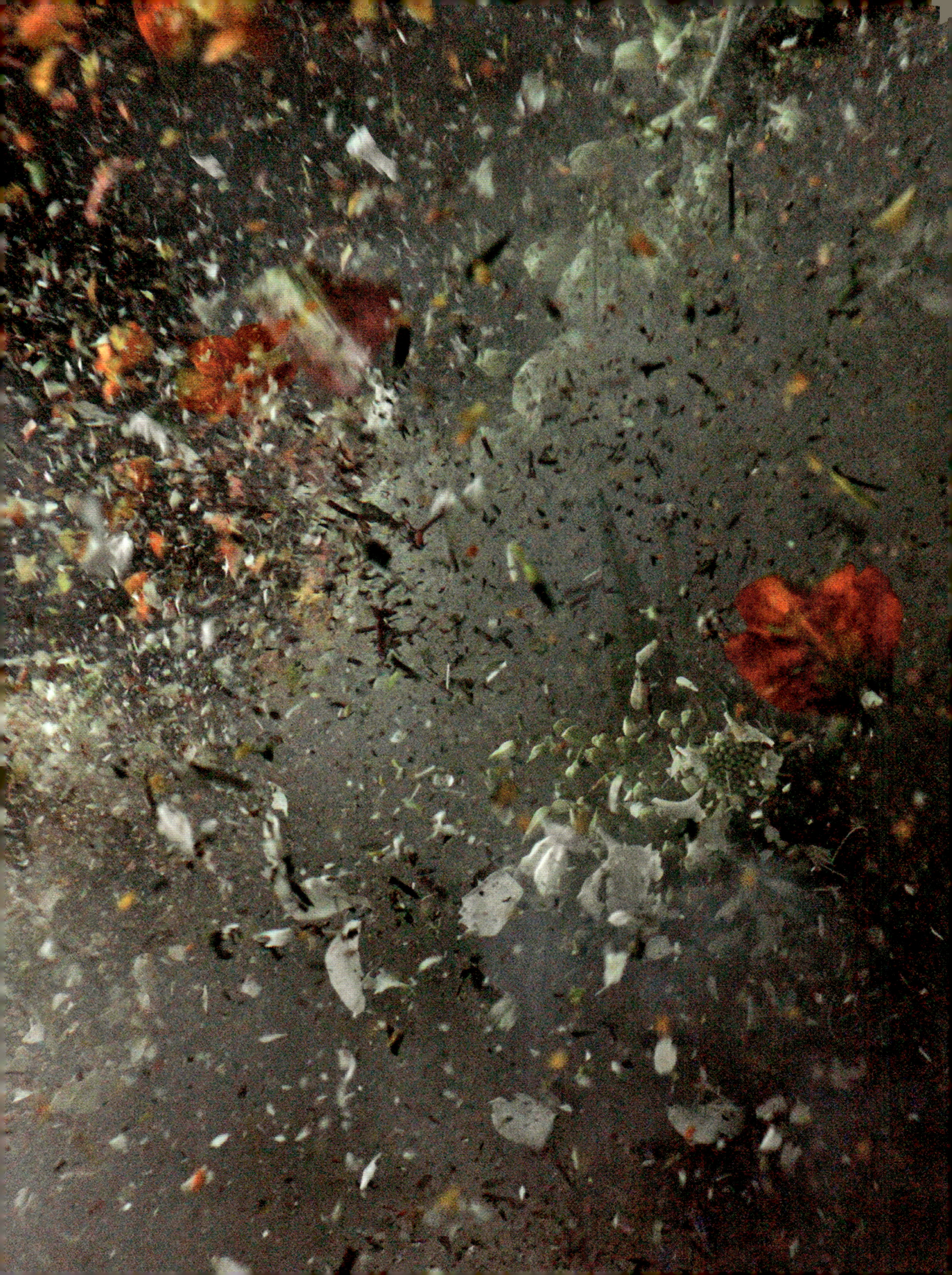

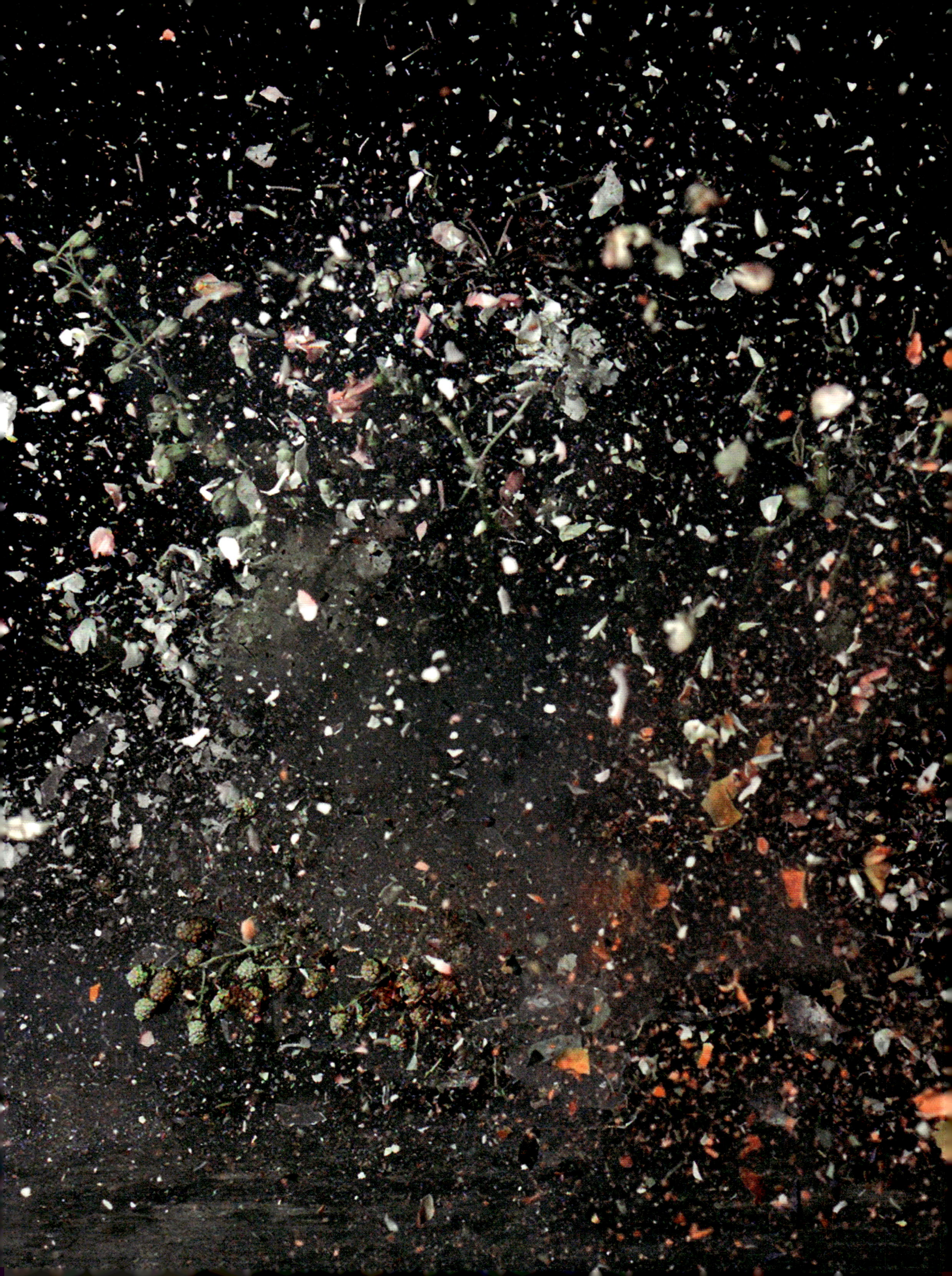

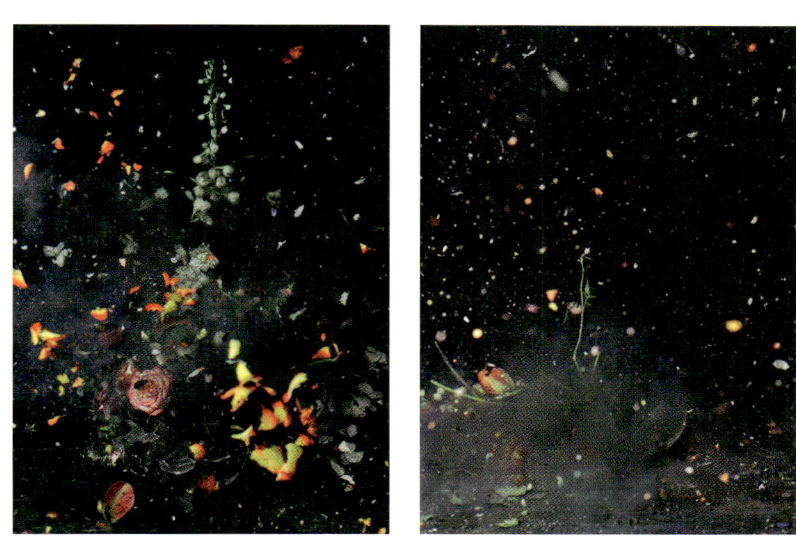

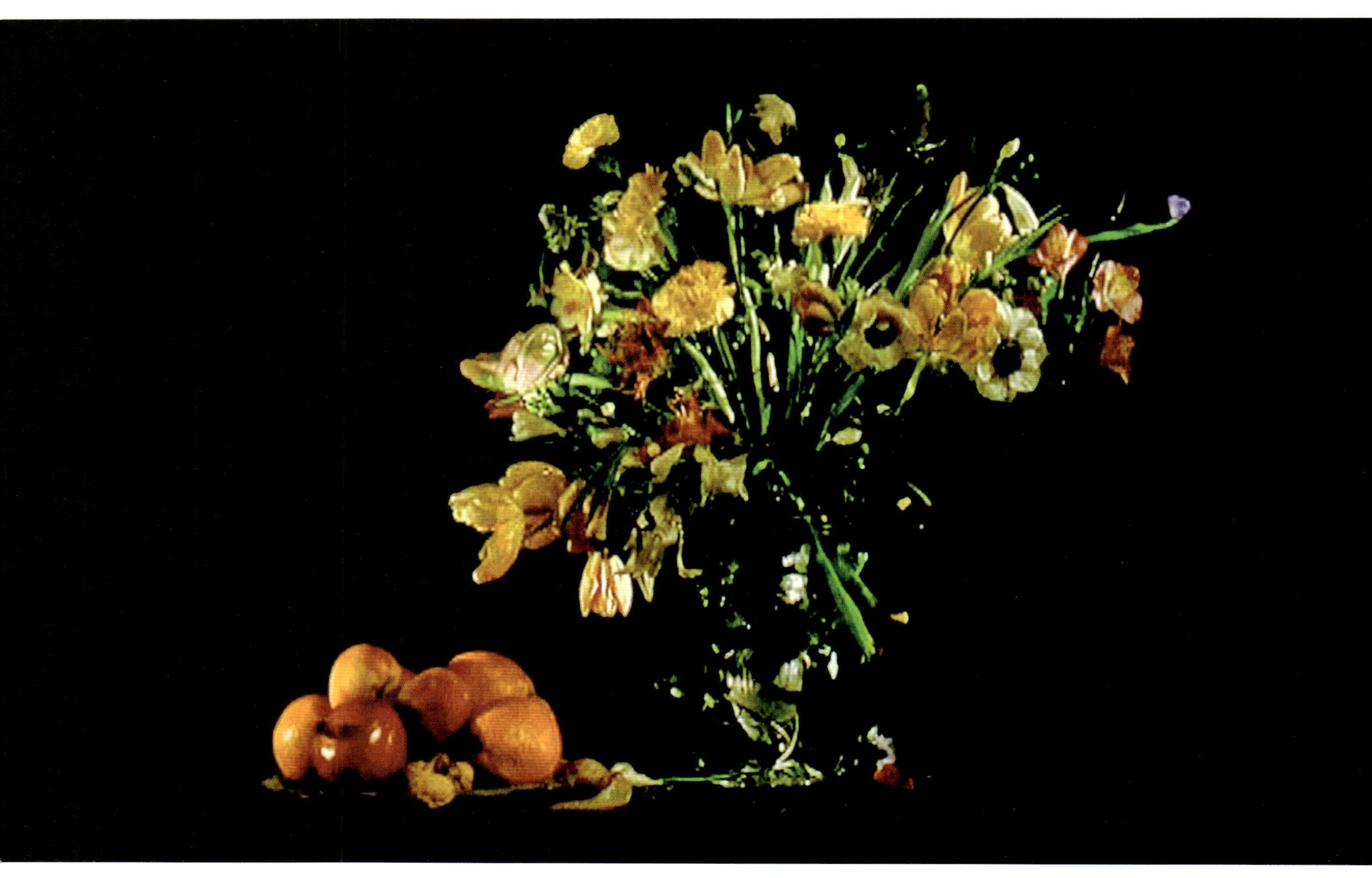

Pia Maria Martin, Vivace II, 2006, 16mm-Film, 3:09 min

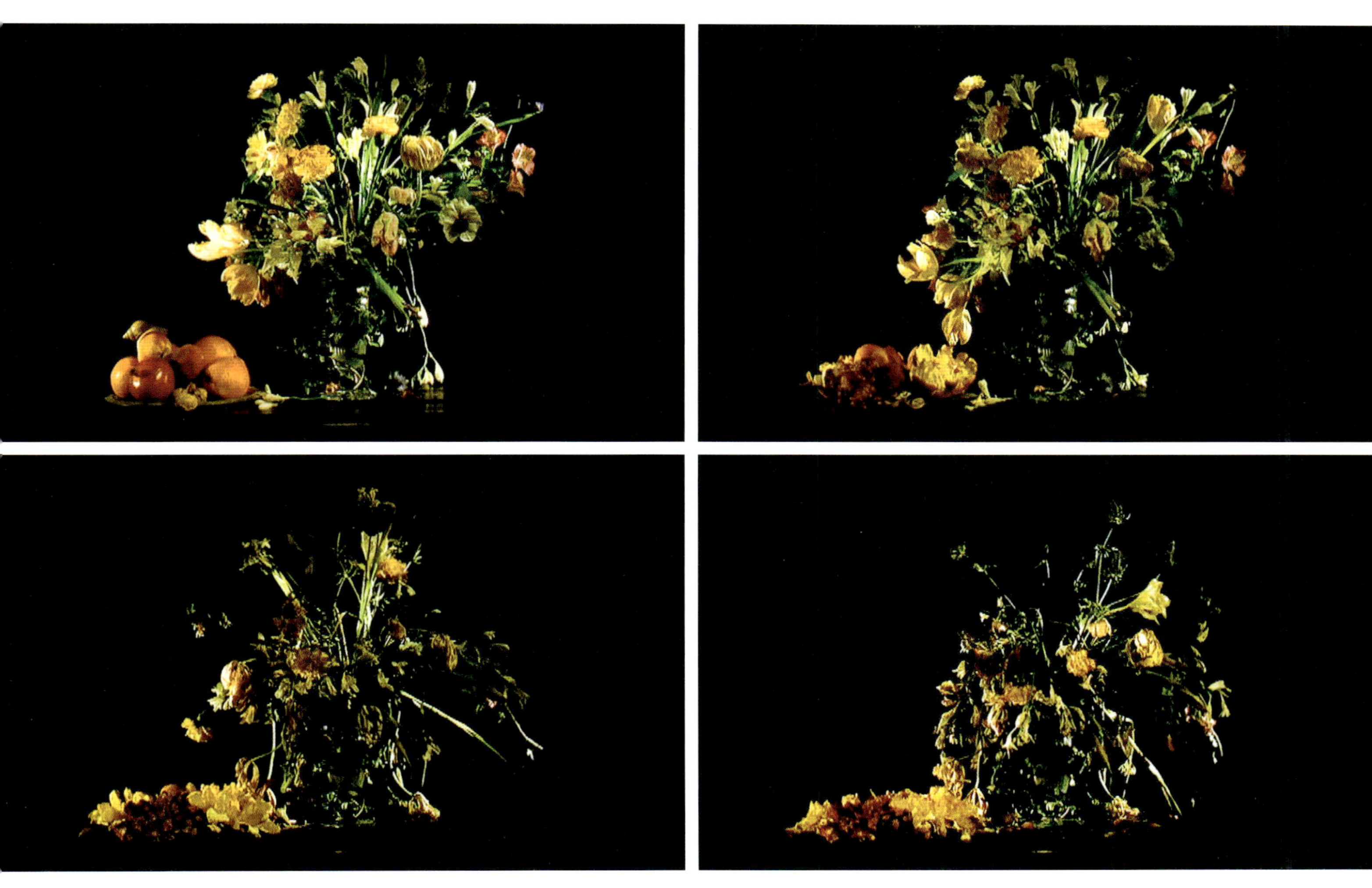

Was ist diß Leben doch / was sind wir / ich und ihr?
Was bilden wir uns ein! was wündschen wir zu haben?
Itzt sind wir hoch und groß und morgen schon vergraben

Andreas Gryphius, Thränen in schwerer Kranckheit

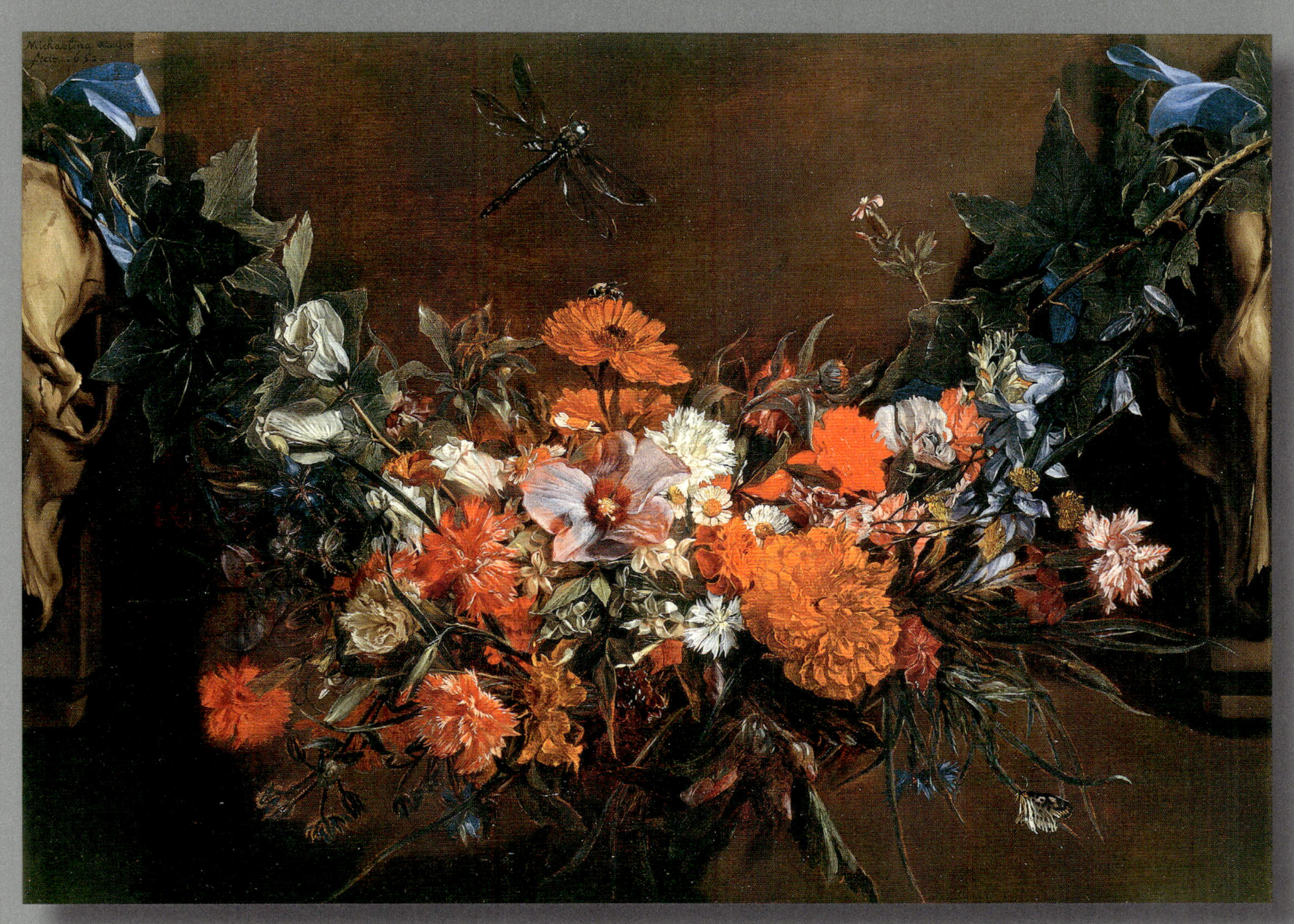

Michaelina Woutiers, Blumengirlande mit Prachtlibelle, 1652, Öl auf Holz

Tiere

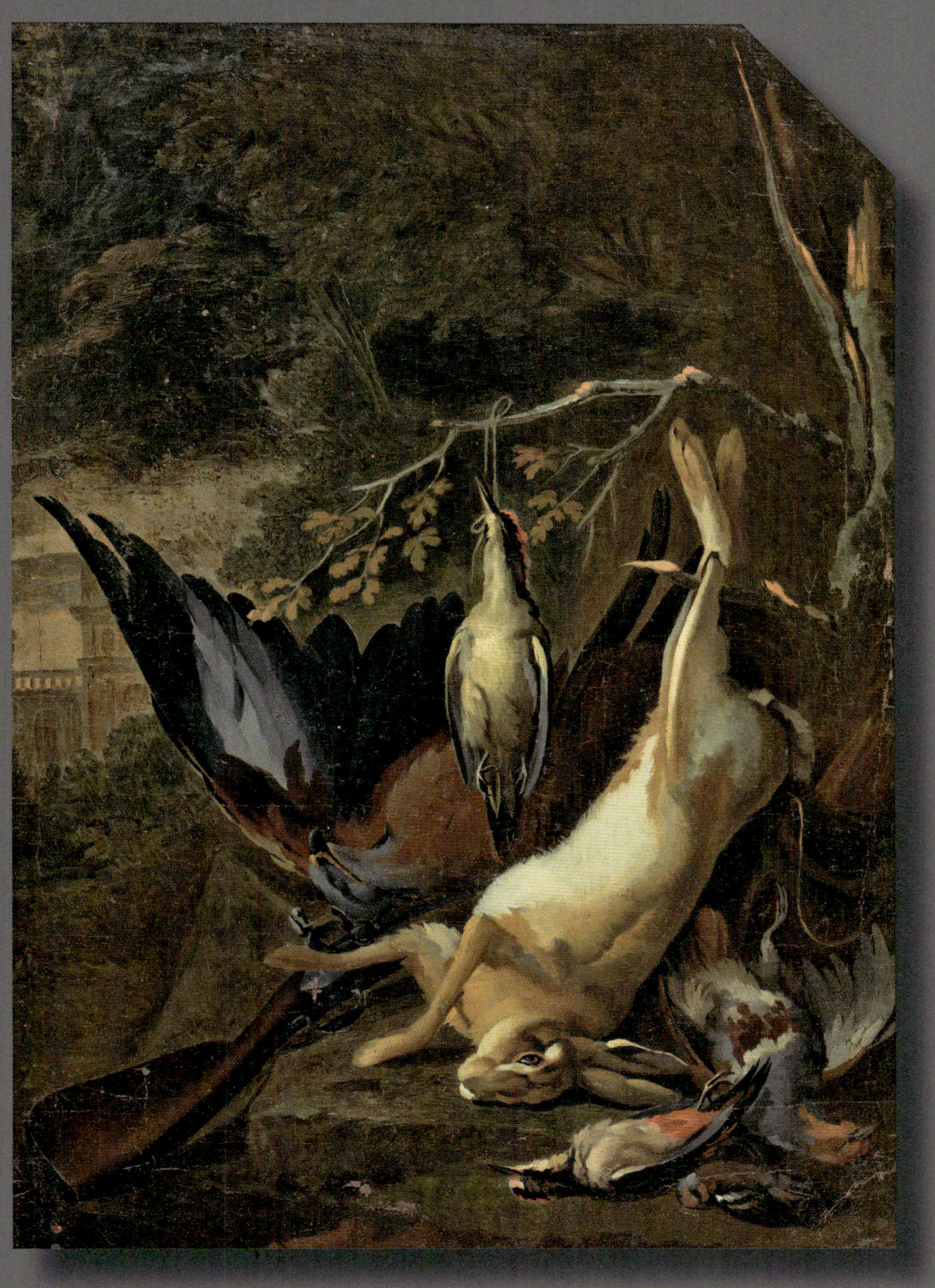

Charles William Hamilton, Jagdstillleben in Landschaft mit totem Hasen und erlegten Vögeln, o. D., Öl auf Leinwand

Cornelis Lelienbergh, Jagdstillleben mit totem Hasen, o. D., Öl auf Leinwand

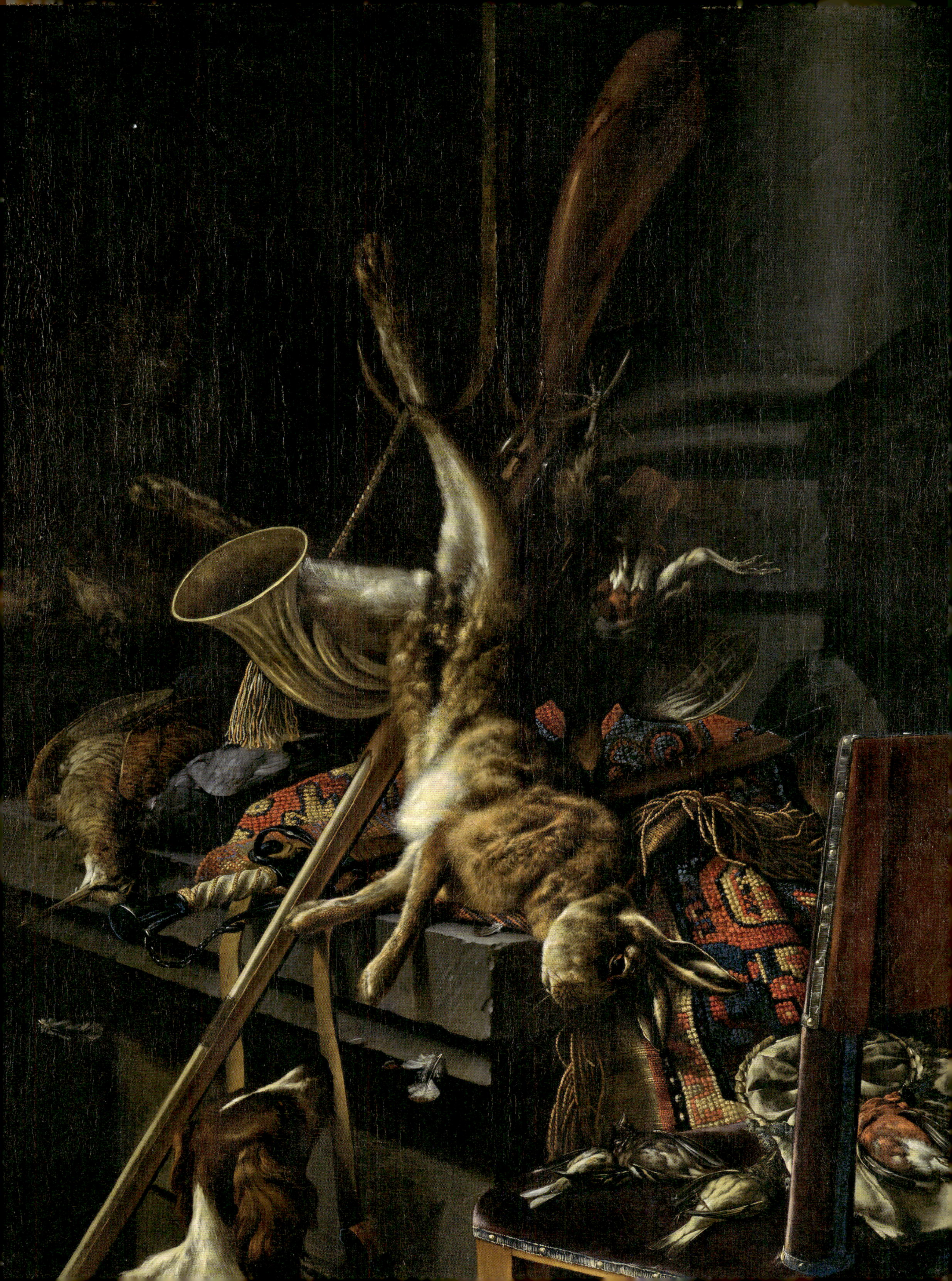

Sam Taylor-Johnson, A Little Death, 2002, 35mm-Film, 4 min

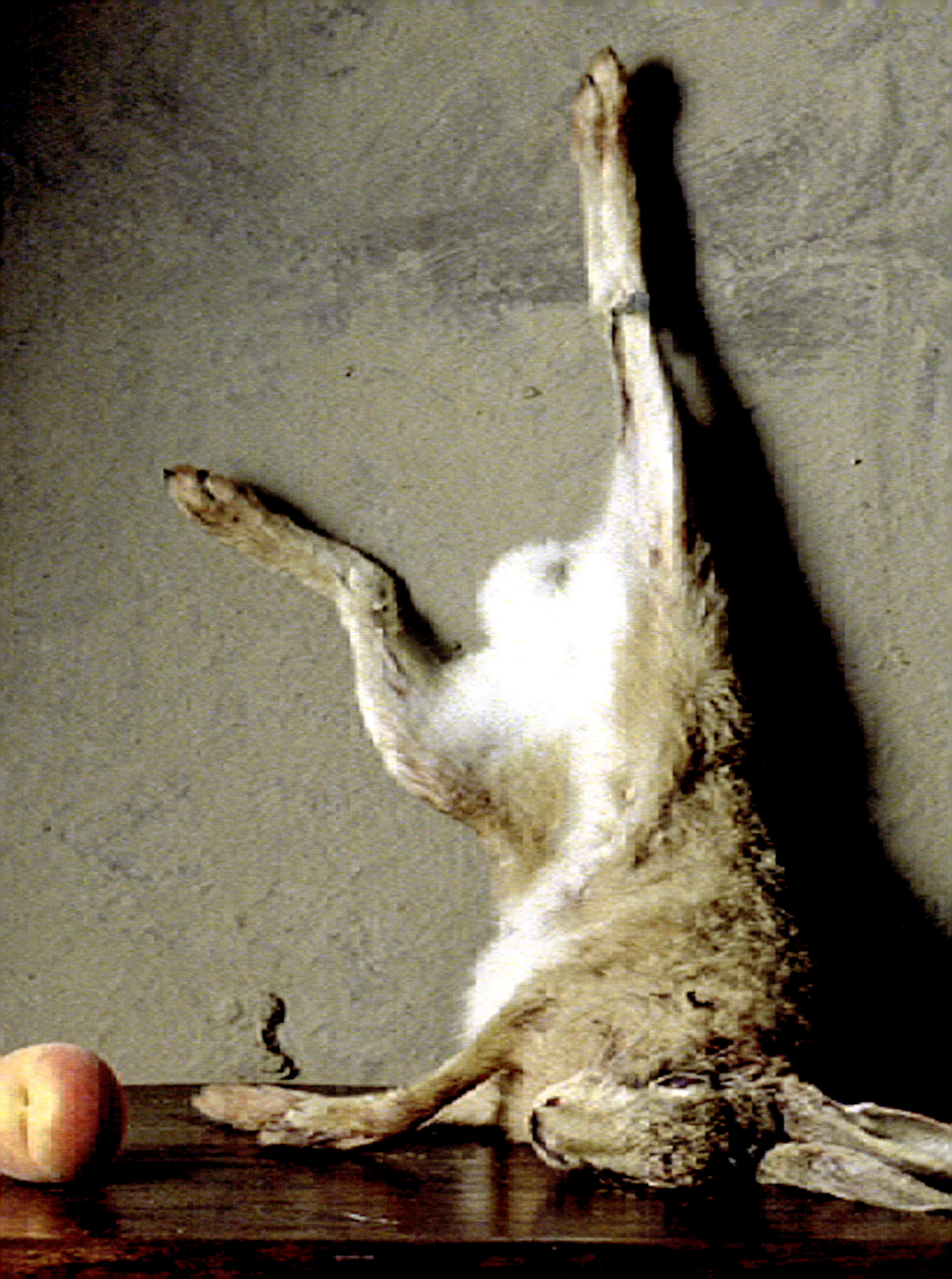

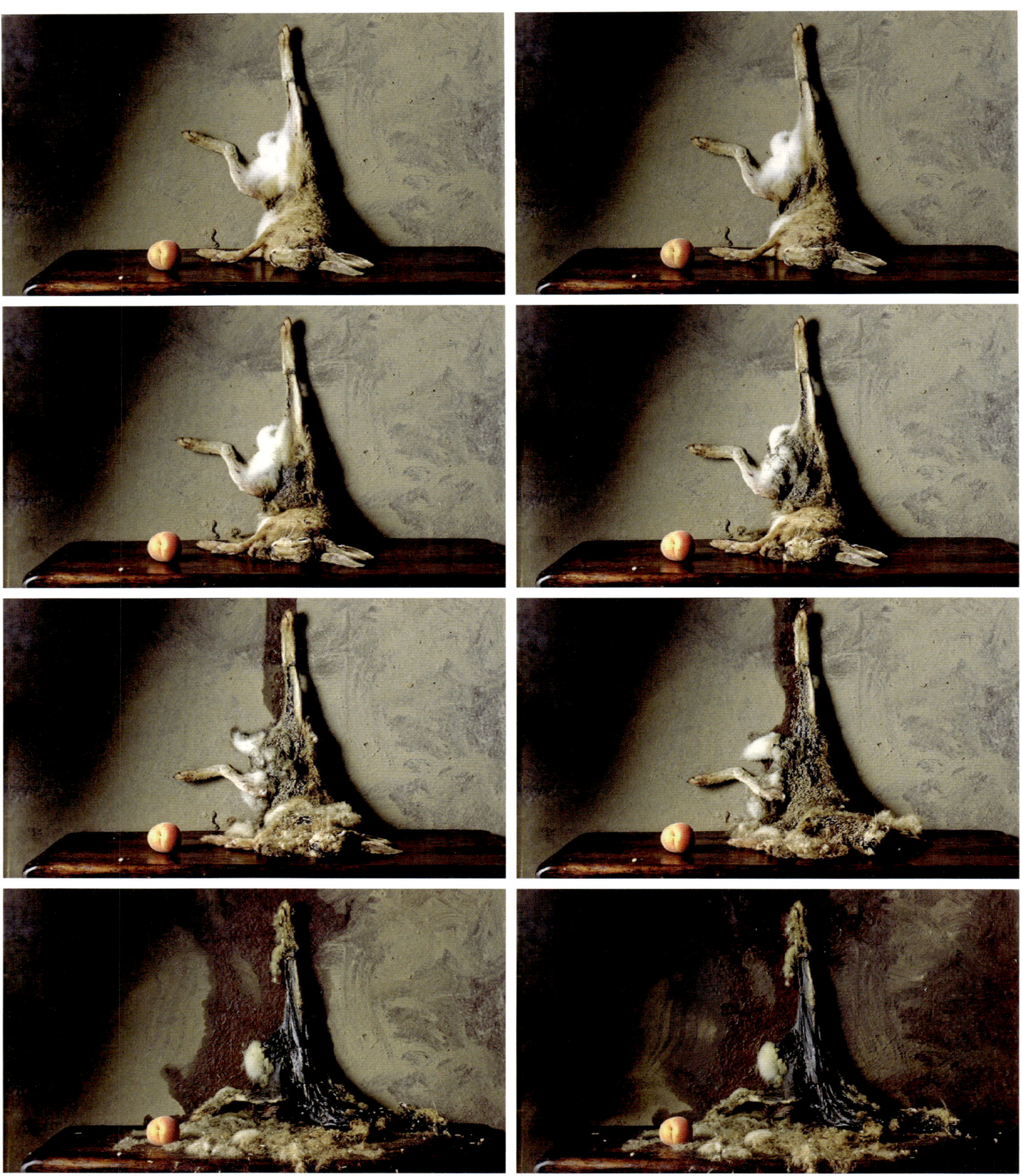

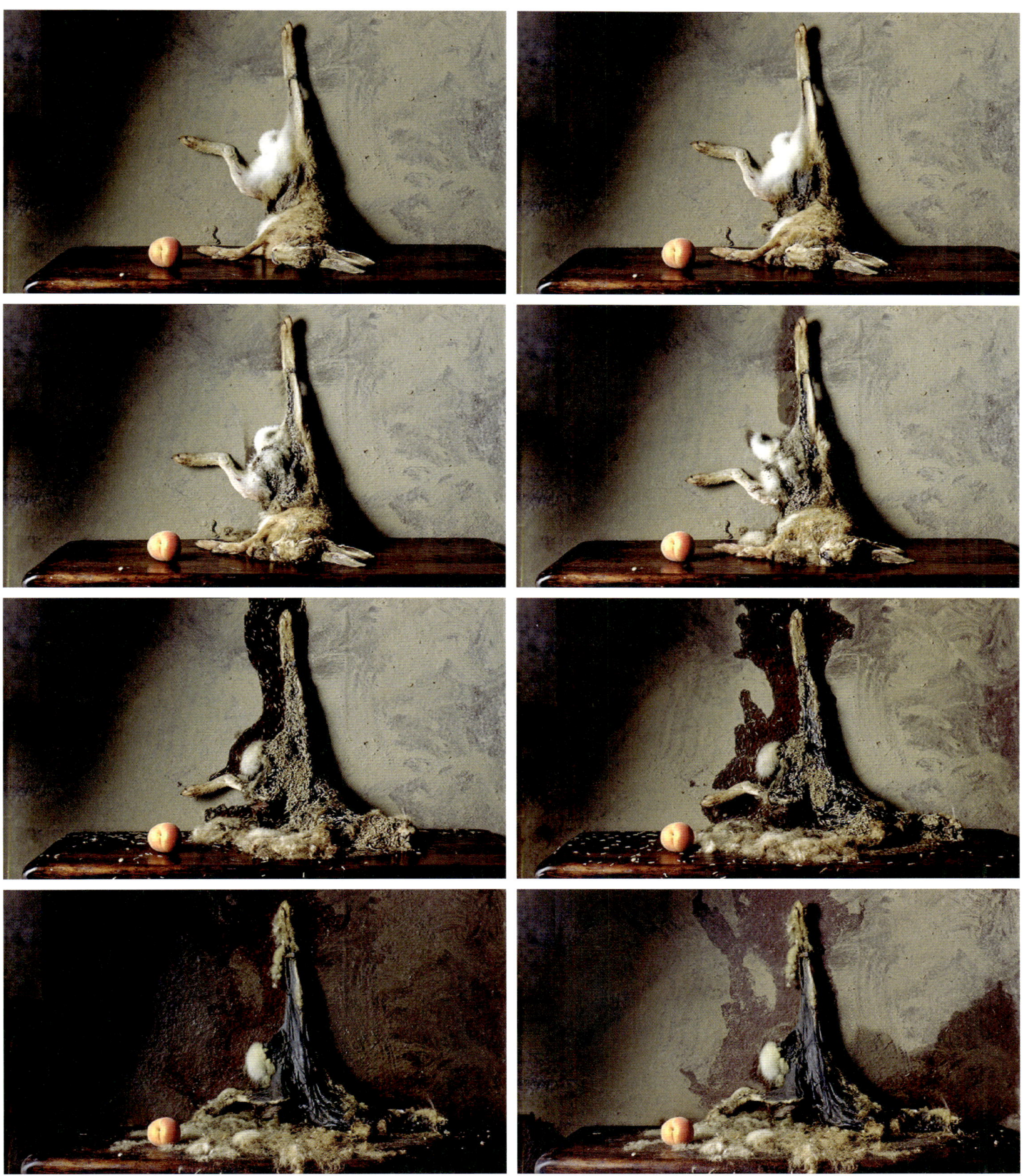

Was ist der hohe Ruhm / und Jugend / Ehr und Kunst?
Wenn dise Stunde kompt: wird alles Rauch und Dunst.

Andreas Gryphius, An sich selbst

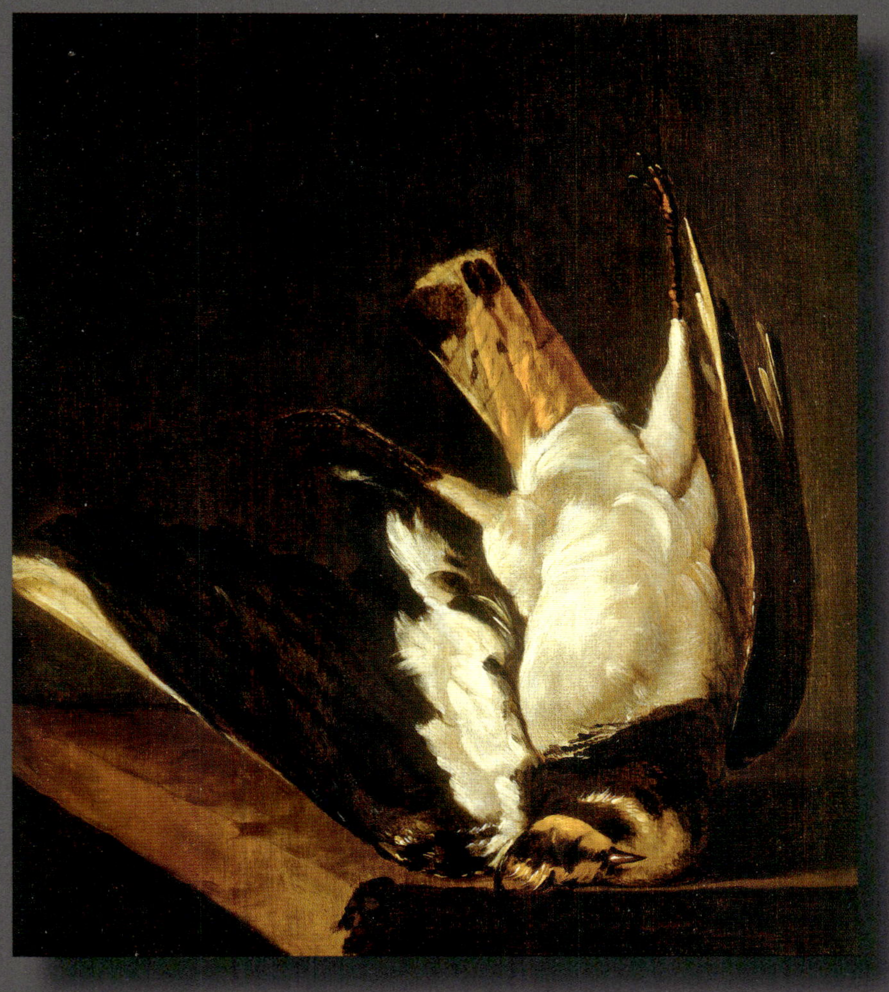

Isaack Adamsz. Colonia, Stillleben mit totem Kiebitz, nach 1650, Öl auf Holz

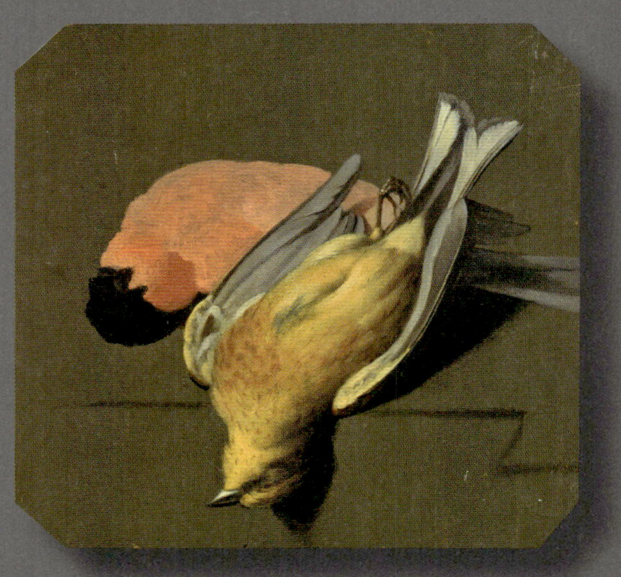

Charles William Hamilton, Toter Dompfaff und tote Goldammer, o. D., Öl auf Papier

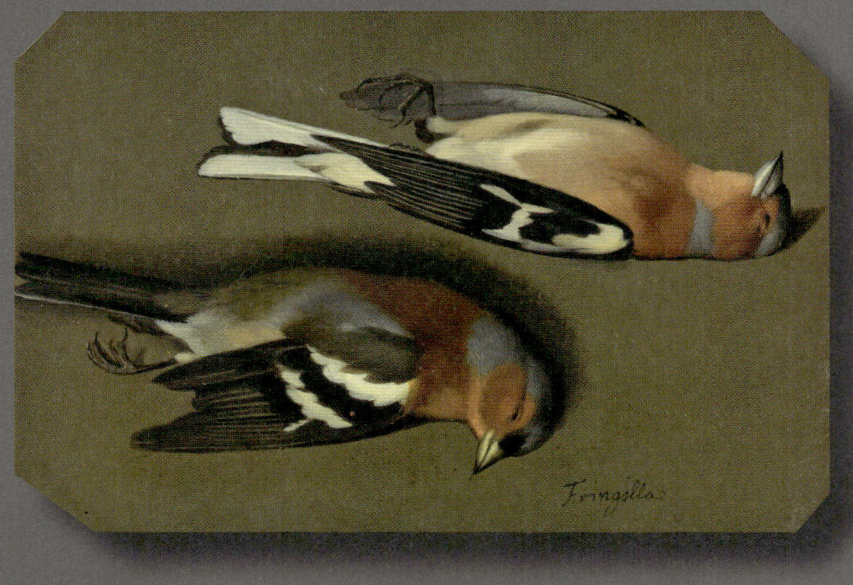

Charles William Hamilton, Zwei tote Buchfinken im Frühjahrskleid, o. D., Öl auf Papier

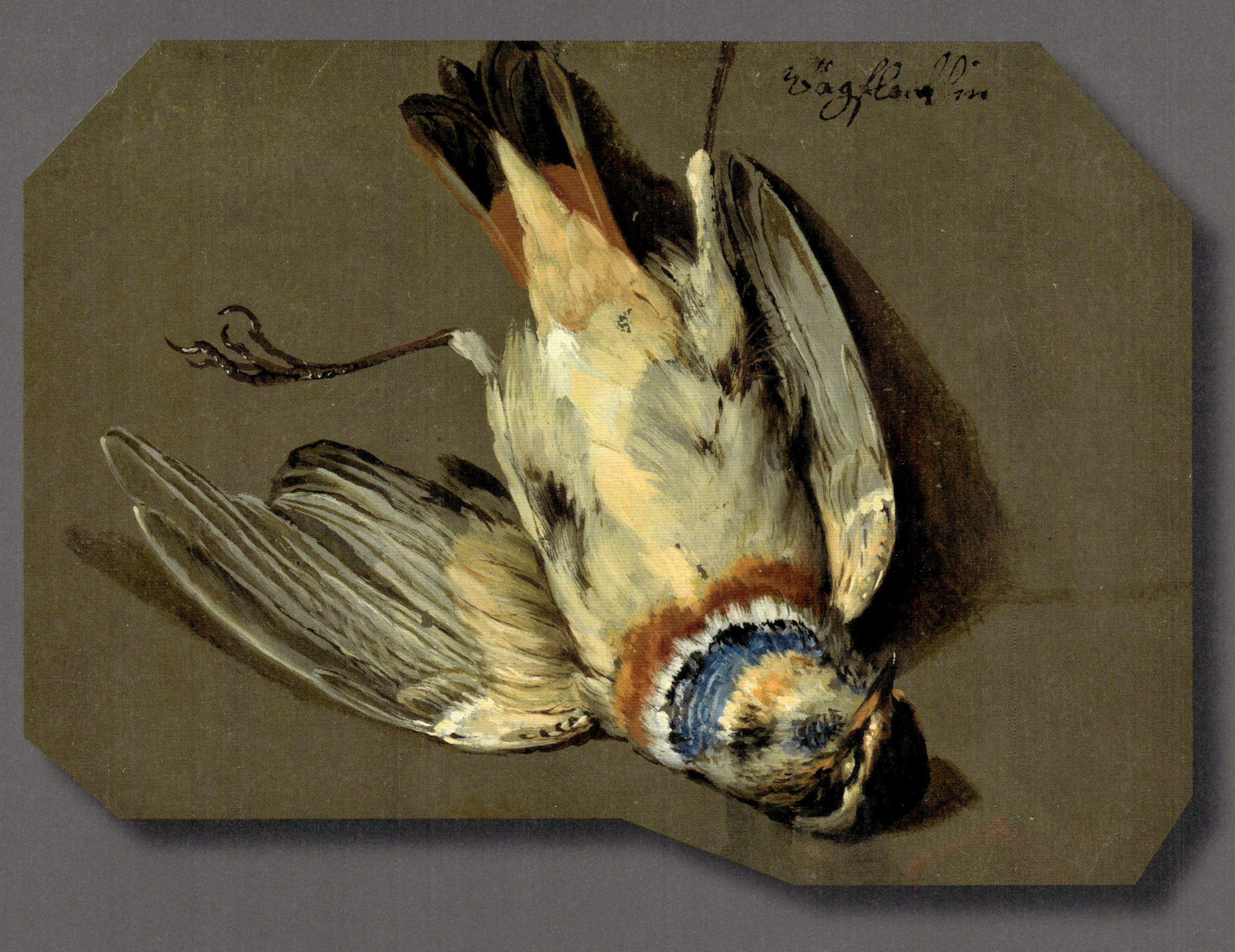

Charles William Hamilton, Totes Blaukehlchen, o. D., Öl auf Papier

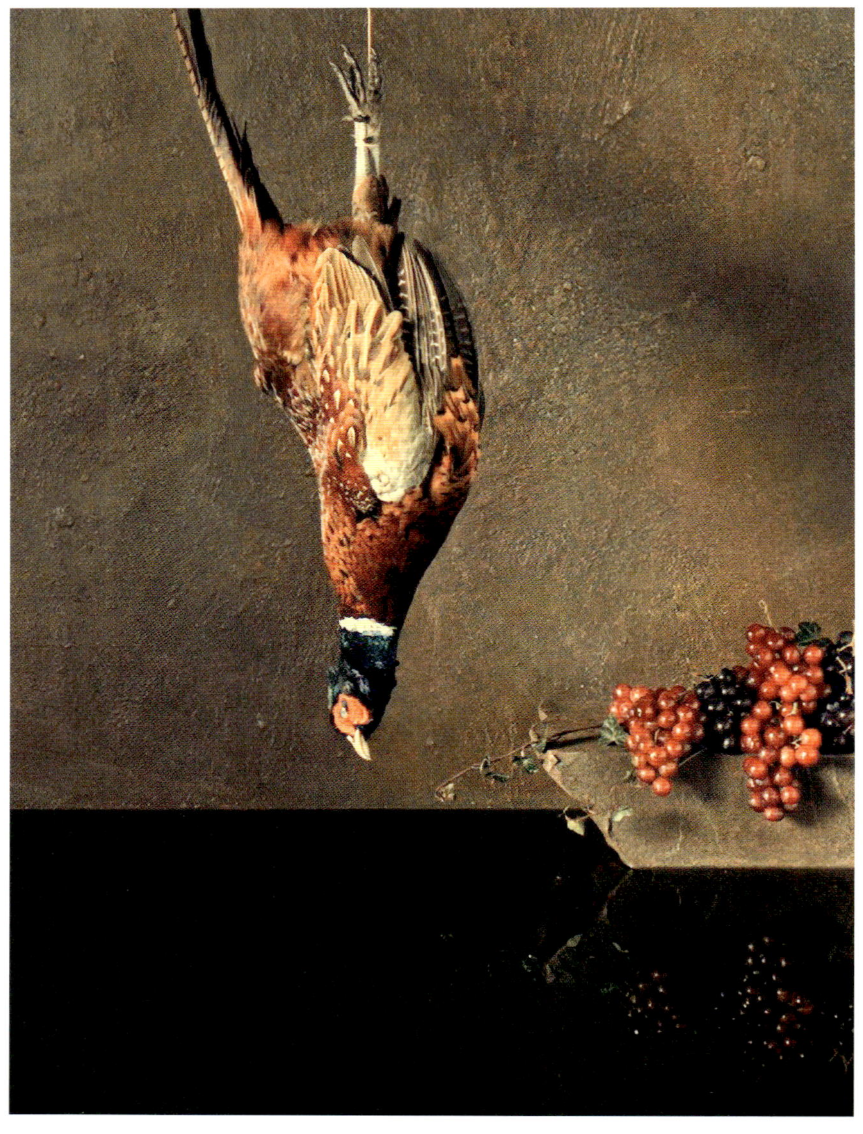

Ori Gersht, Falling Bird, 2008, HD-Video, 5:53 min

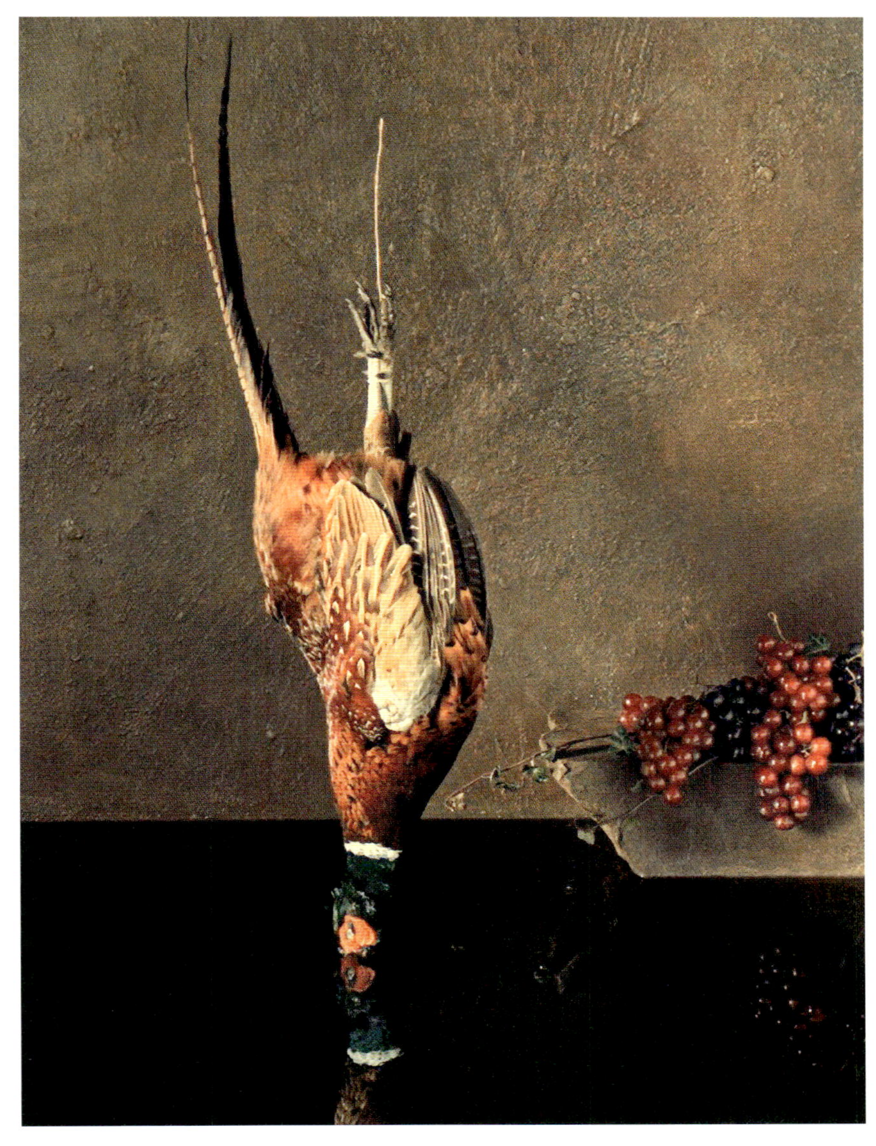

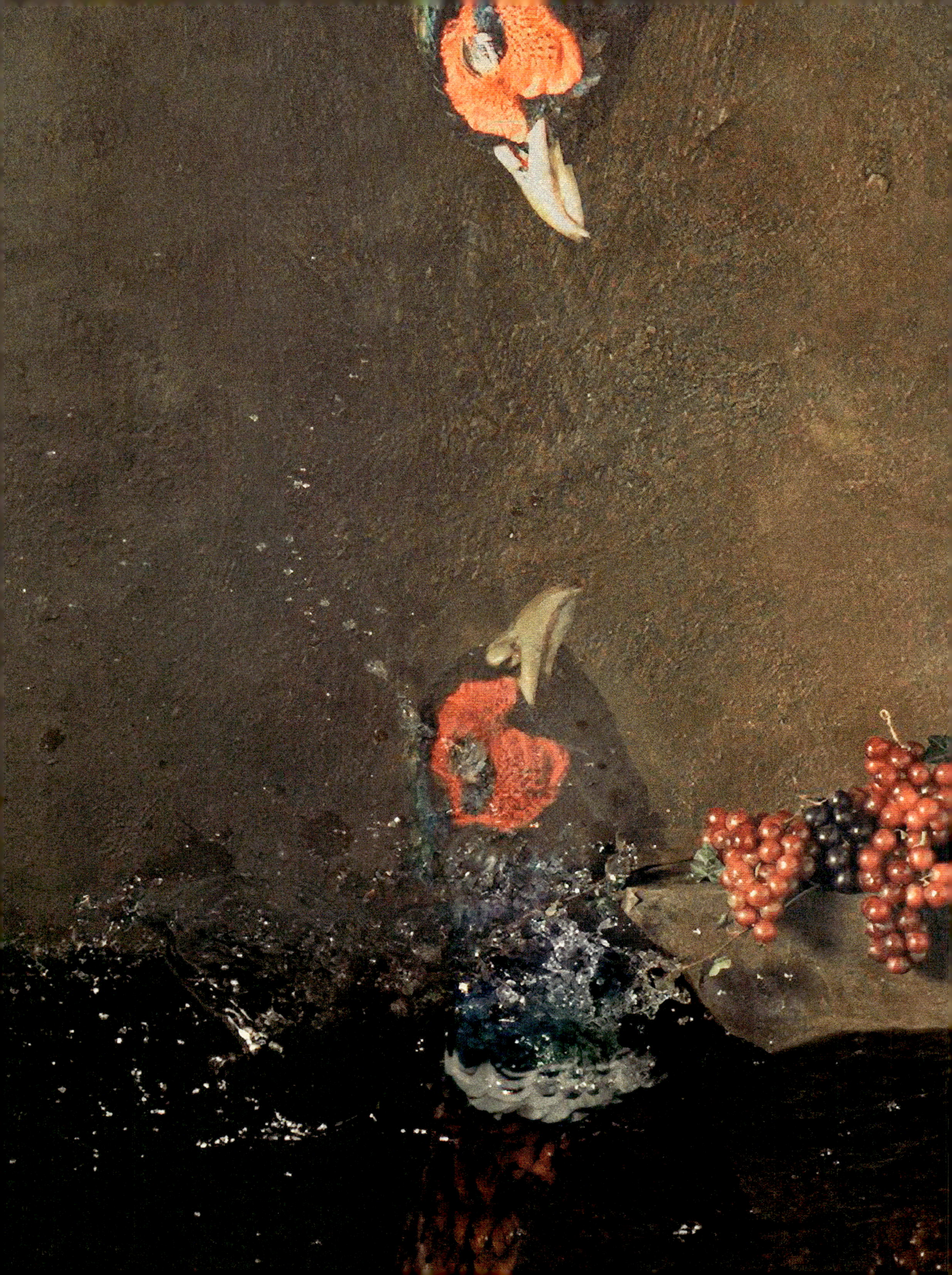

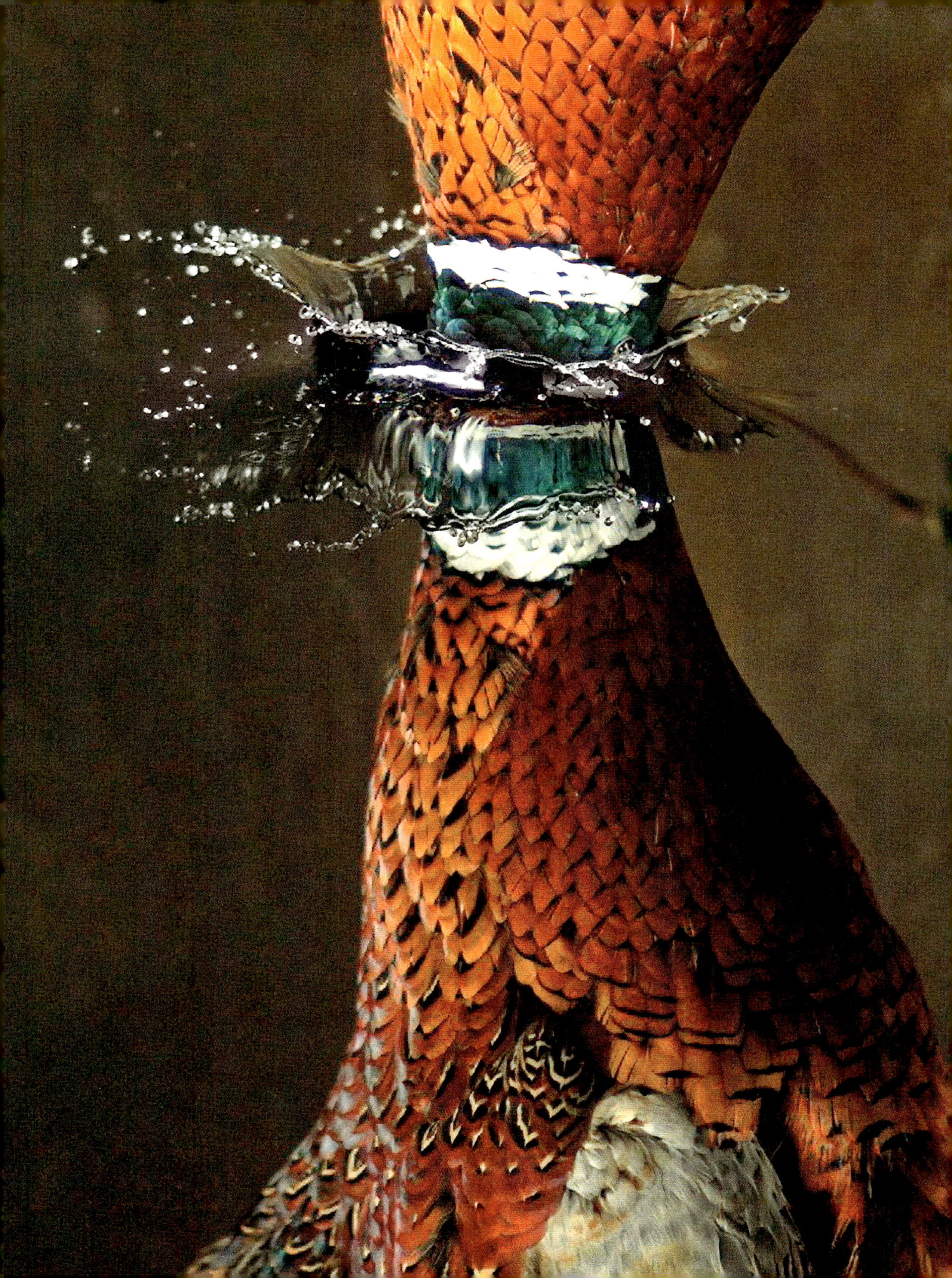

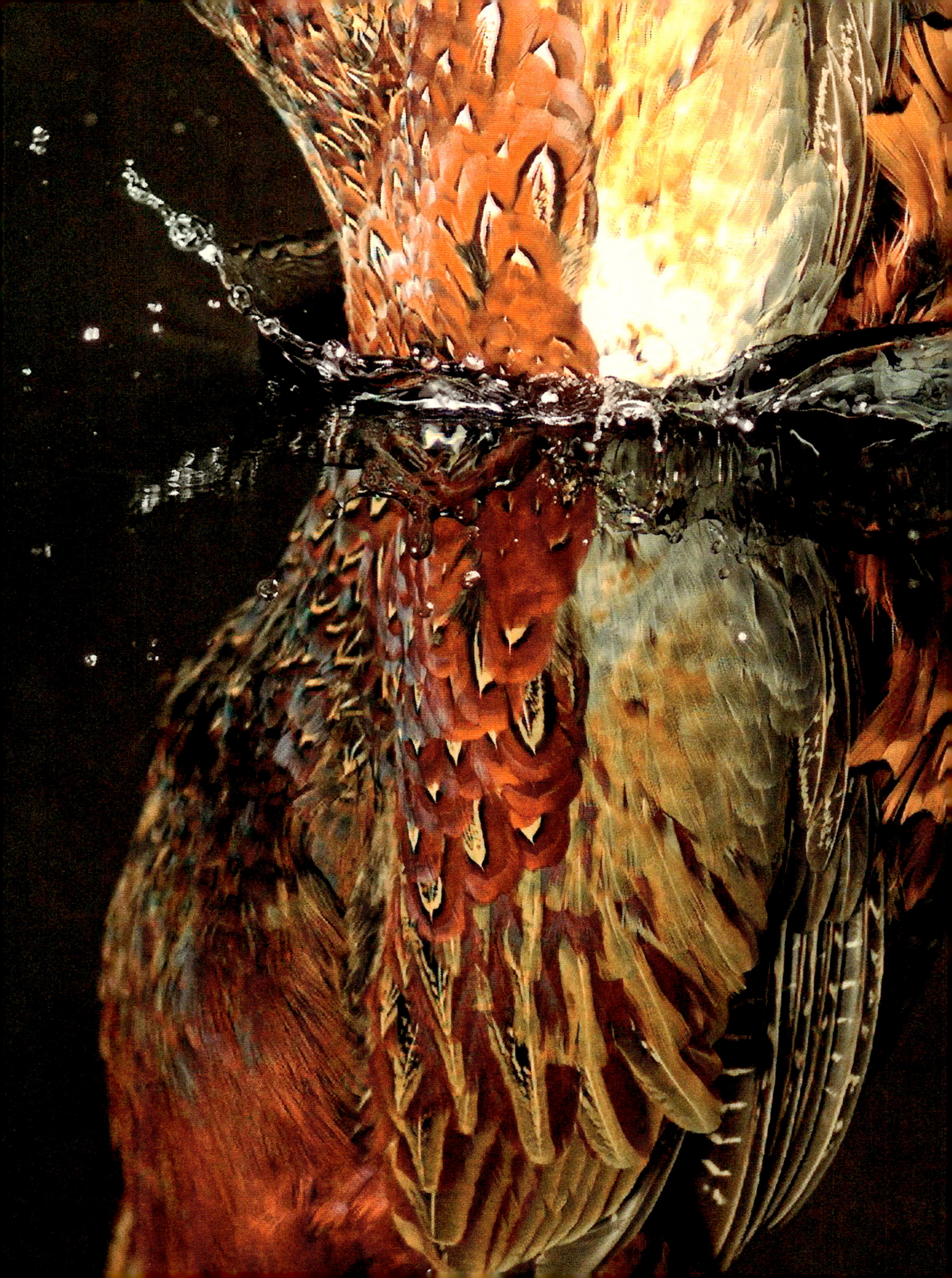

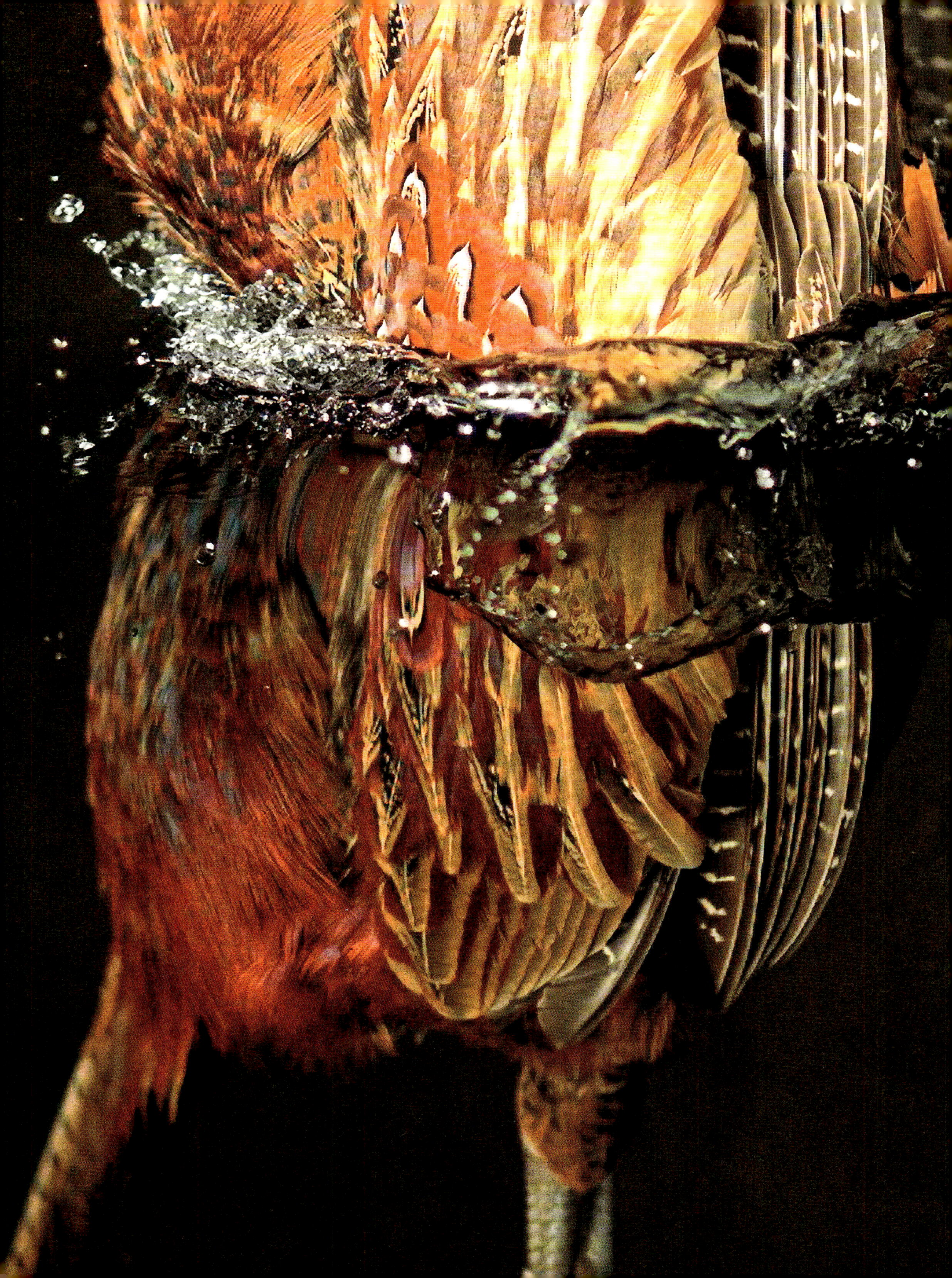

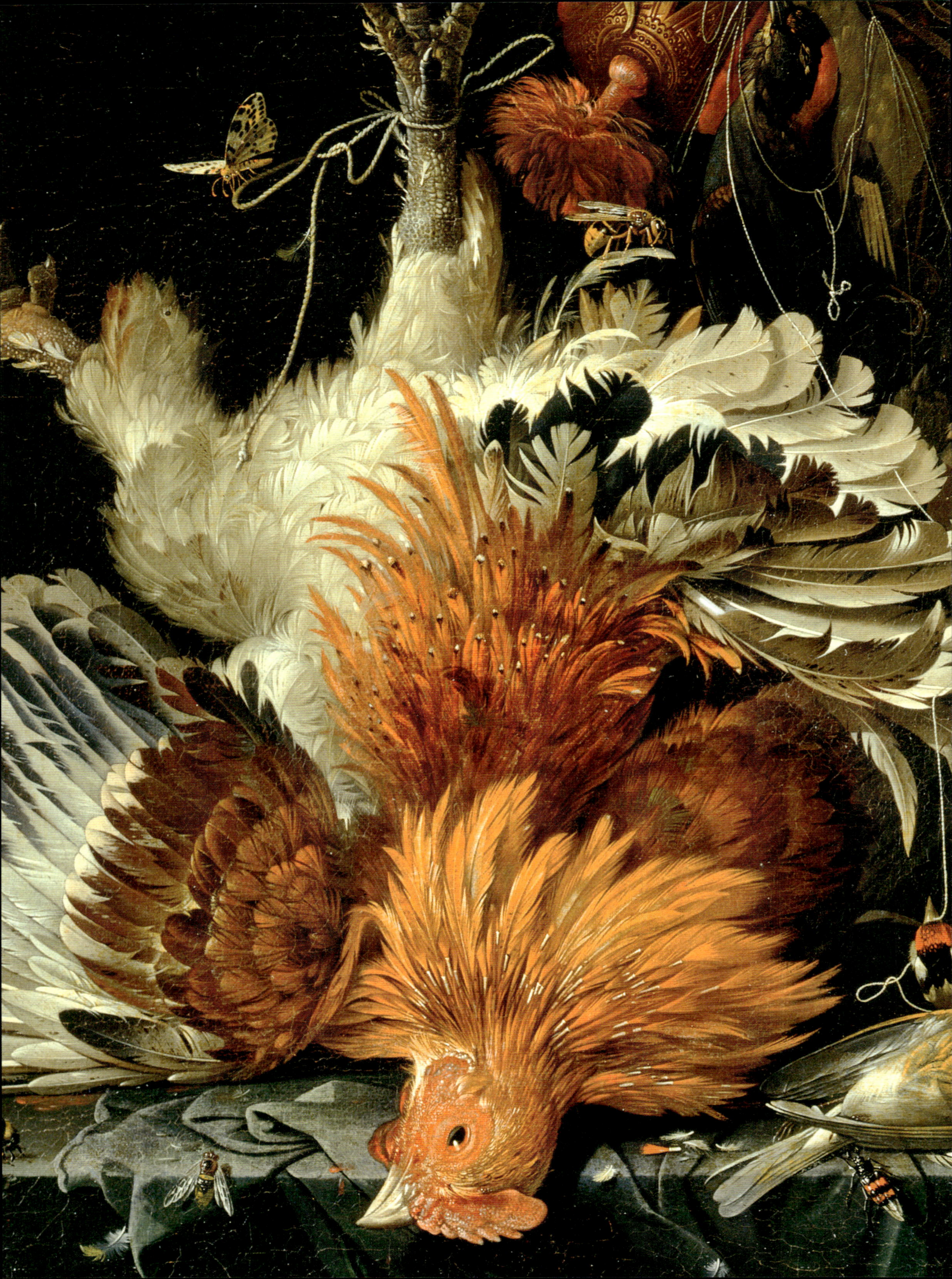

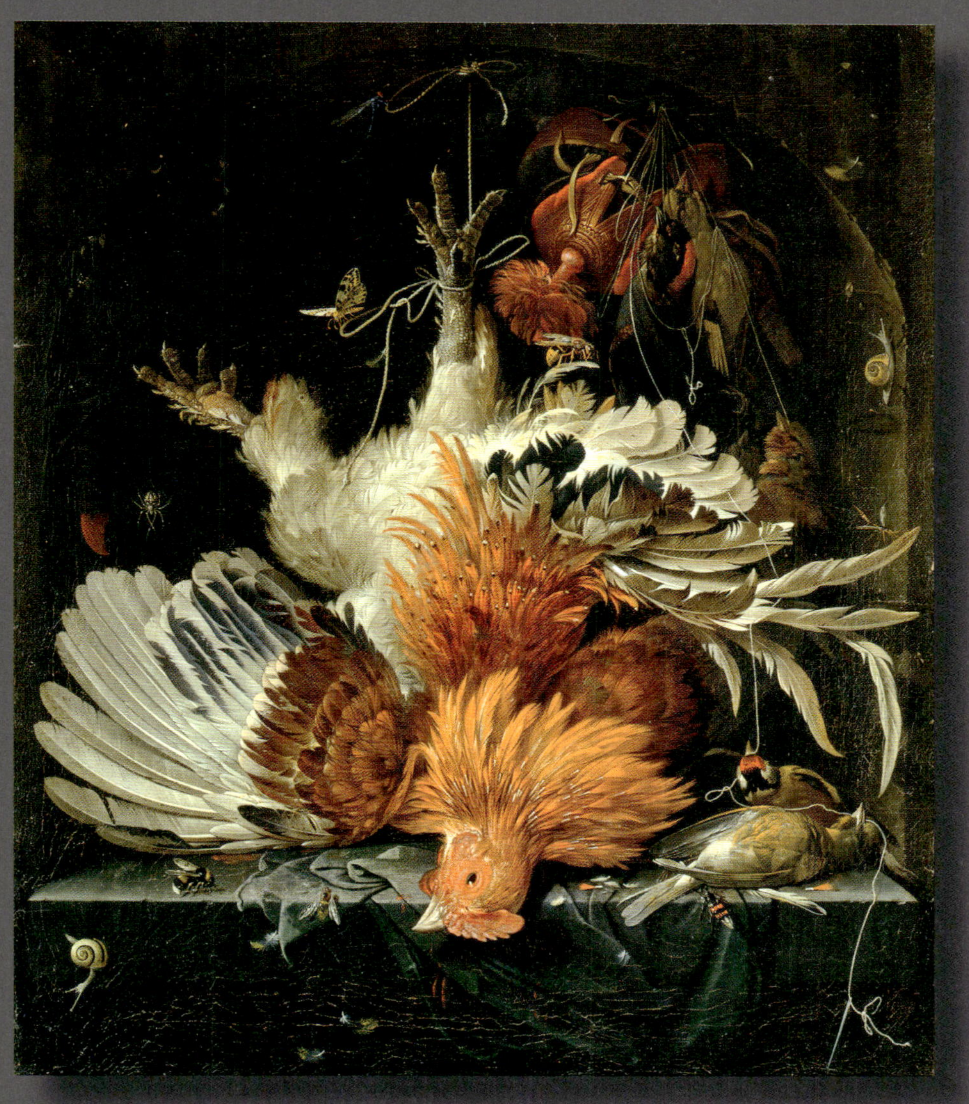

Abraham Mignon, Stillleben mit totem Geflügel, um 1663/64, Öl auf Leinwand

Mein sind die Jahre nicht,
Die mir die Zeit genommen;
Mein sind die Jahre nicht,
Die etwa möchten kommen;

Der Augenblick ist mein,
Und nehm ich den in acht
So ist der mein,
Der Jahr und Ewigkeit gemacht.

Andreas Gryphius, Betrachtung der Zeit

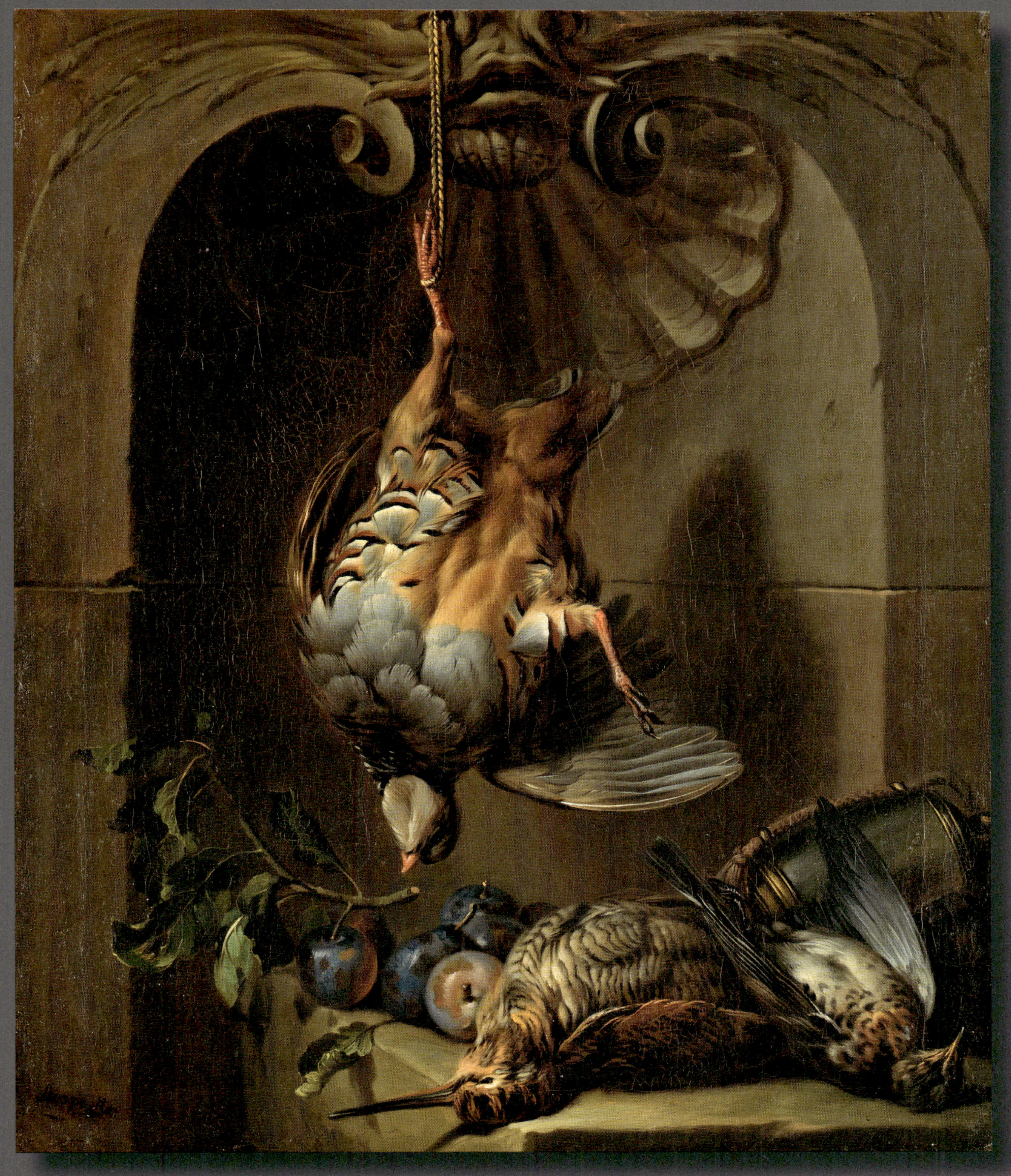

François Desportes, Jagdstillleben mit Rebhuhn vor Steinnische, 1700–1725, Öl auf Leinwand

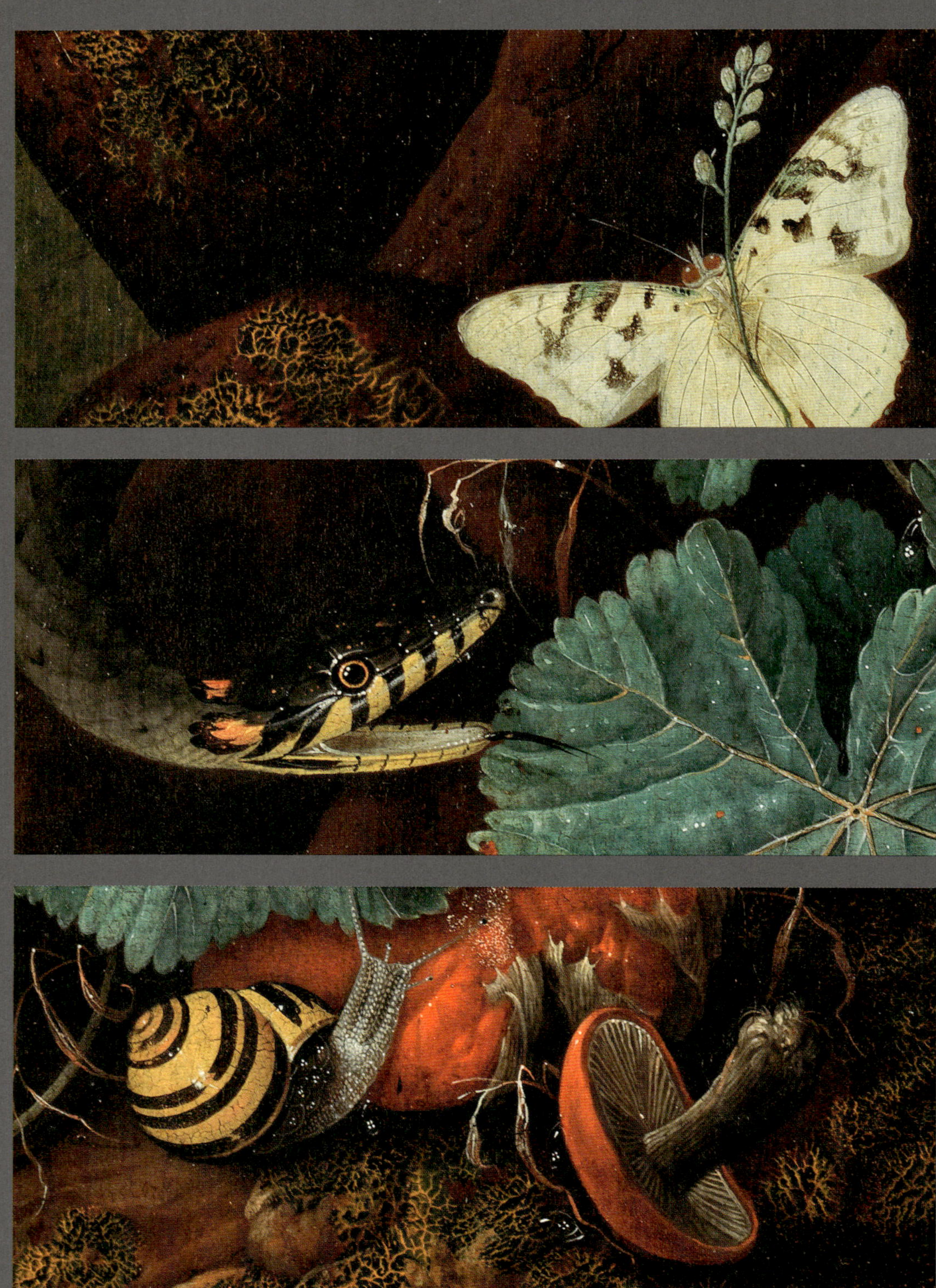

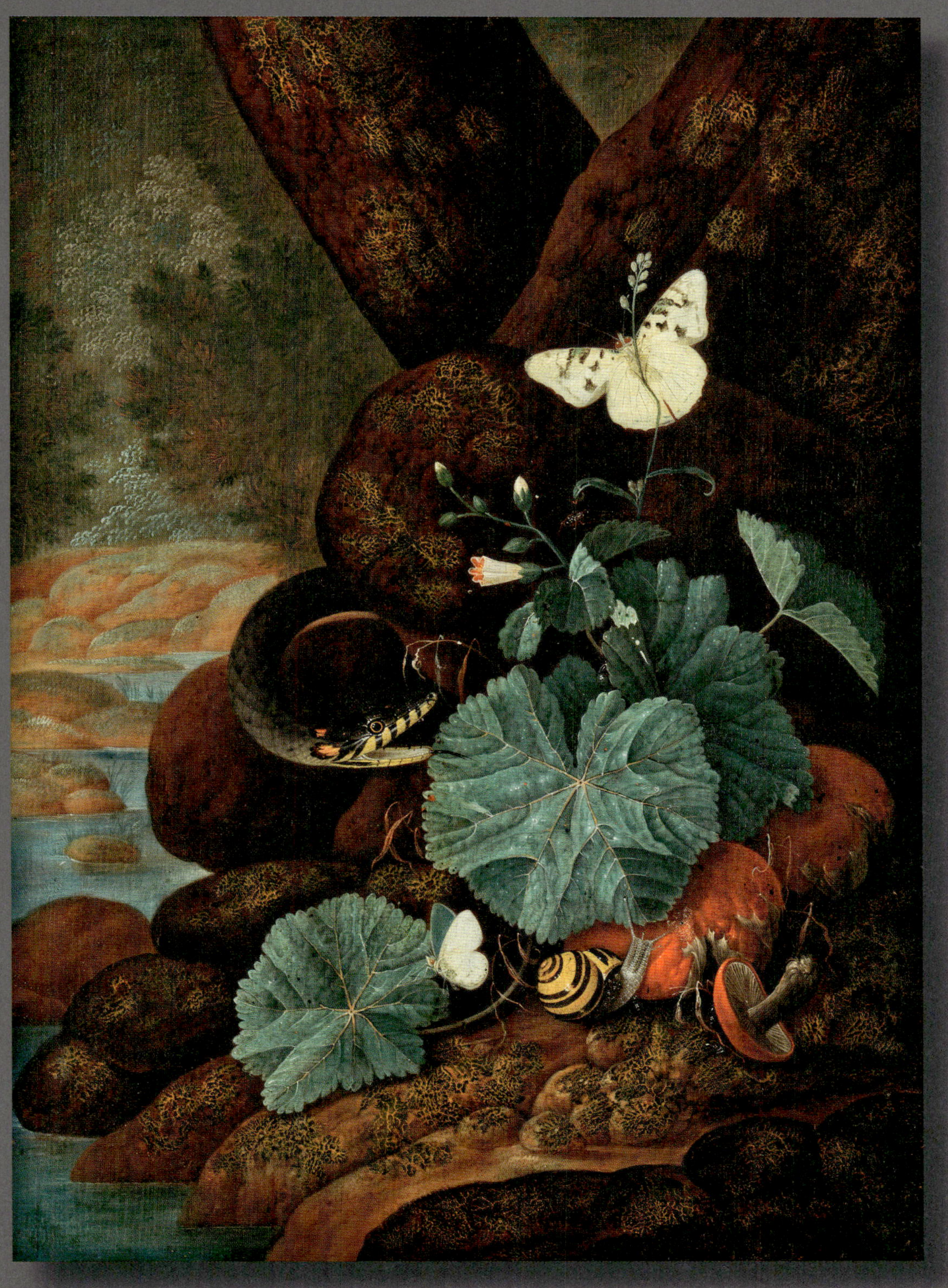

Johann Falch, Stillleben mit Distelfalter, Schnirkelschnecke und Ringelnatter, um 1710, Öl auf Holz

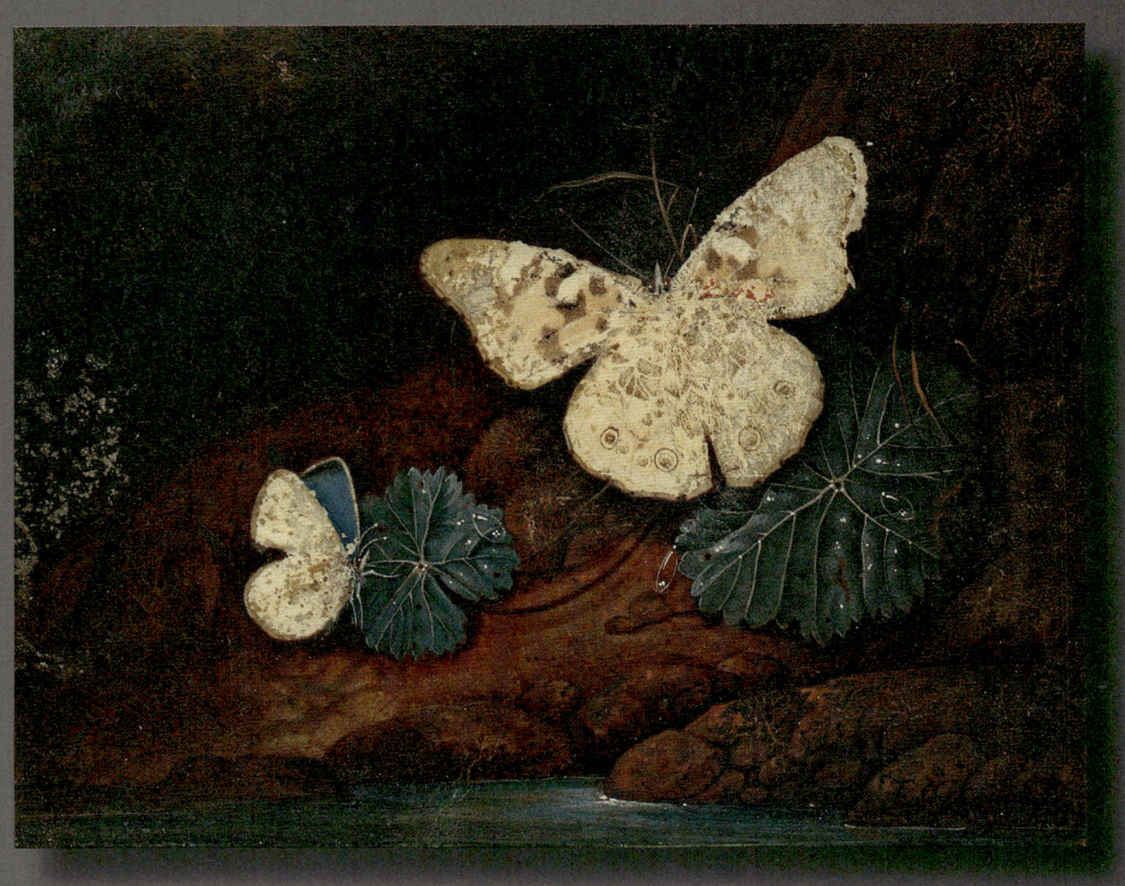

Johann Falch, Stillleben mit Schmetterlingen, Anfang 18. Jahrhundert, Gouache auf Pergament

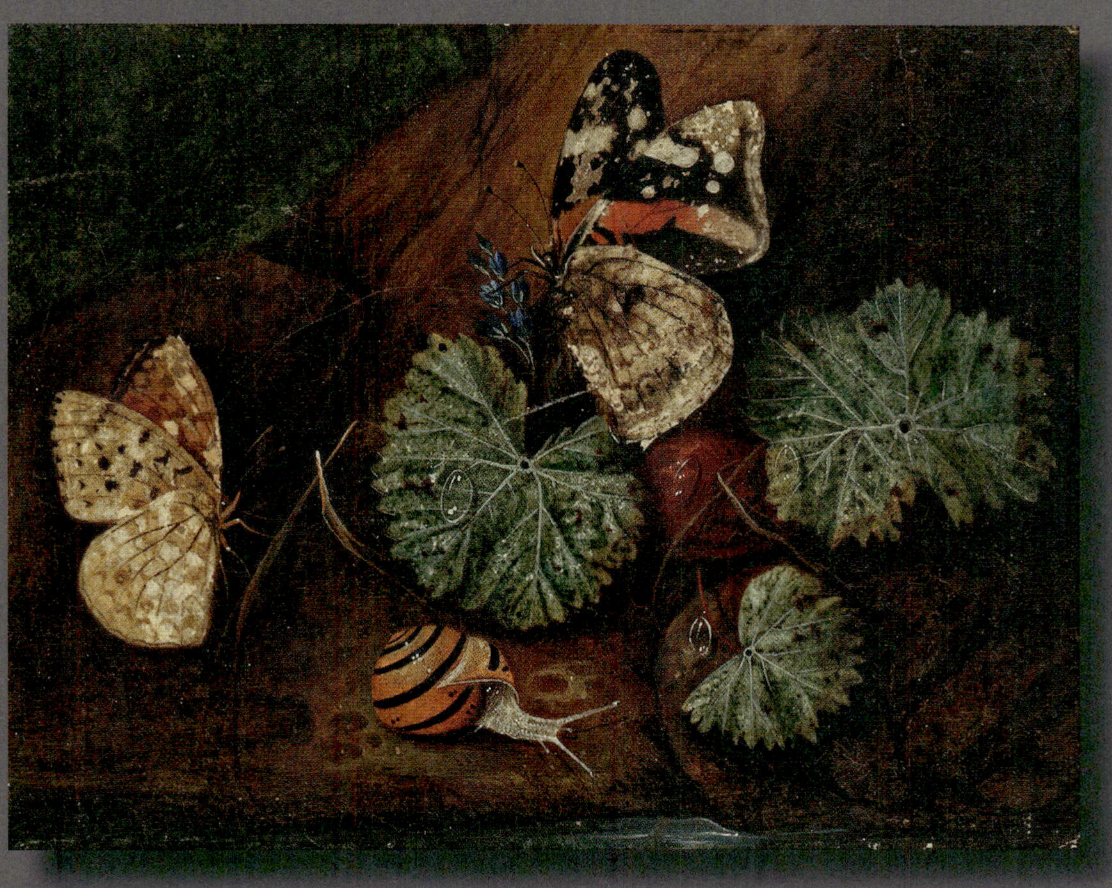

Johann Falch, Stillleben mit Schnecke und Admiral, Anfang 18. Jahrhundert, Gouache auf Pergament

Glas

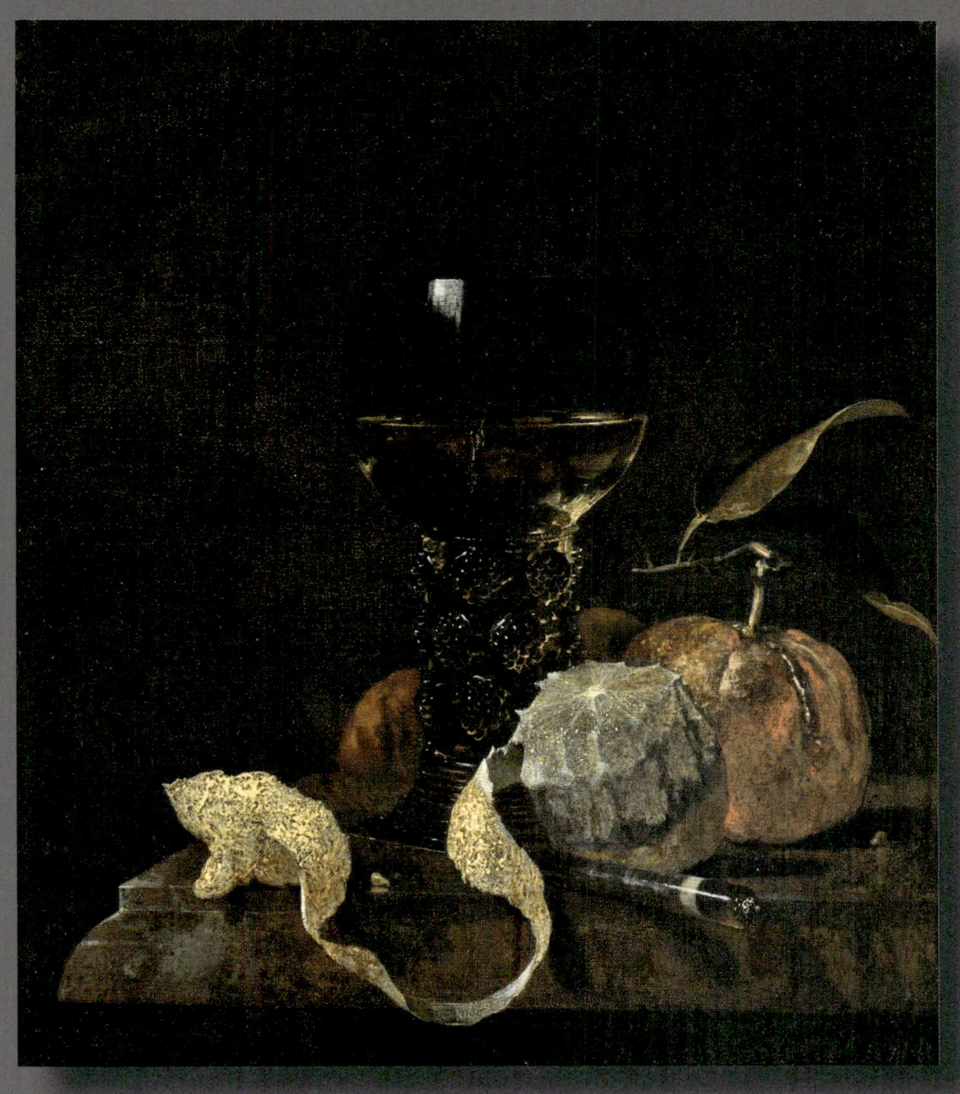

Willem Kalf, Stillleben mit Römer, Zitrone und Orangen, um 1663/64, Öl auf Leinwand

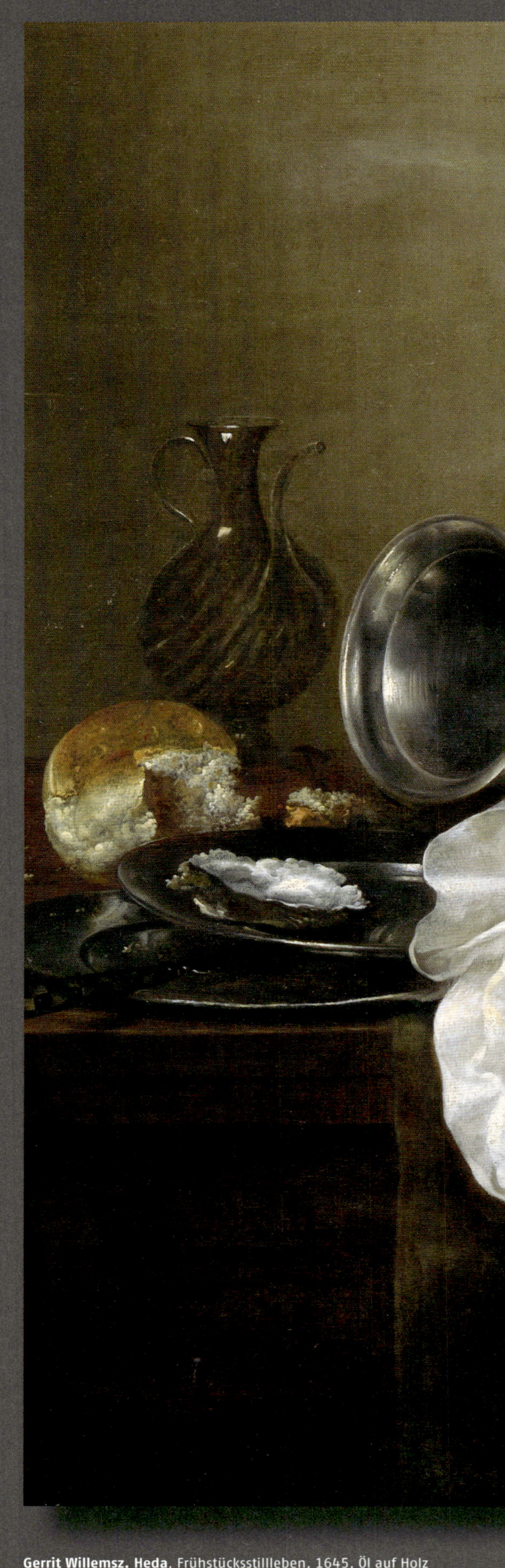

Gerrit Willemsz. Heda, Frühstücksstillleben, 1645, Öl auf Holz

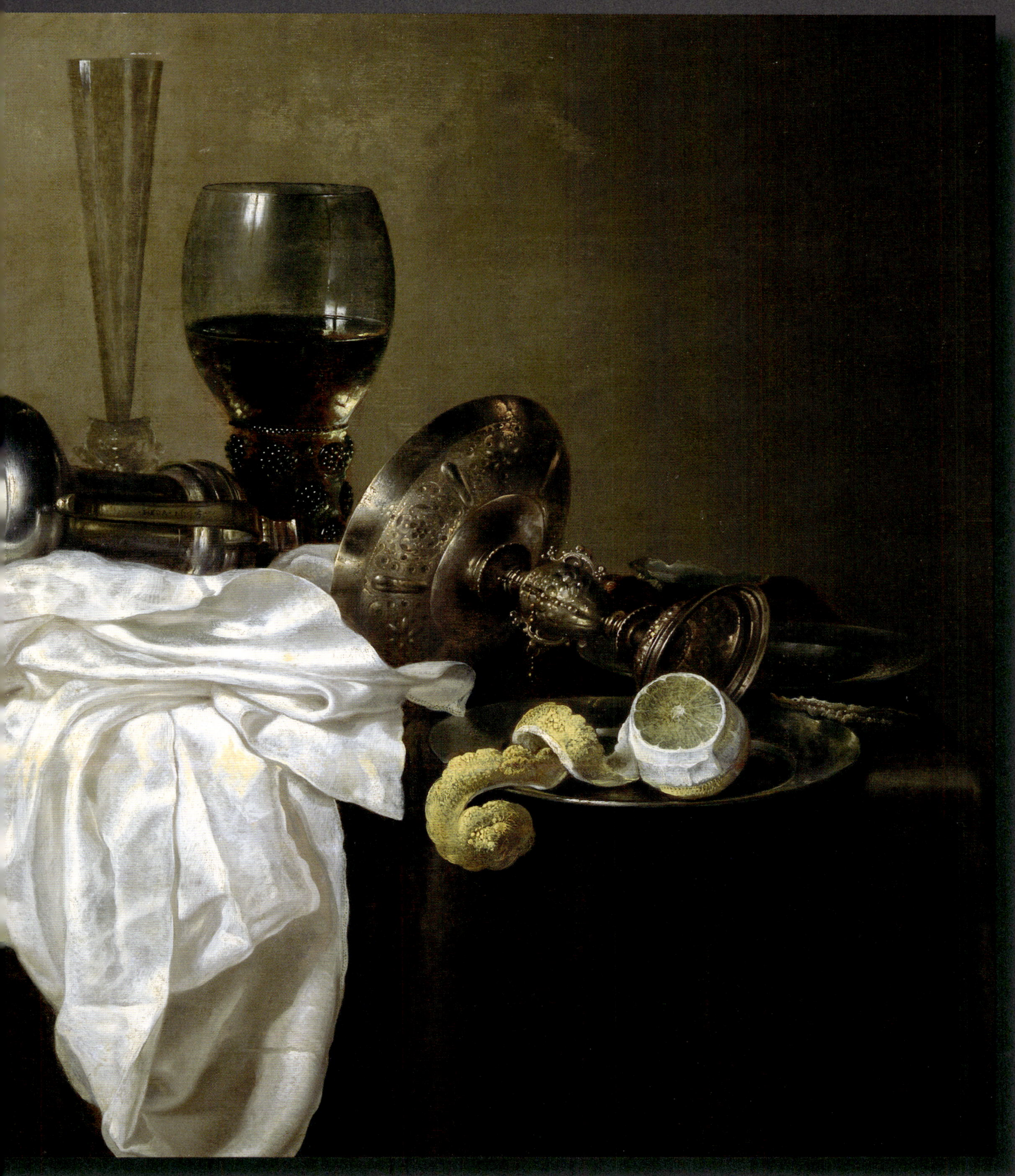

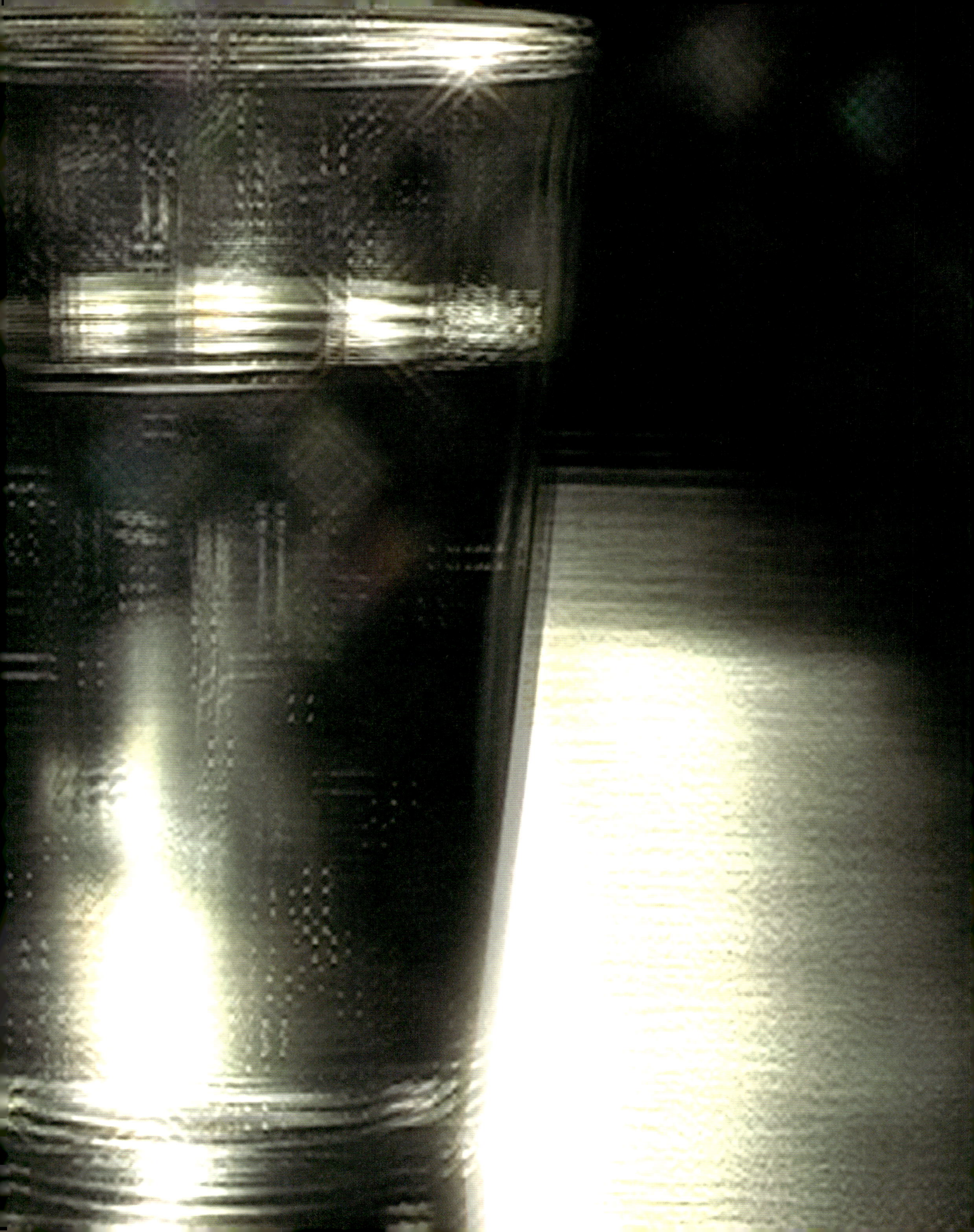

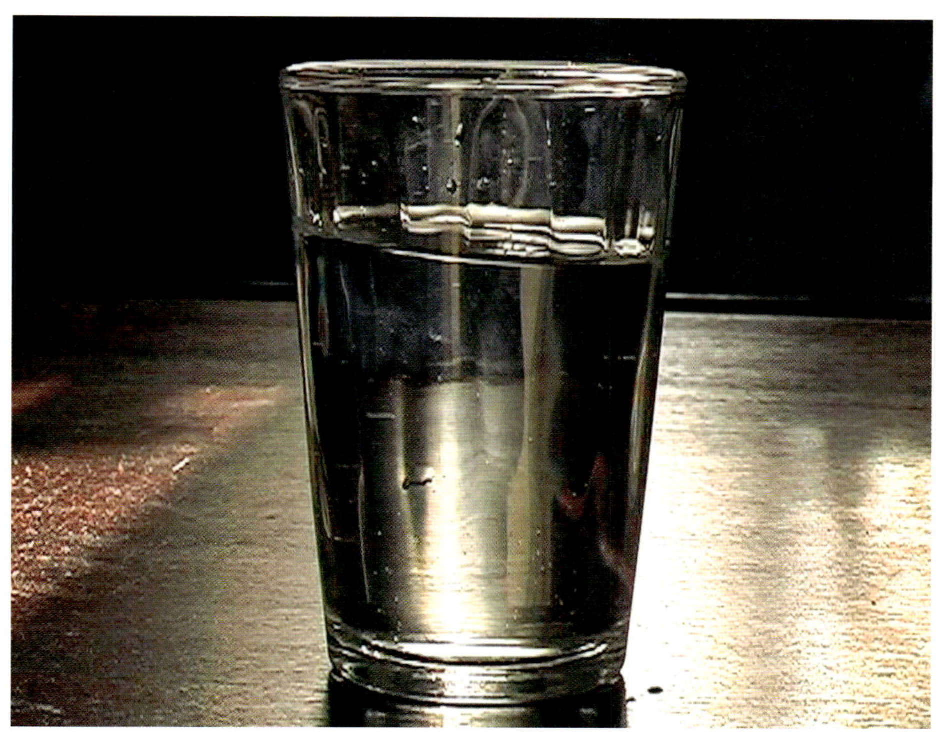

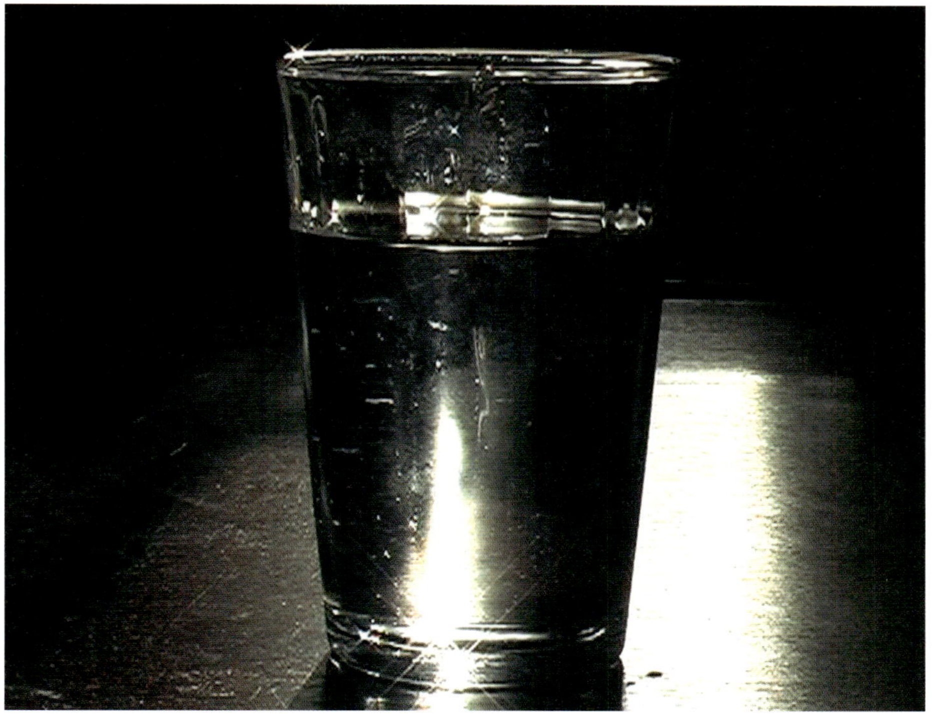

Christoph Brech, Passage, Kanada 2003, PAL-Video, 10:43 min

Auff Freunde! lasst uns zu der Taffel eylen /
In dem die Sonn ins Himmels Mittel hält
Vnd der von Hitz und Arbeit matten Welt
Sucht ihren Weg / und unsern Tag zu theilen.

Andreas Gryphius, Mittag

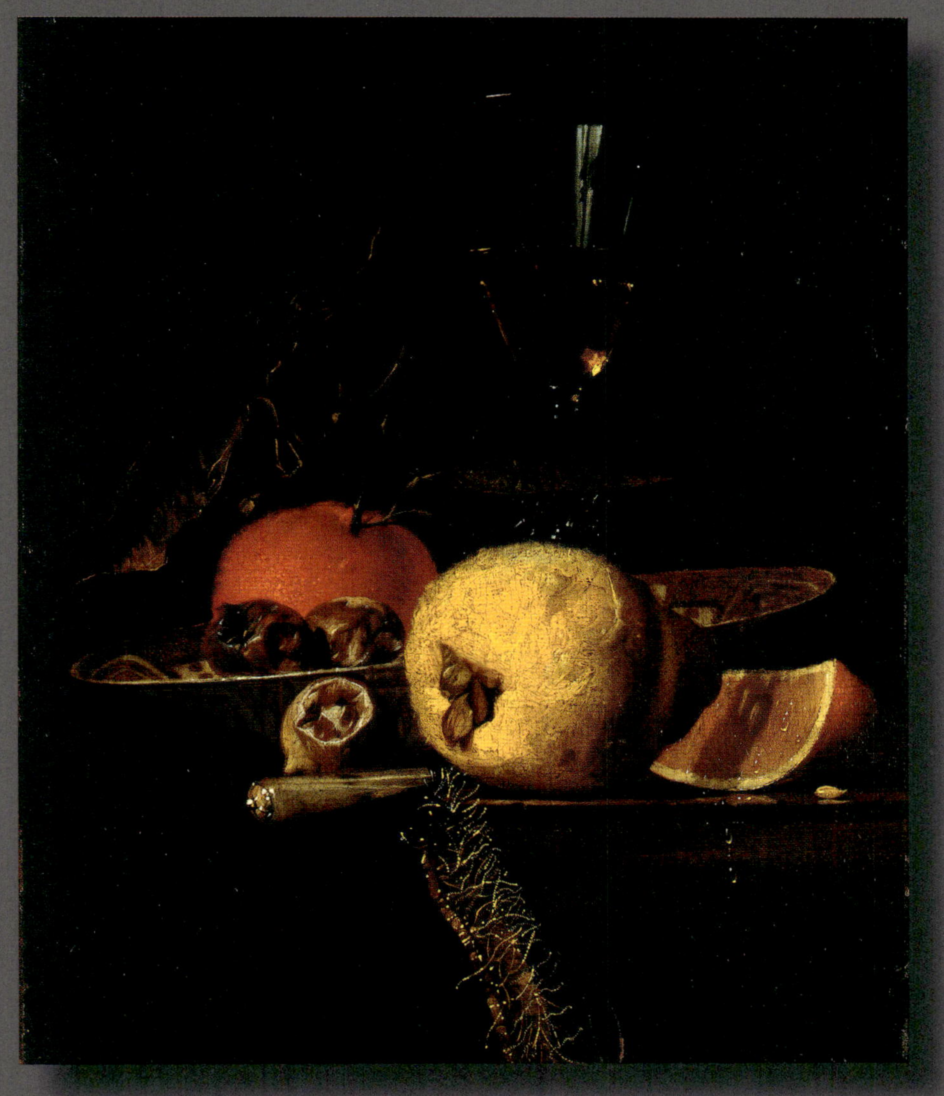

Hendrik van Streeck, Fruchtstillleben mit chinesischer Schale und venezianischem Glas, vor 1680, Öl auf Leinwand

Prunk

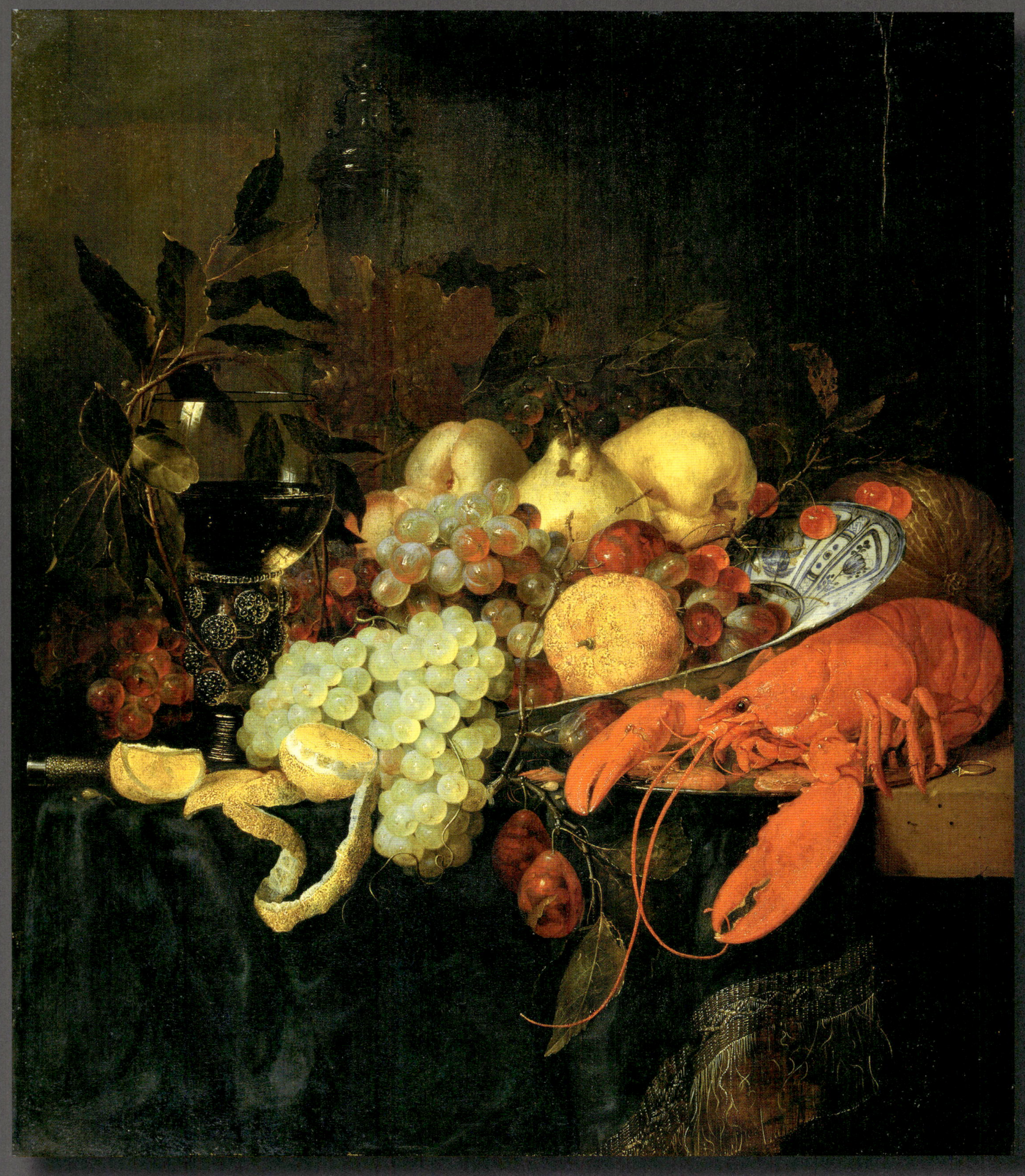

Pieter de Ring, Stillleben mit Obst und Hummer, o. D., Öl auf Eichenholz

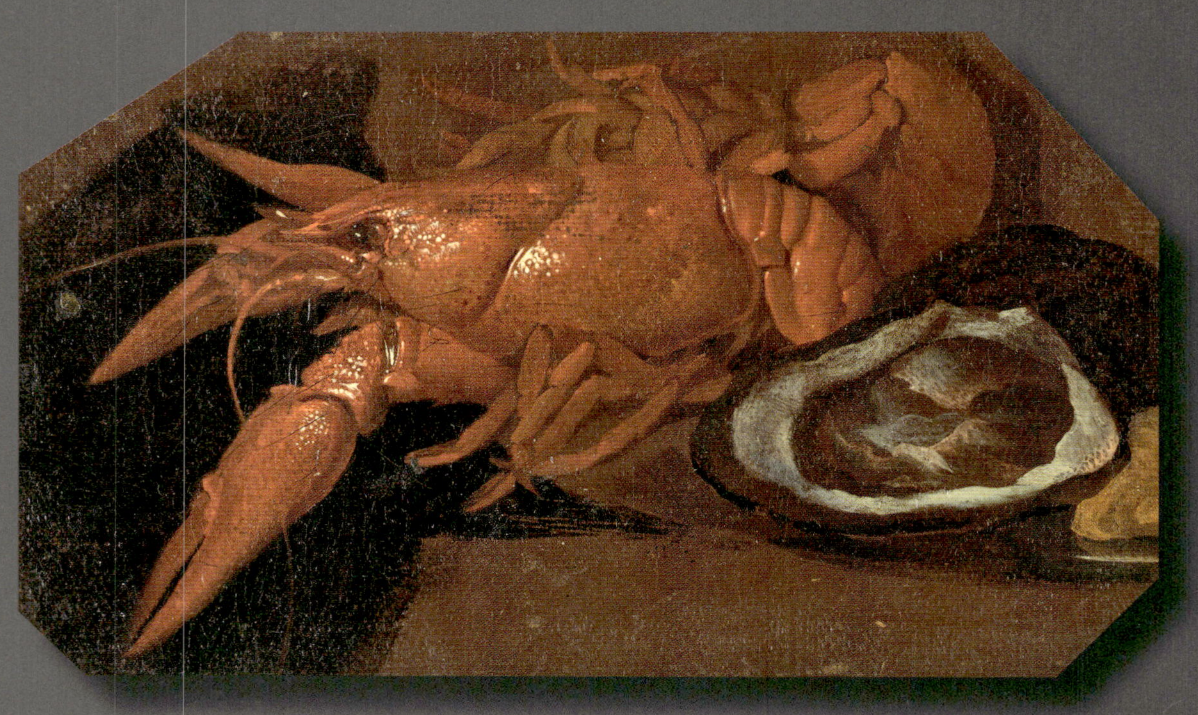

Charles William Hamilton, Hummer und Auster, o. D., Öl auf Leinwand

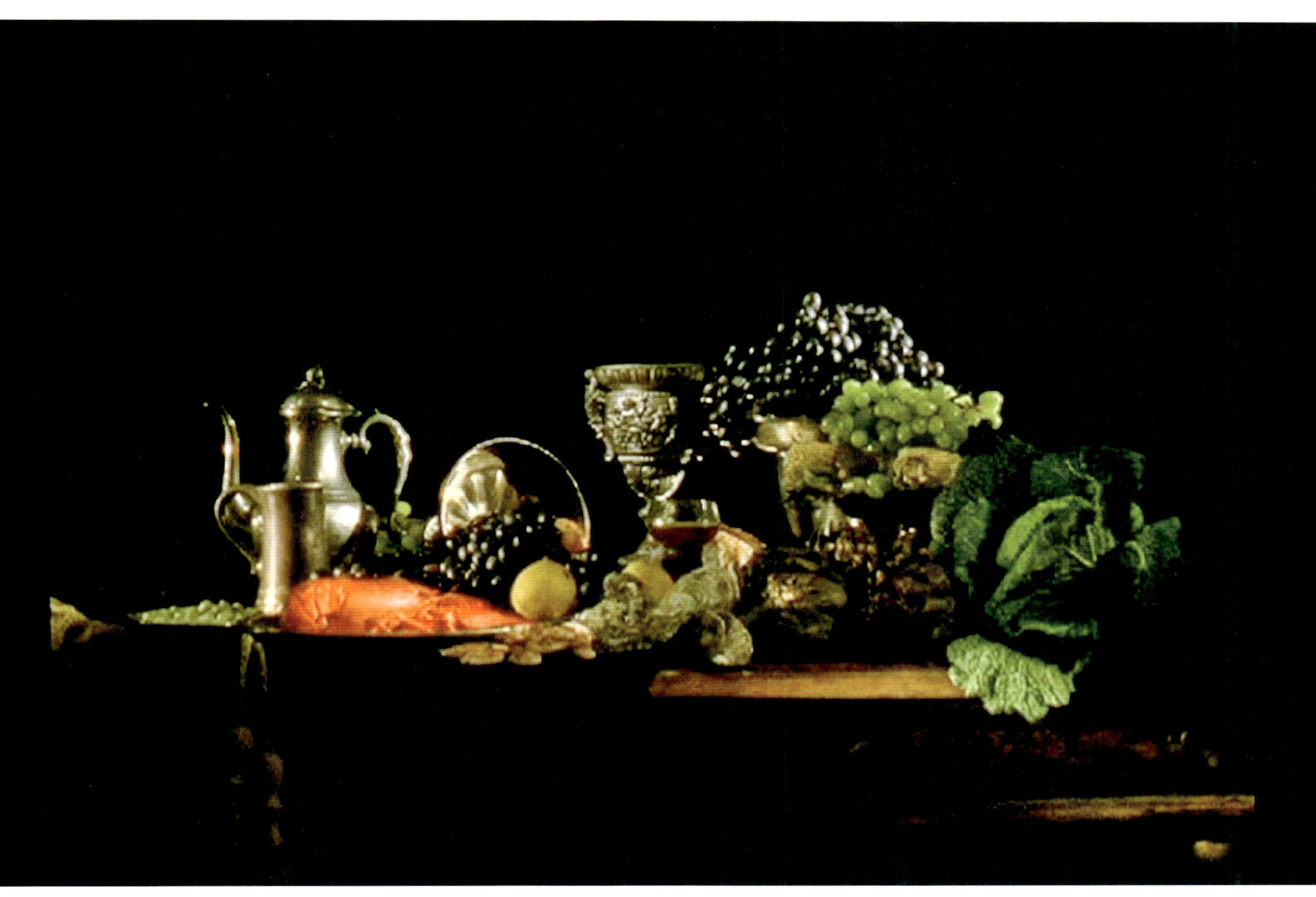

Pia Maria Martin, Vivace III, 2006, 16mm-Film, 3:26 min

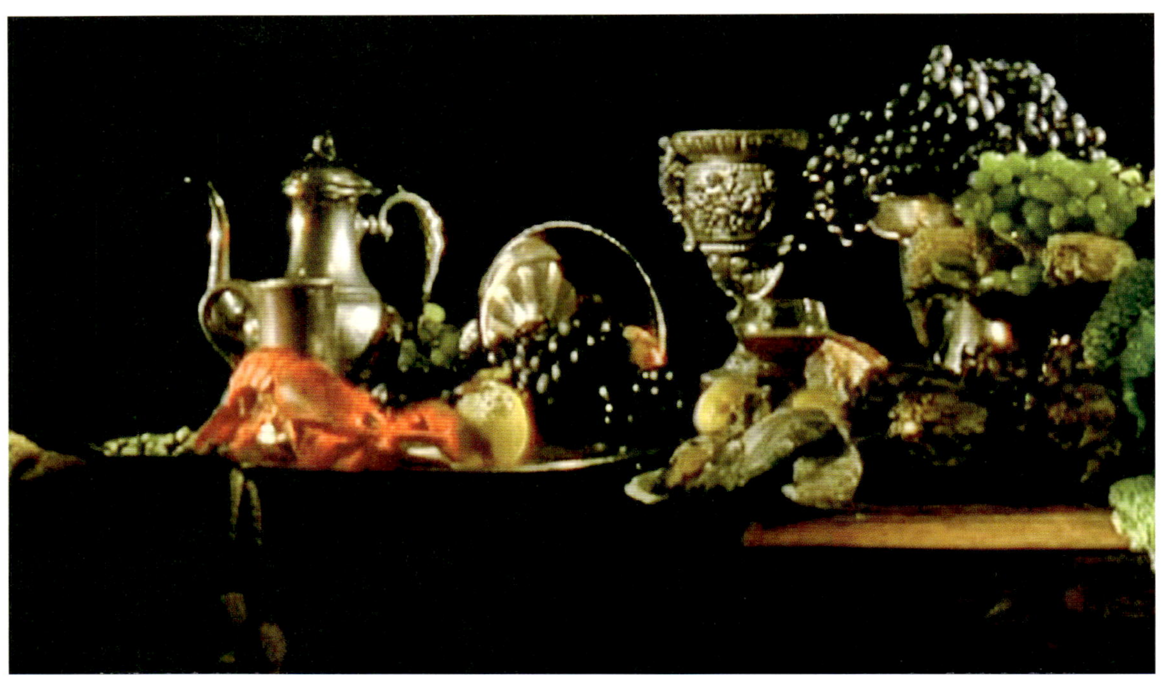

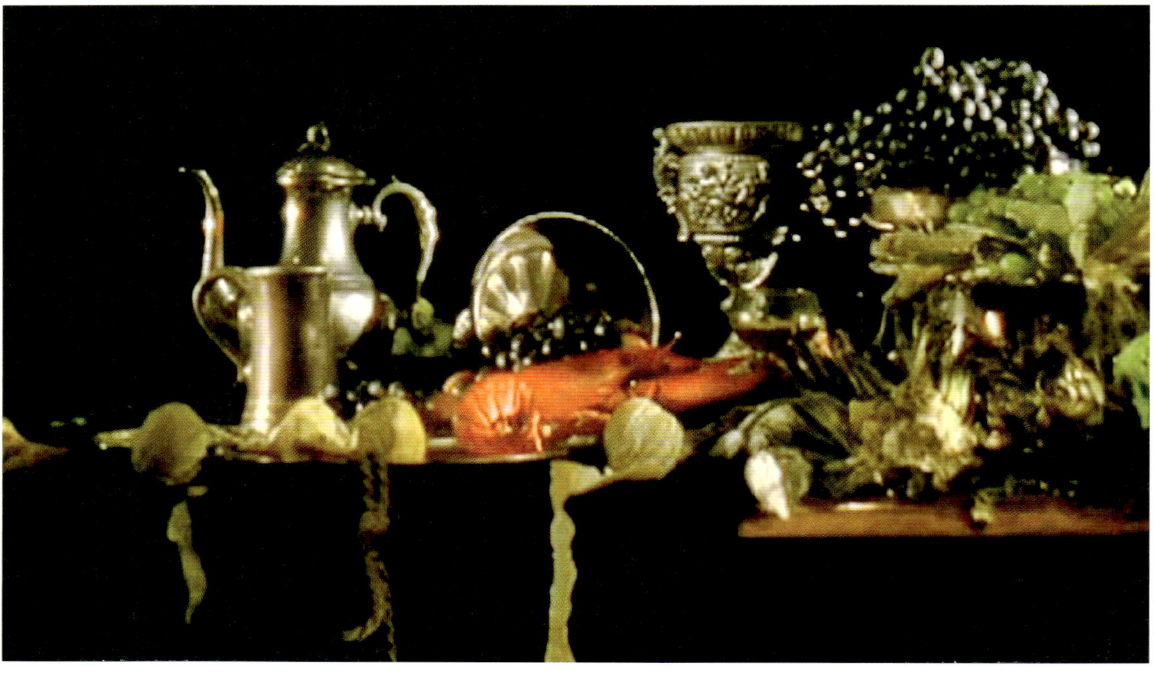

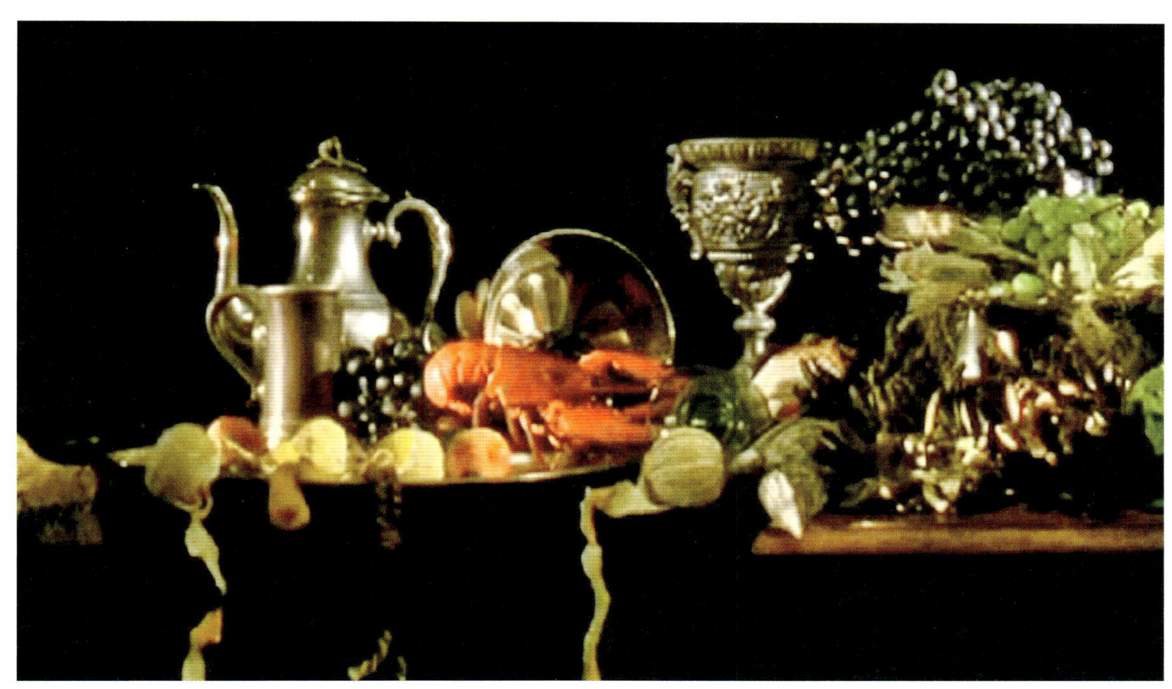

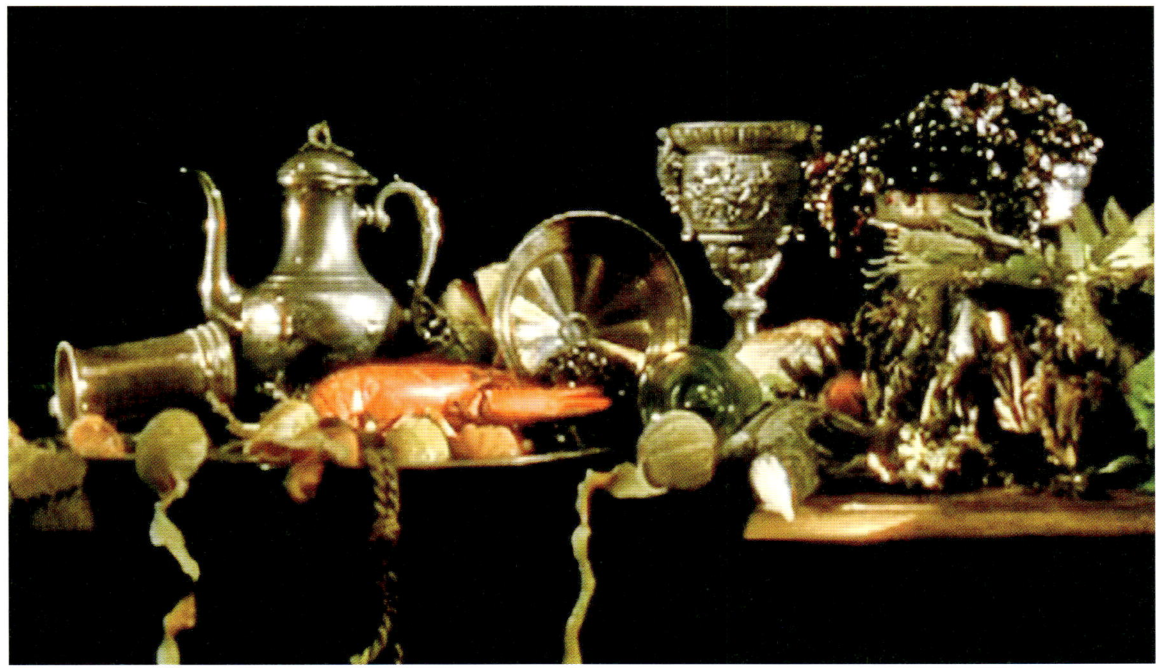

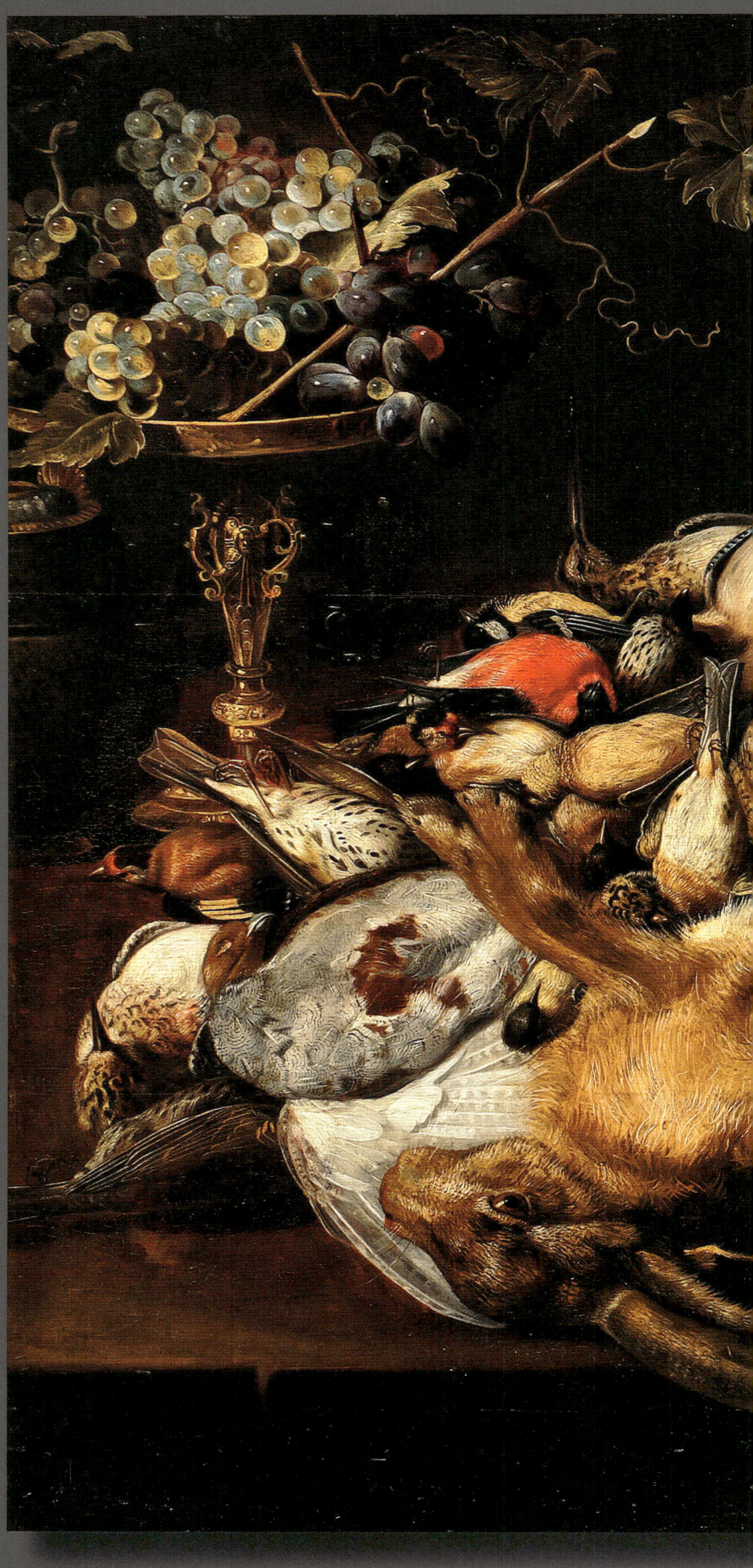

Frans Snyders, Stillleben mit Hase, Vögeln, Hummer und Trauben, 1613, Öl auf Eichenholz

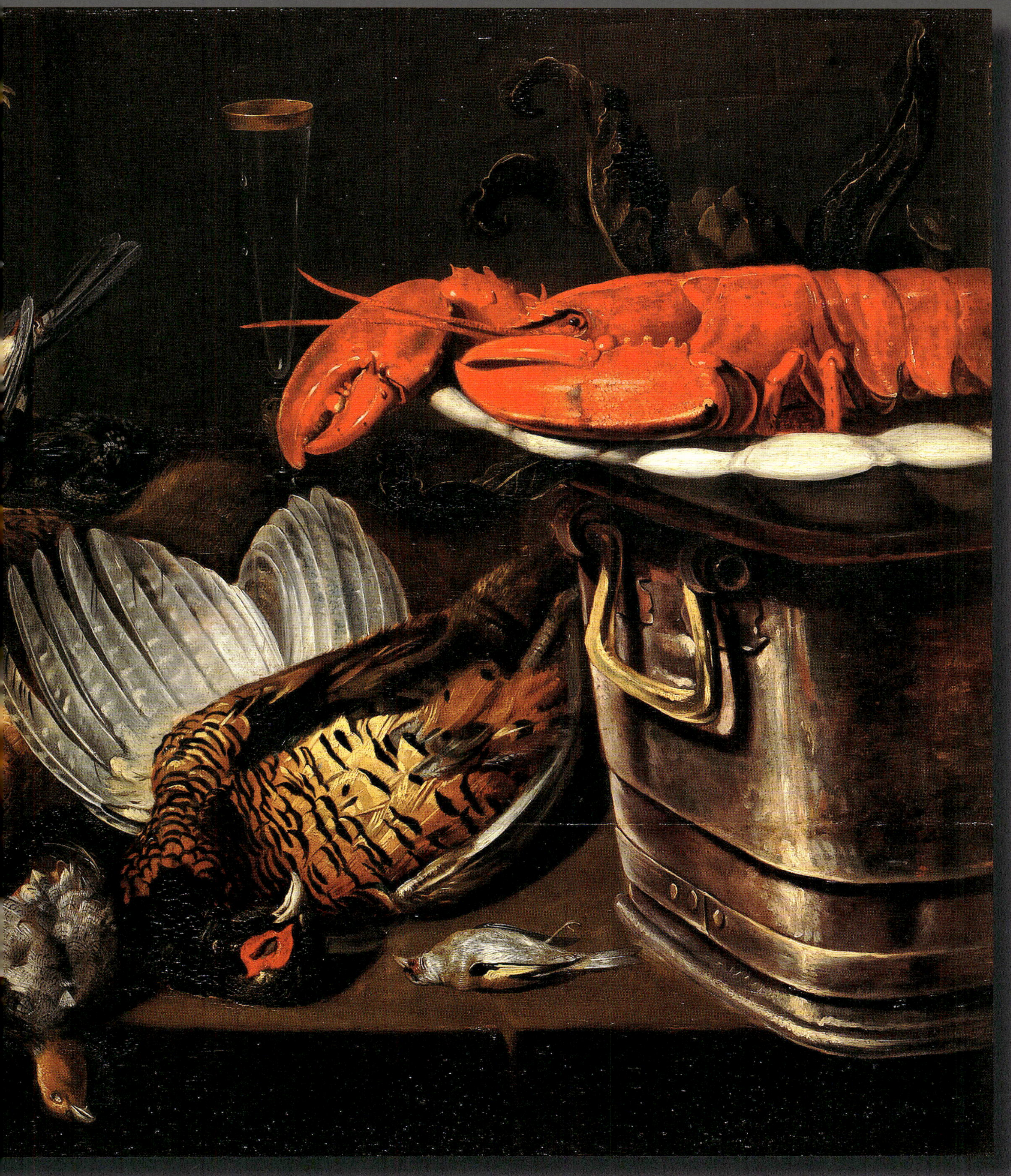

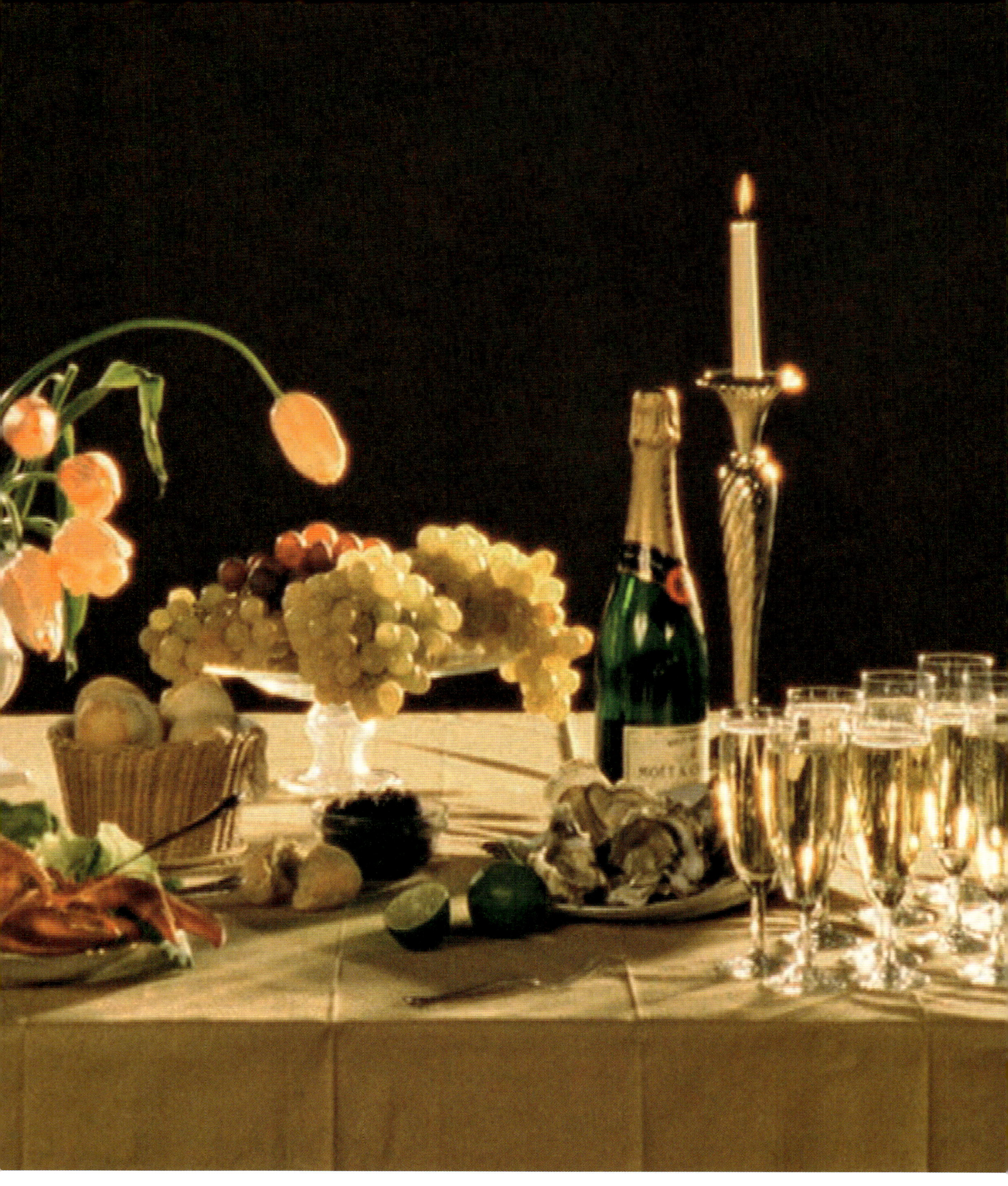

Gabriella Gerosa, Buffetcrash, 2003, HD-Video, 8 min

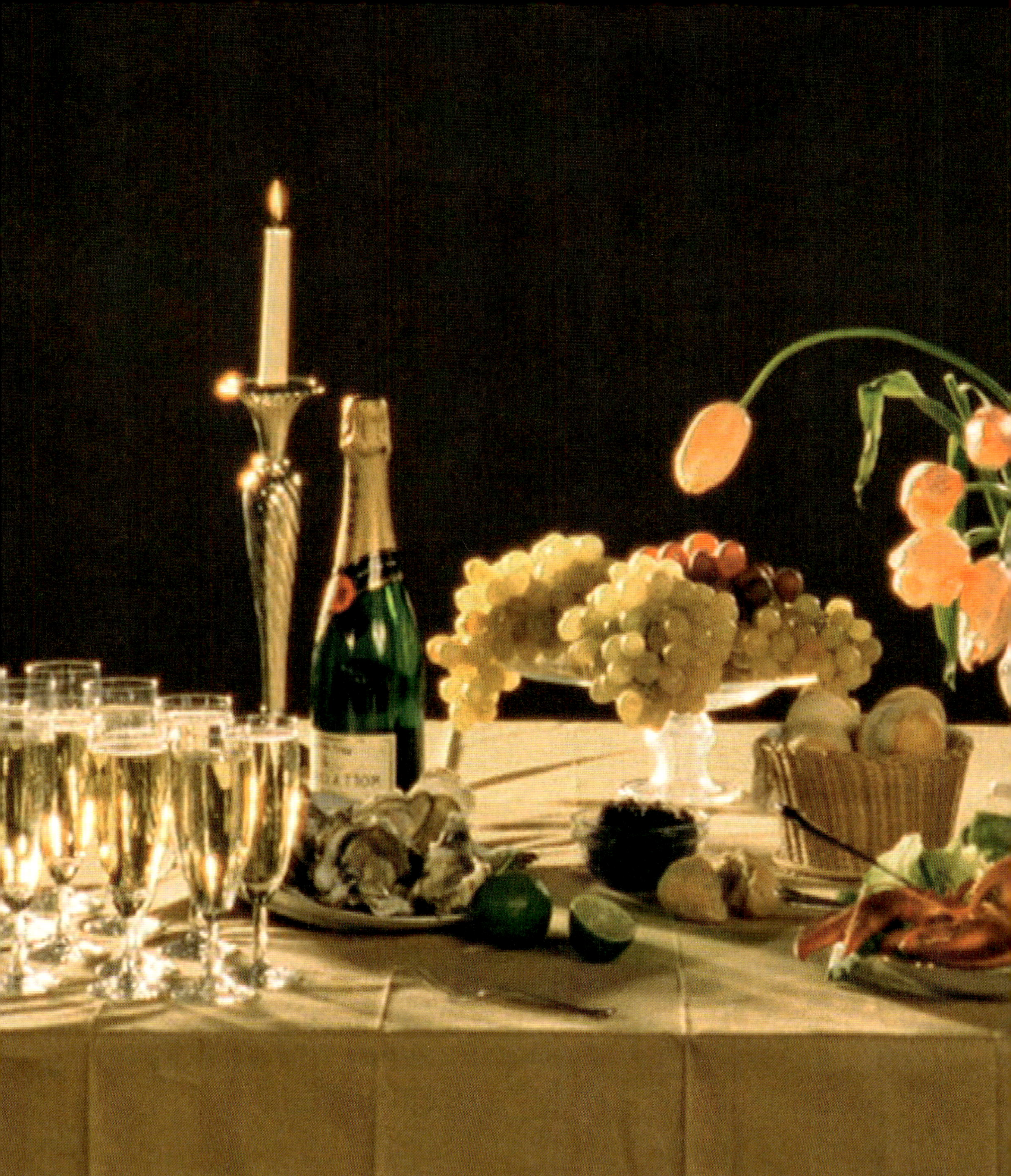

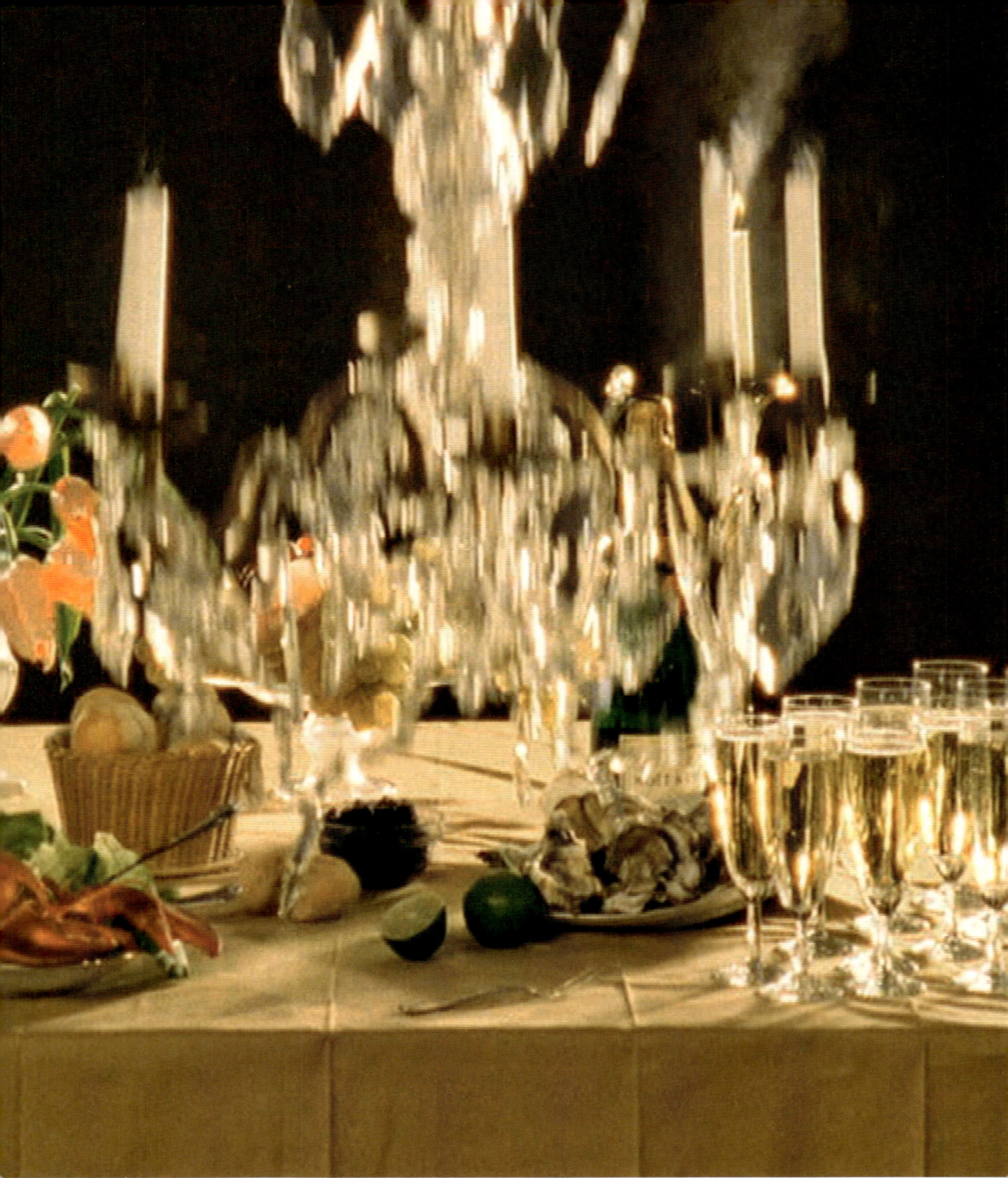

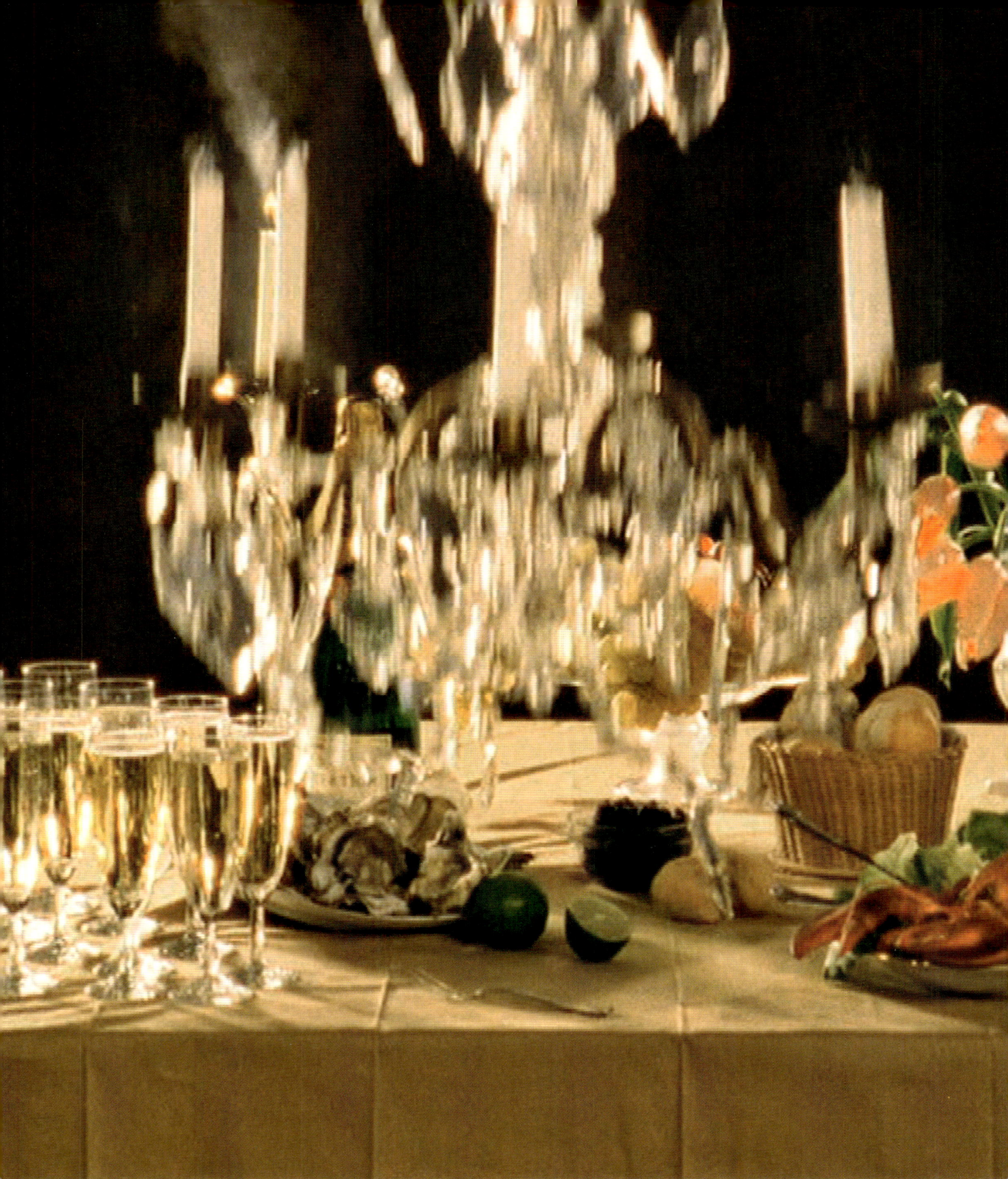

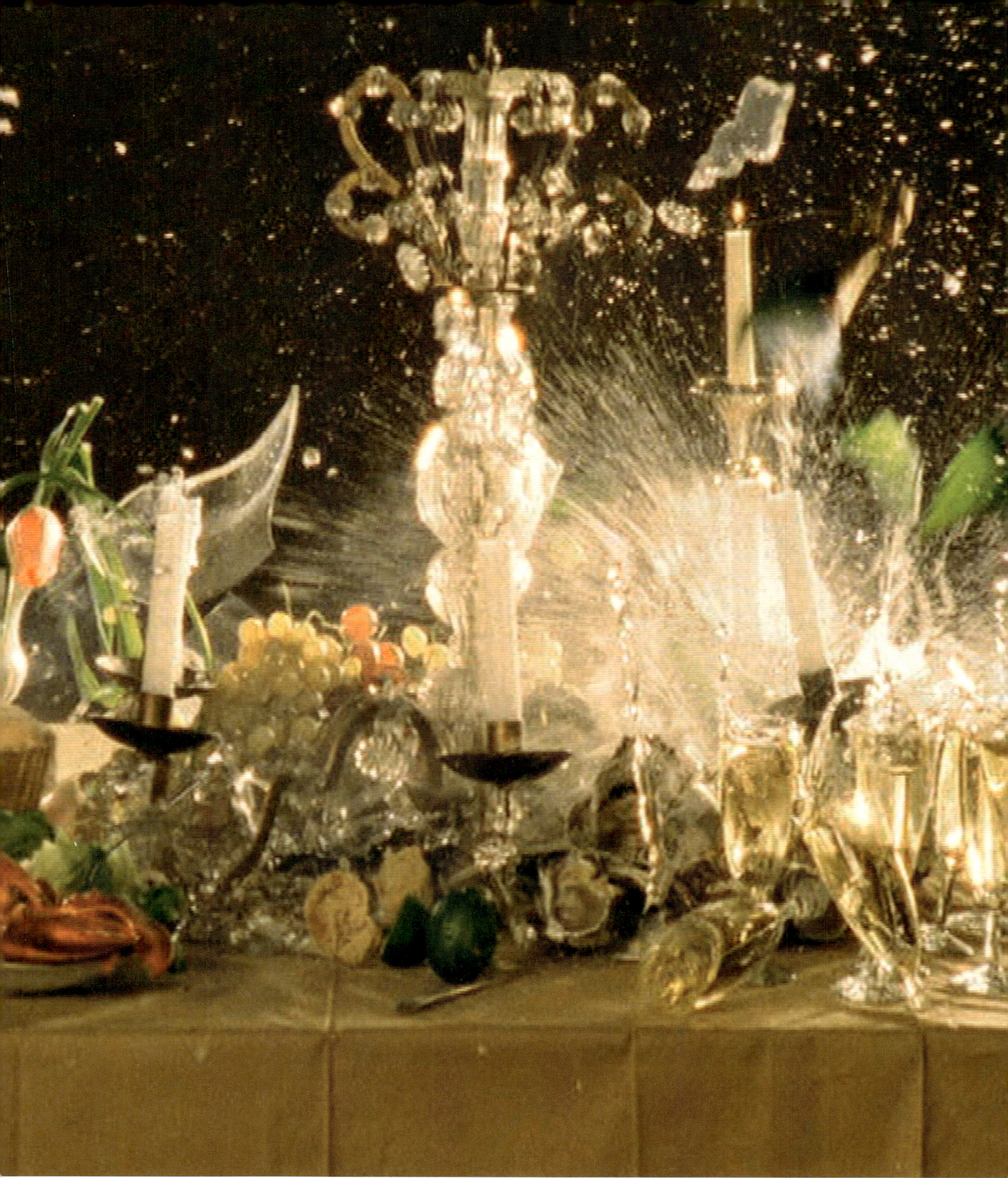

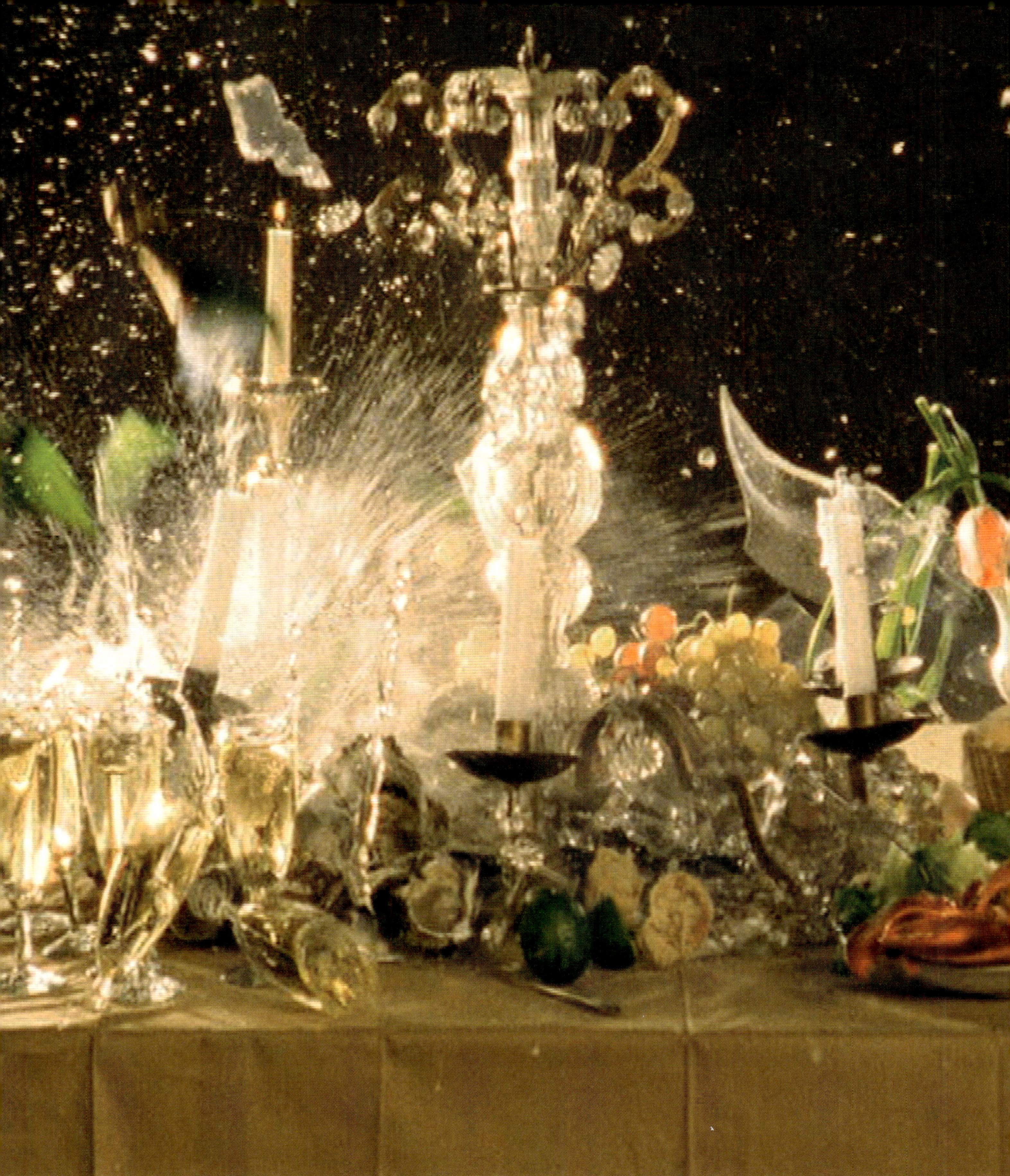

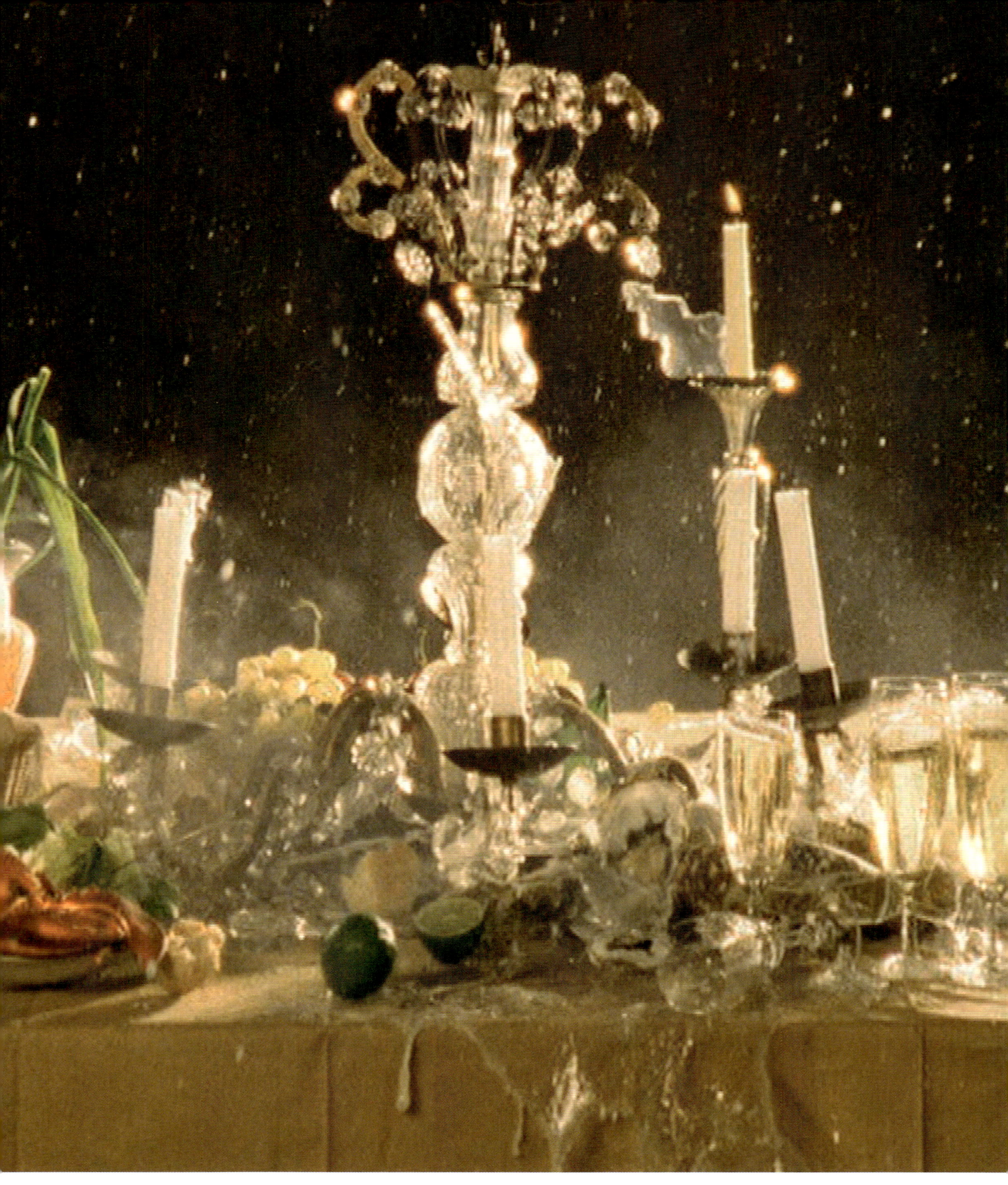

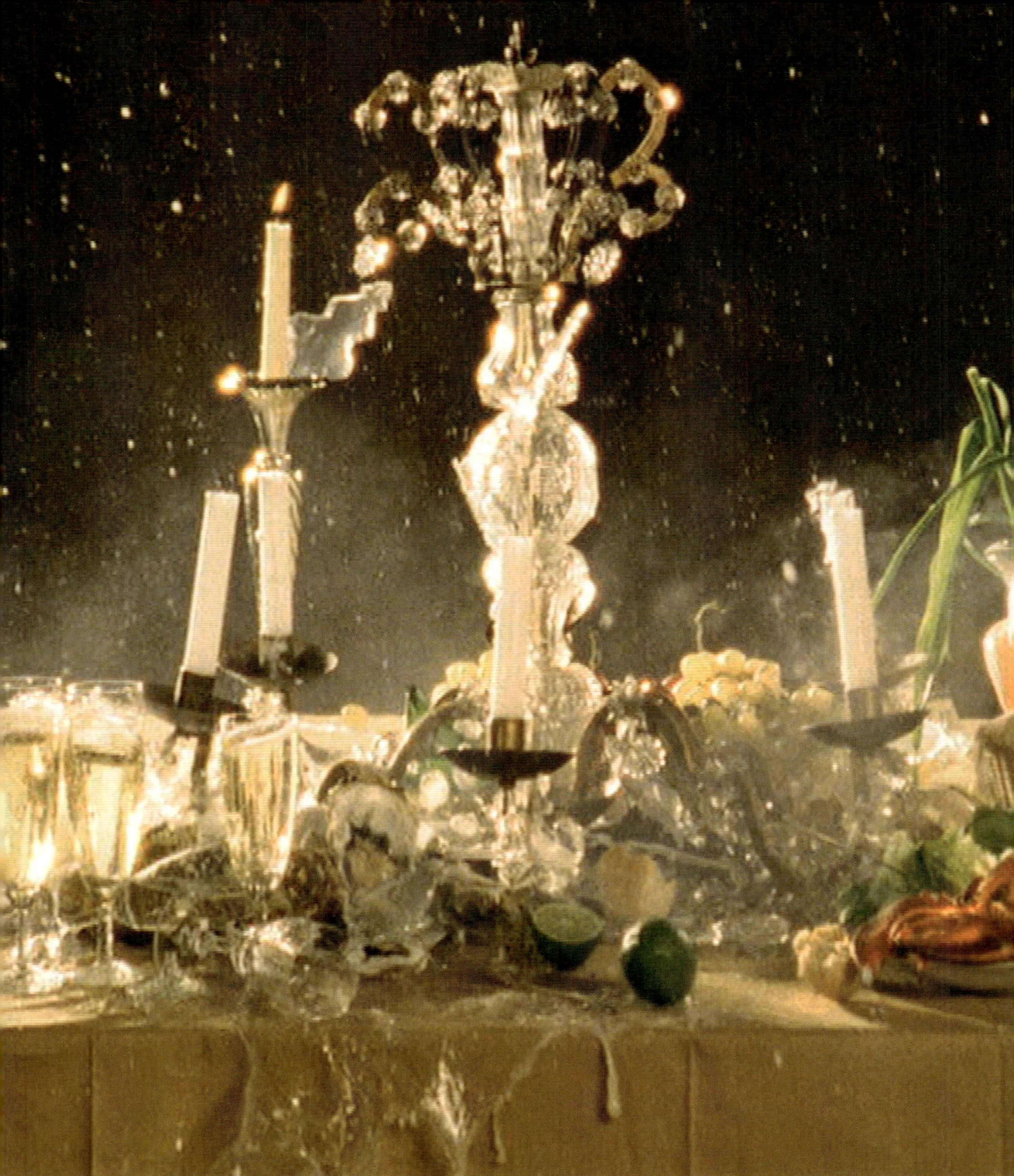

Musik

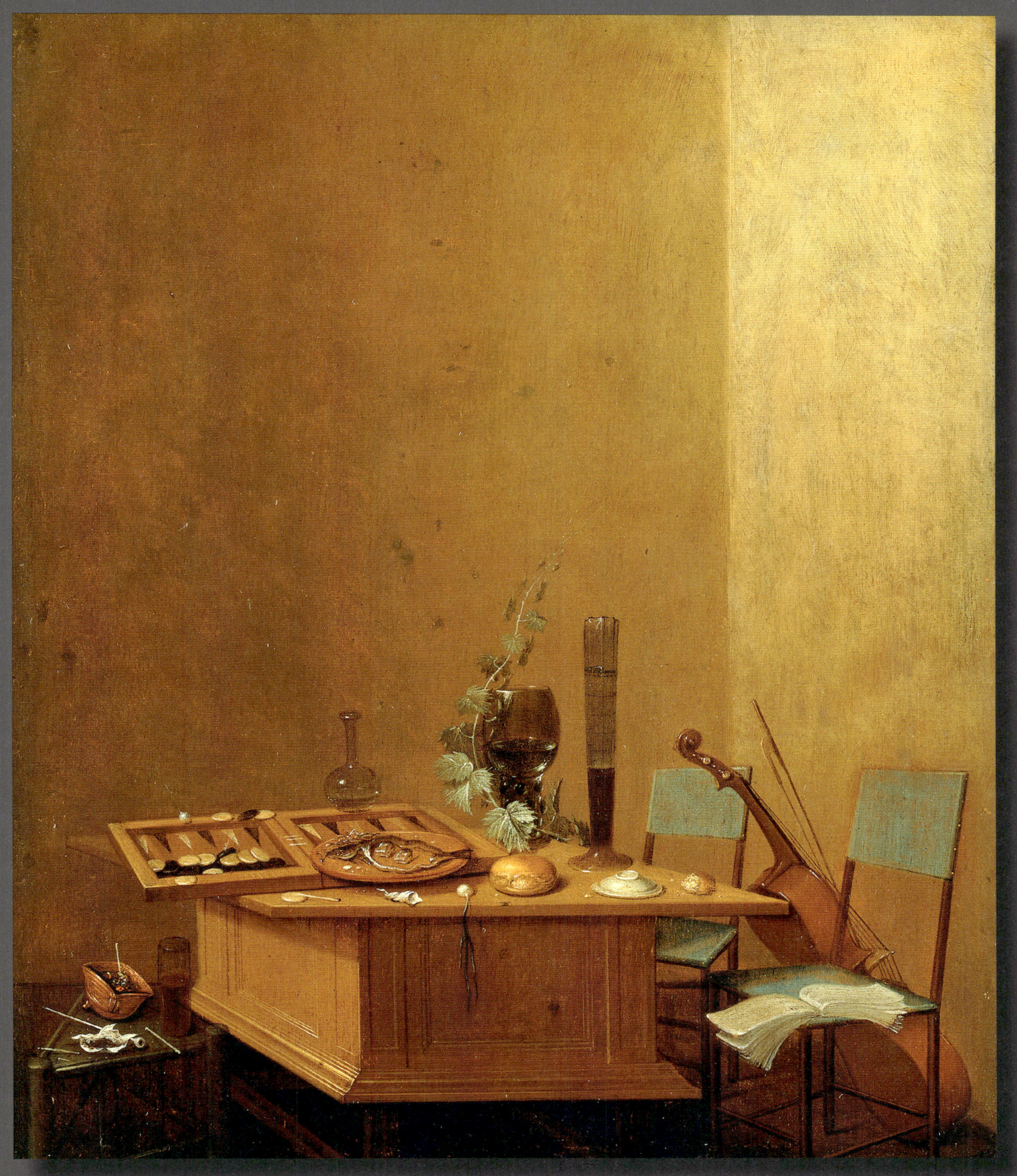

Gerrit van Vucht, Stillleben mit Tric-Trac-Spiel, nach 1650, Öl auf Holz

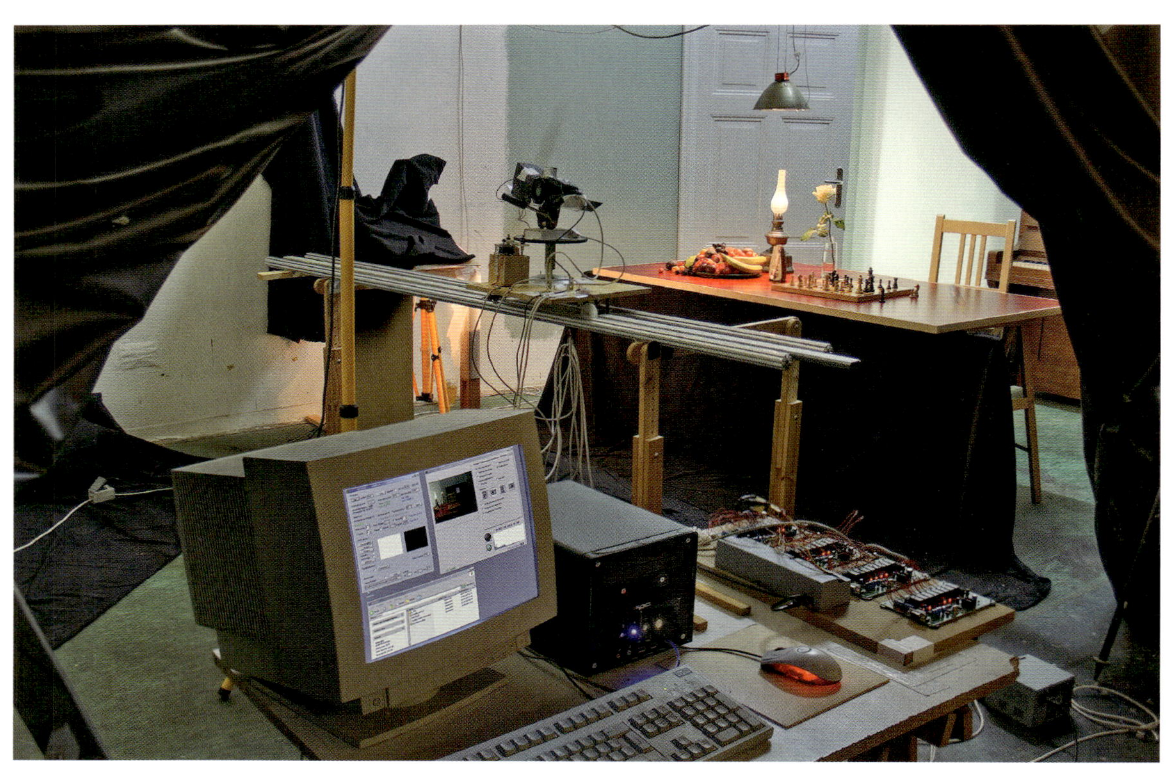

Arnold von Wedemeyer, Mälzels Raum [on-time, still life II], 2007, HD-Video, 7:20 min

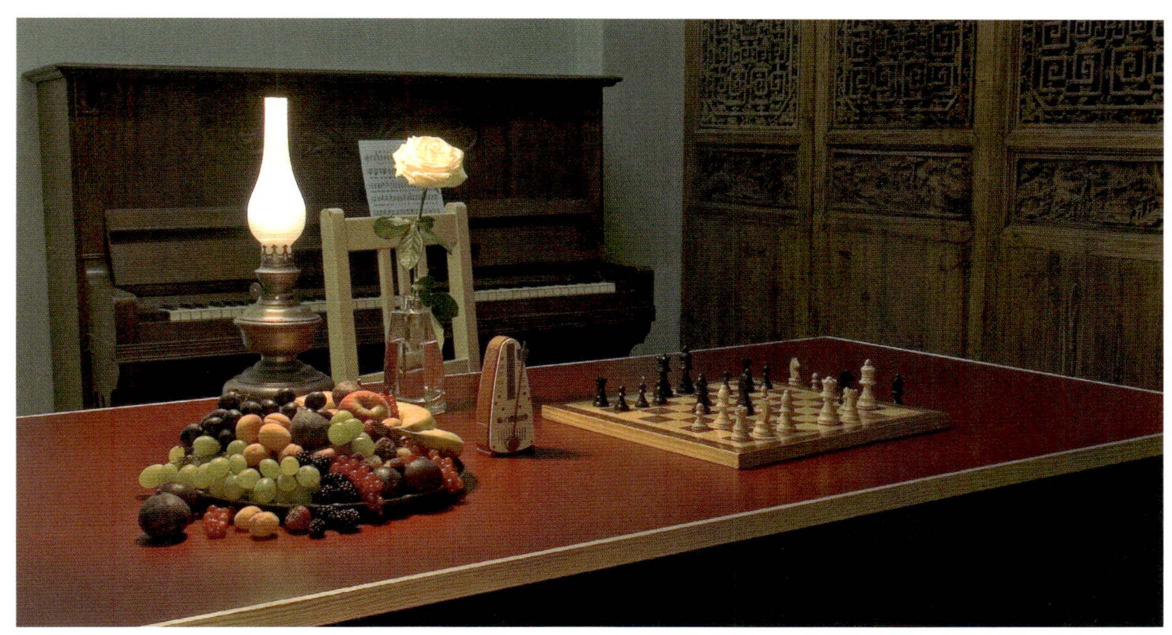

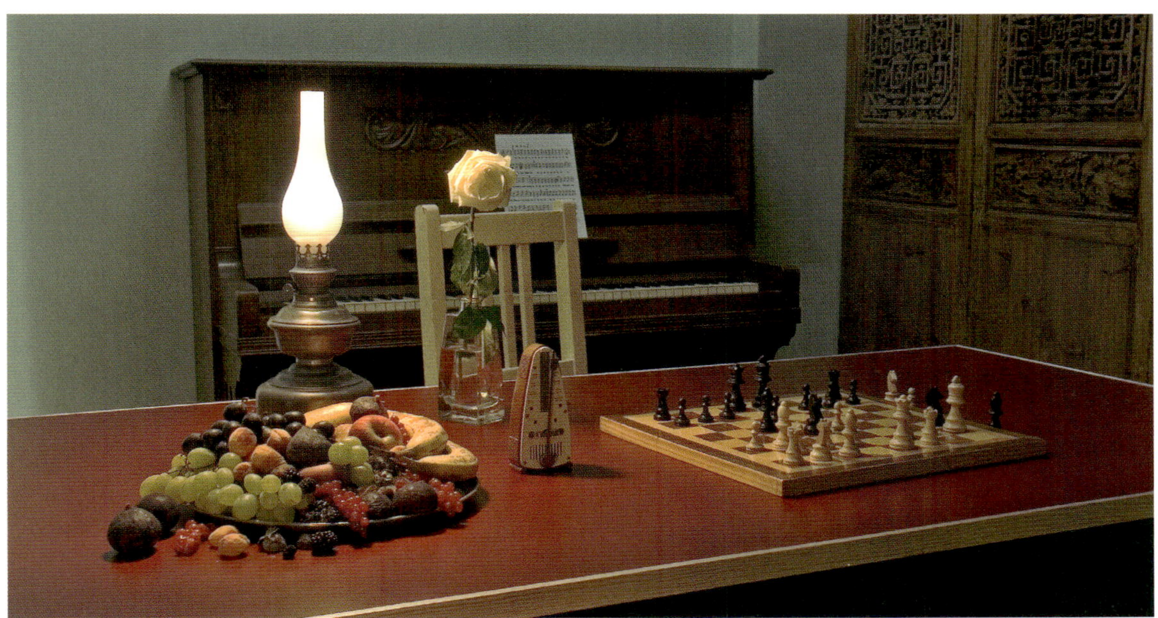

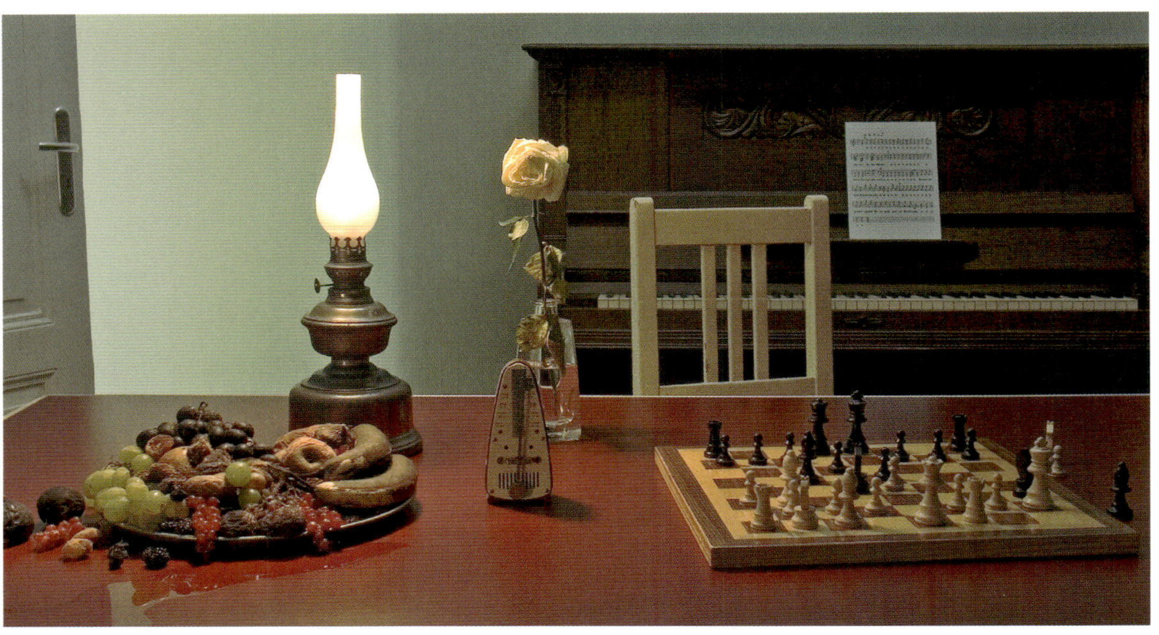

Der Mensch das Spil der Zeit / spilt weil er allhie lebt.
Im Schau-Platz diser Welt; er sitzt / und doch nicht feste.
Der steigt und jener fällt / der suchte der Paläste /
Vnd der ein schlechtes Dach / der herrscht und jener webt.

Was gestern war ist hin / was itzt das Glück erhebt;
Wird morgen untergehn / die vorhin grüne Aeste
Sind numehr dürr und todt / wir Armen sind nur Gäste
Ob den ein scharffes Schwerdt an zarter Seide schwebt.

Andreas Gryphius, Ebenbild unseres Lebens

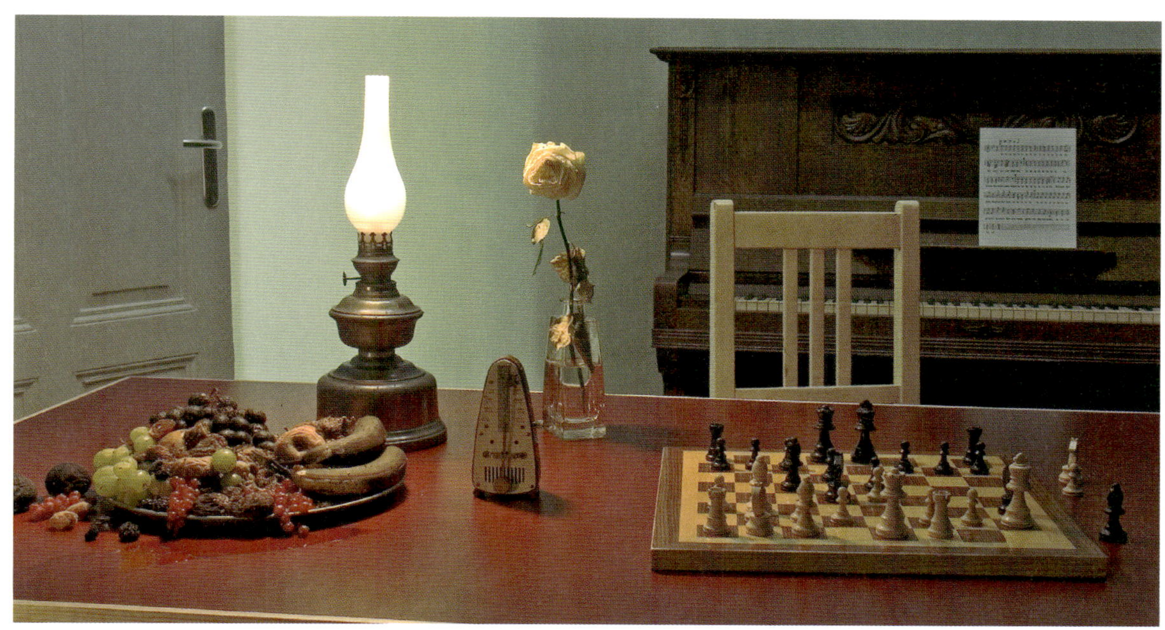

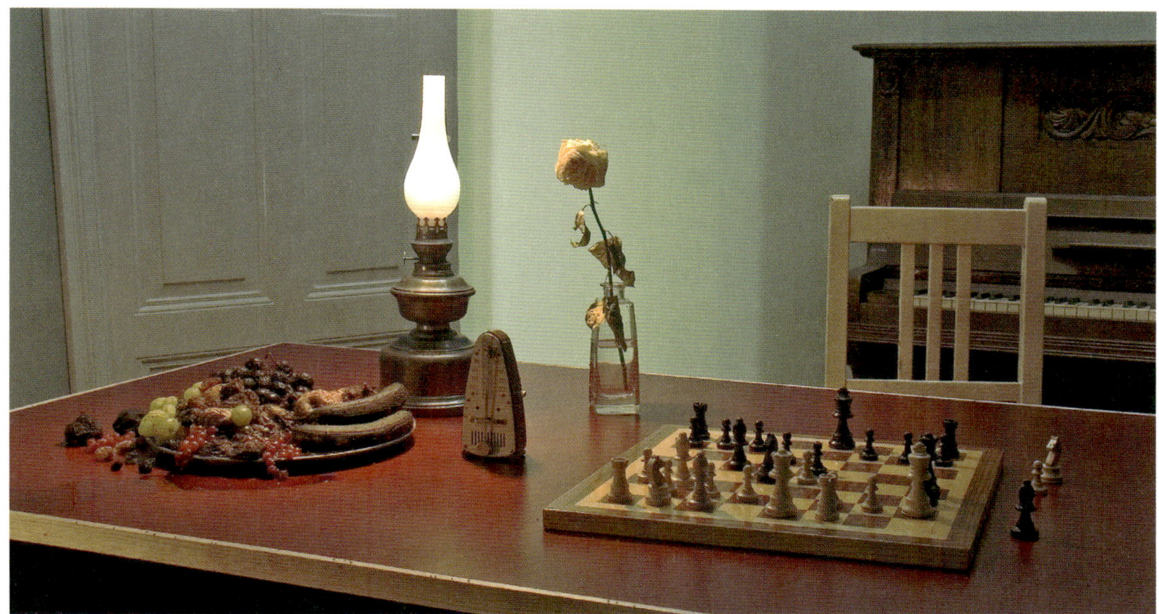

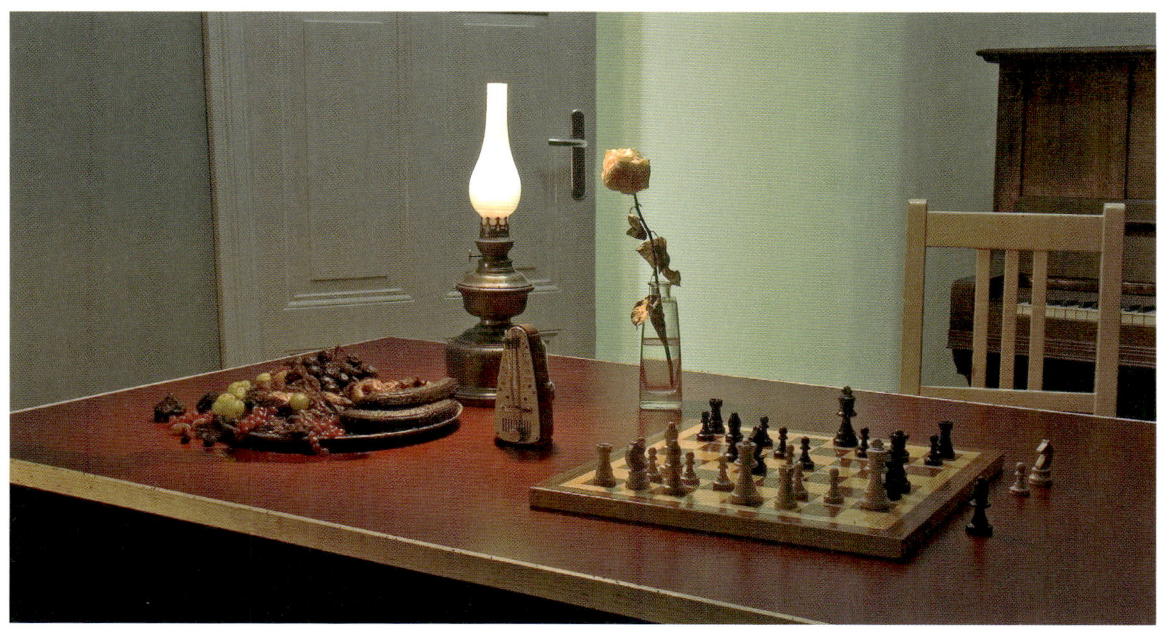

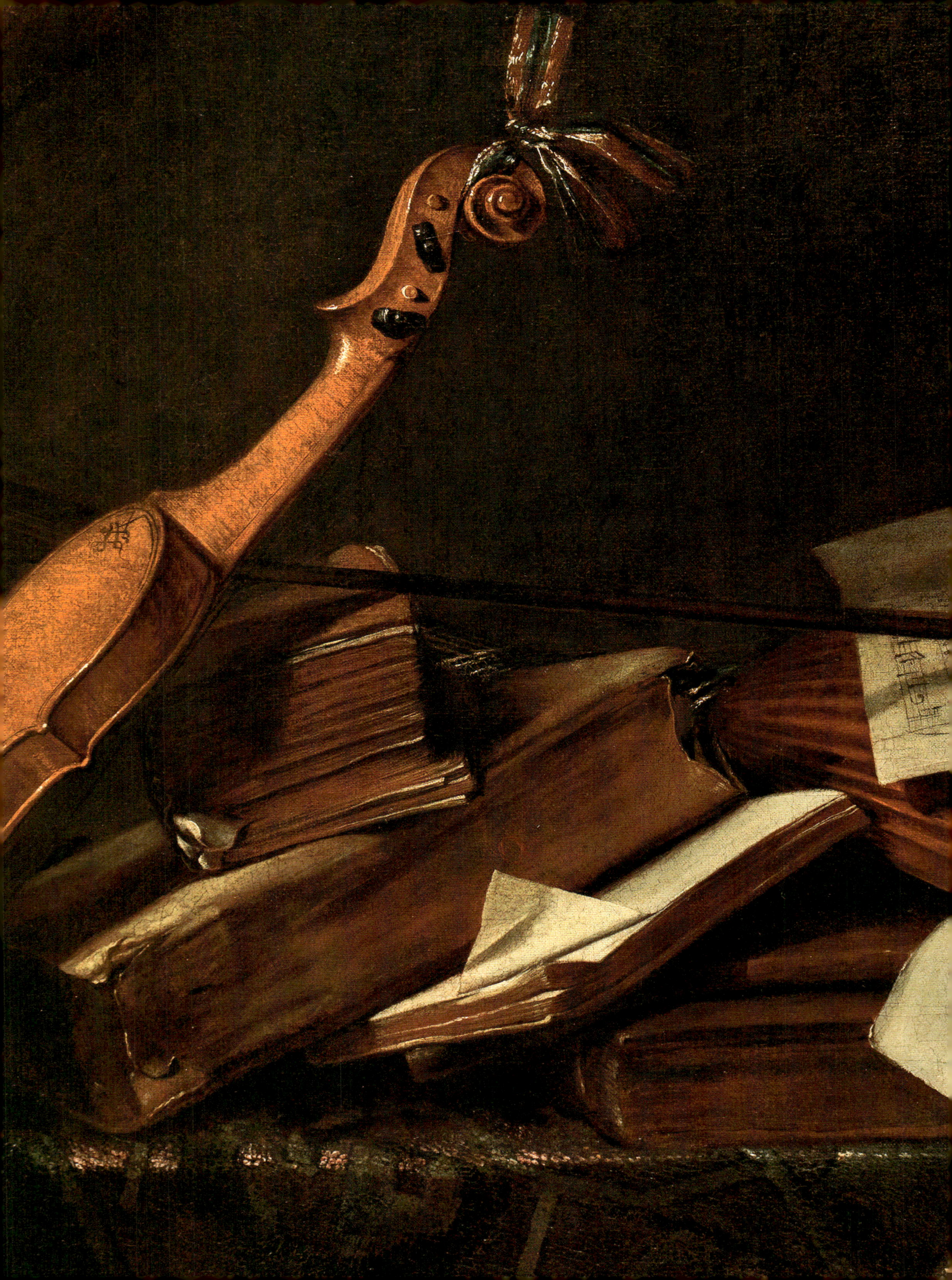

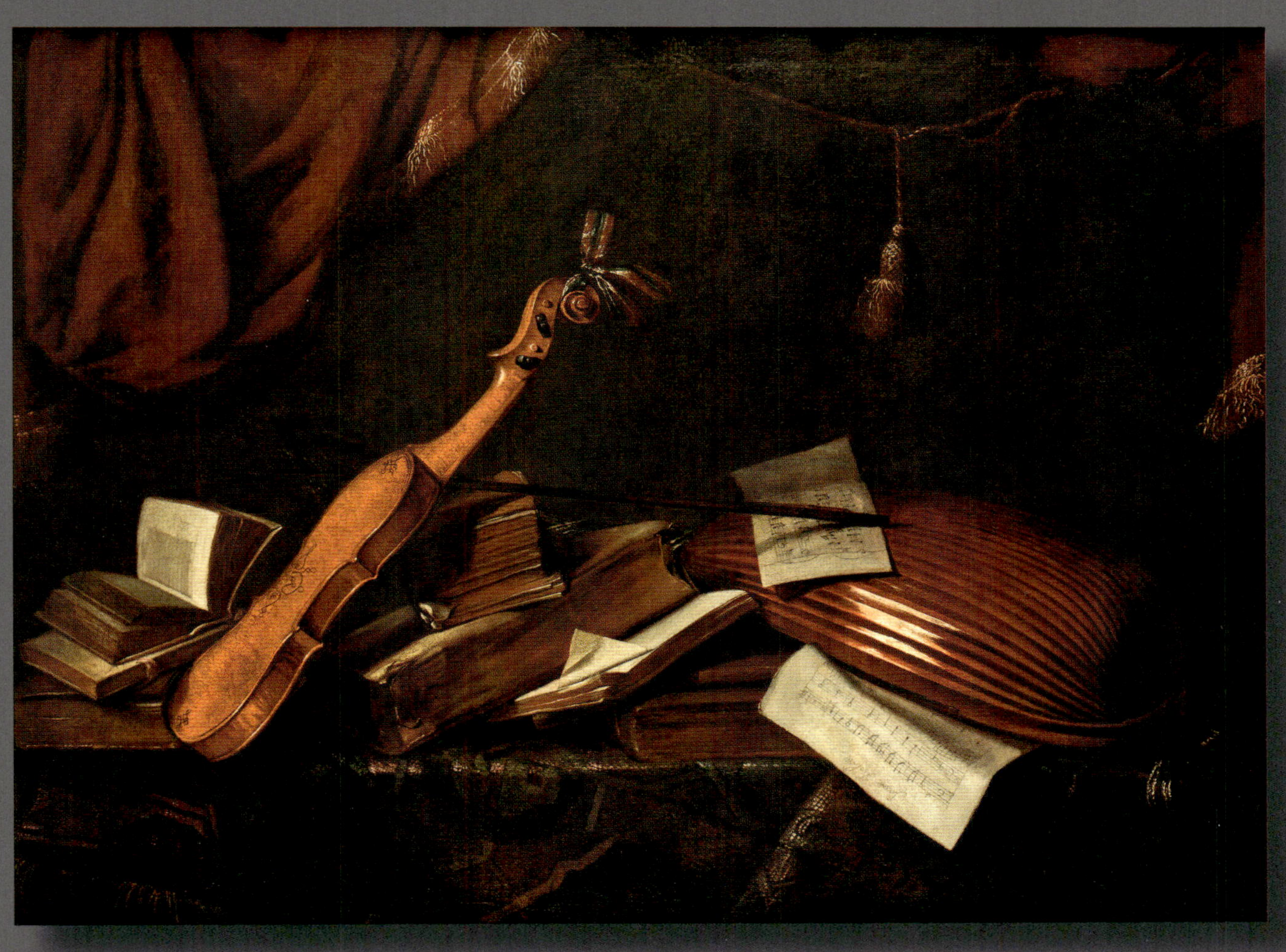

Franz Friedrich Franck, Musikstillleben, 1663, Öl auf Leinwand

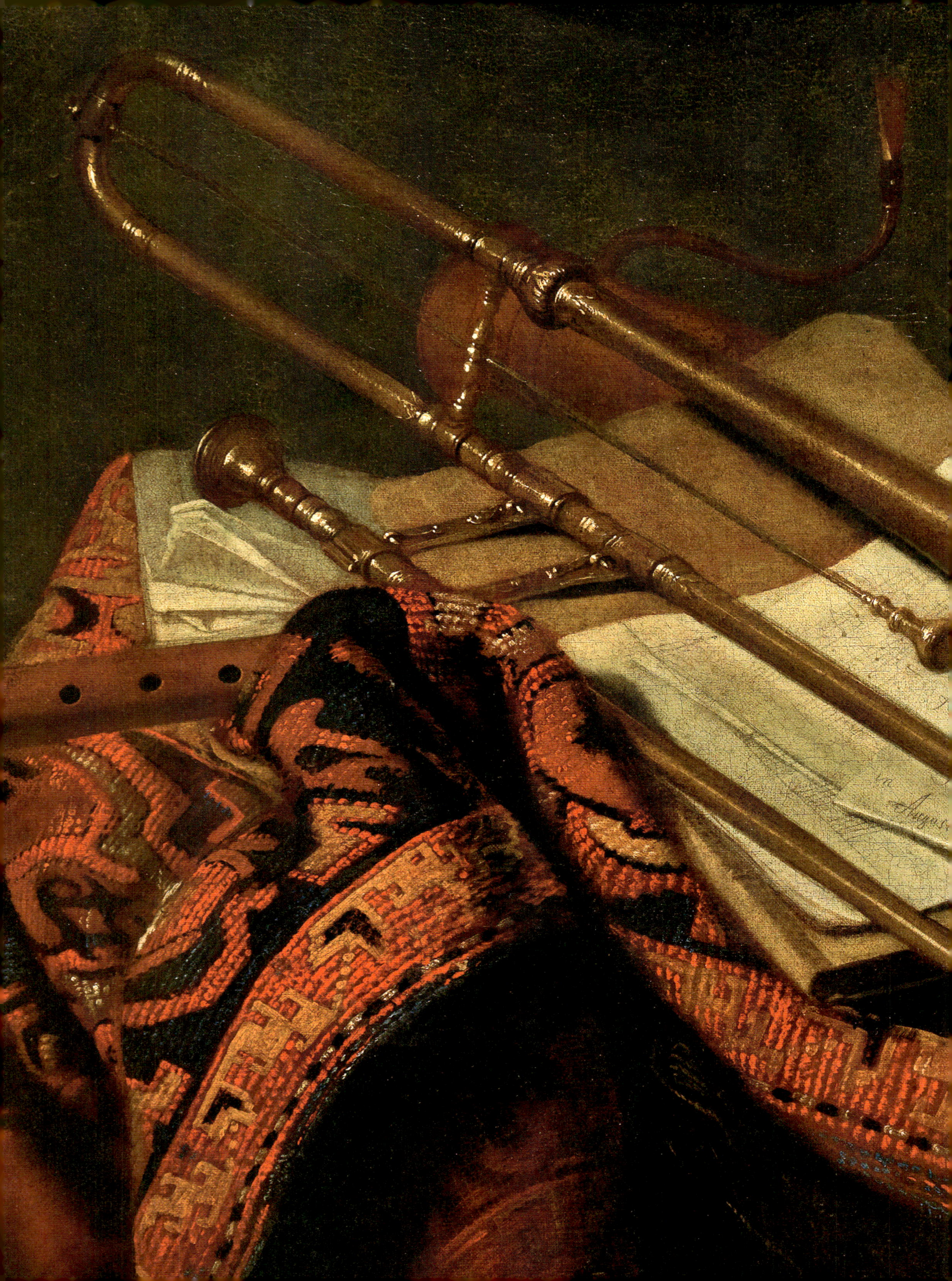

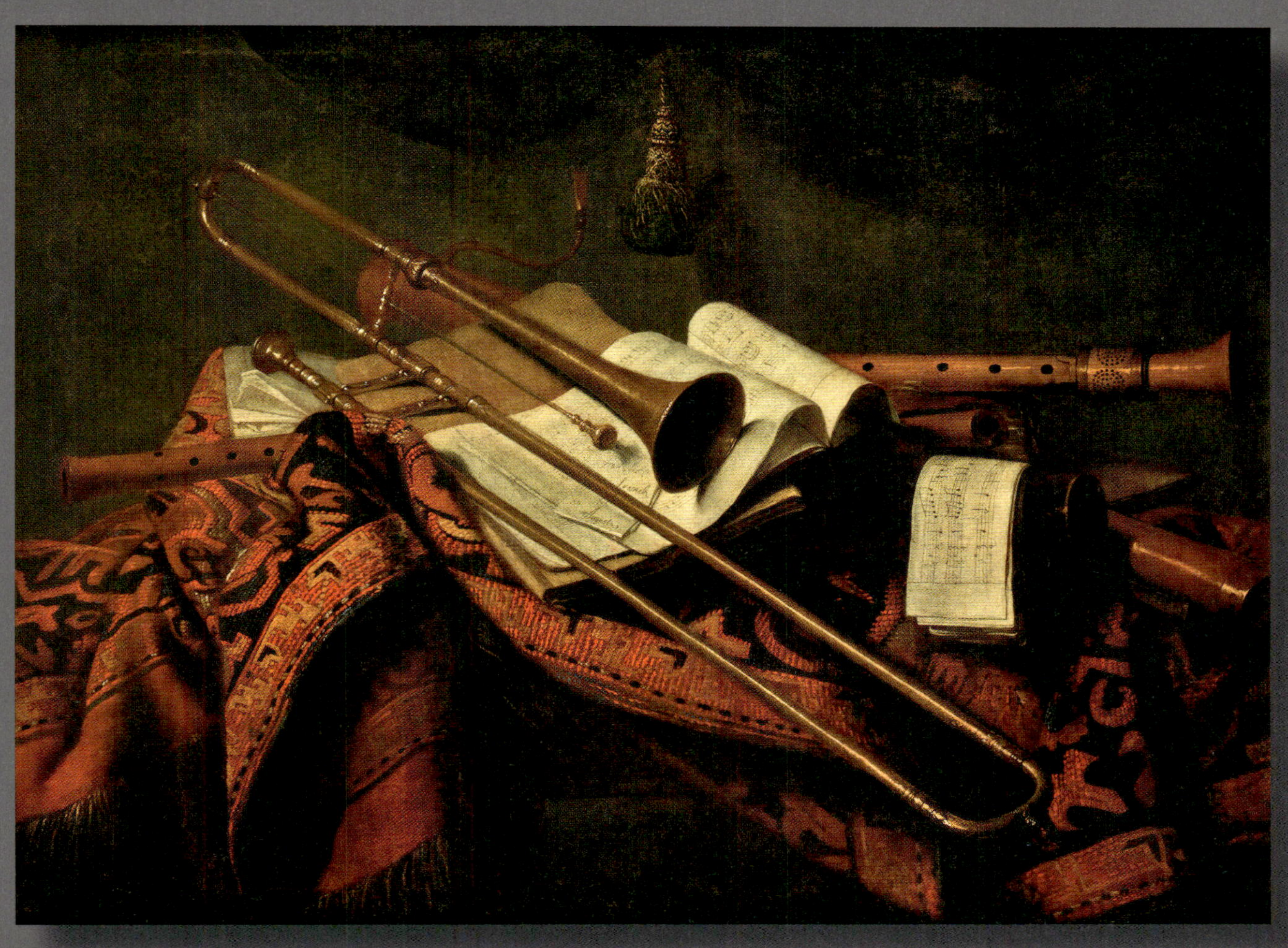

Franz Friedrich Franck, Musikstillleben, 1663, Öl auf Leinwand

Vanitas

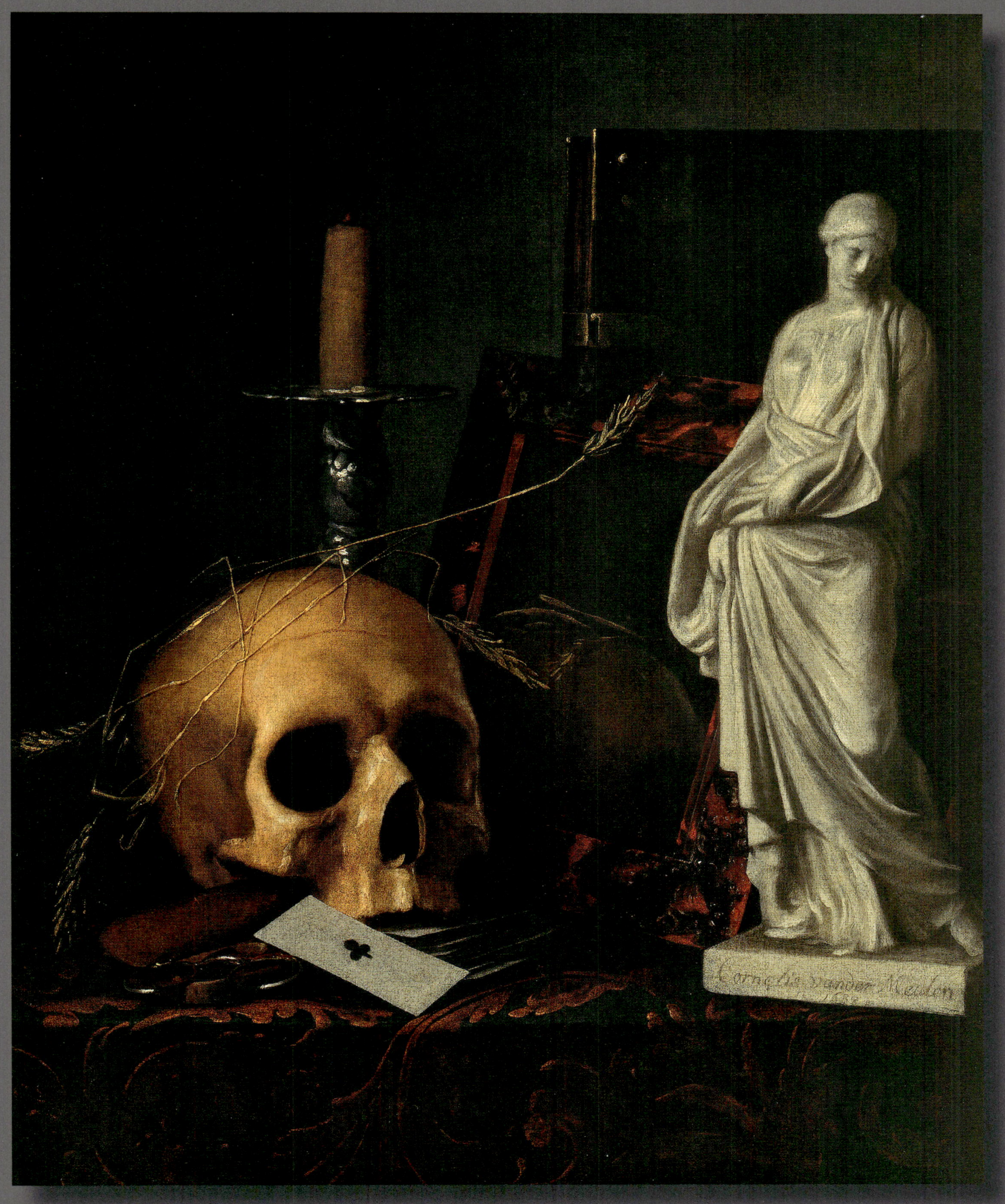

Cornelis van der Meulen, Vanitas-Stillleben mit Statuette der hl. Susanna, 1688, Öl auf Leinwand

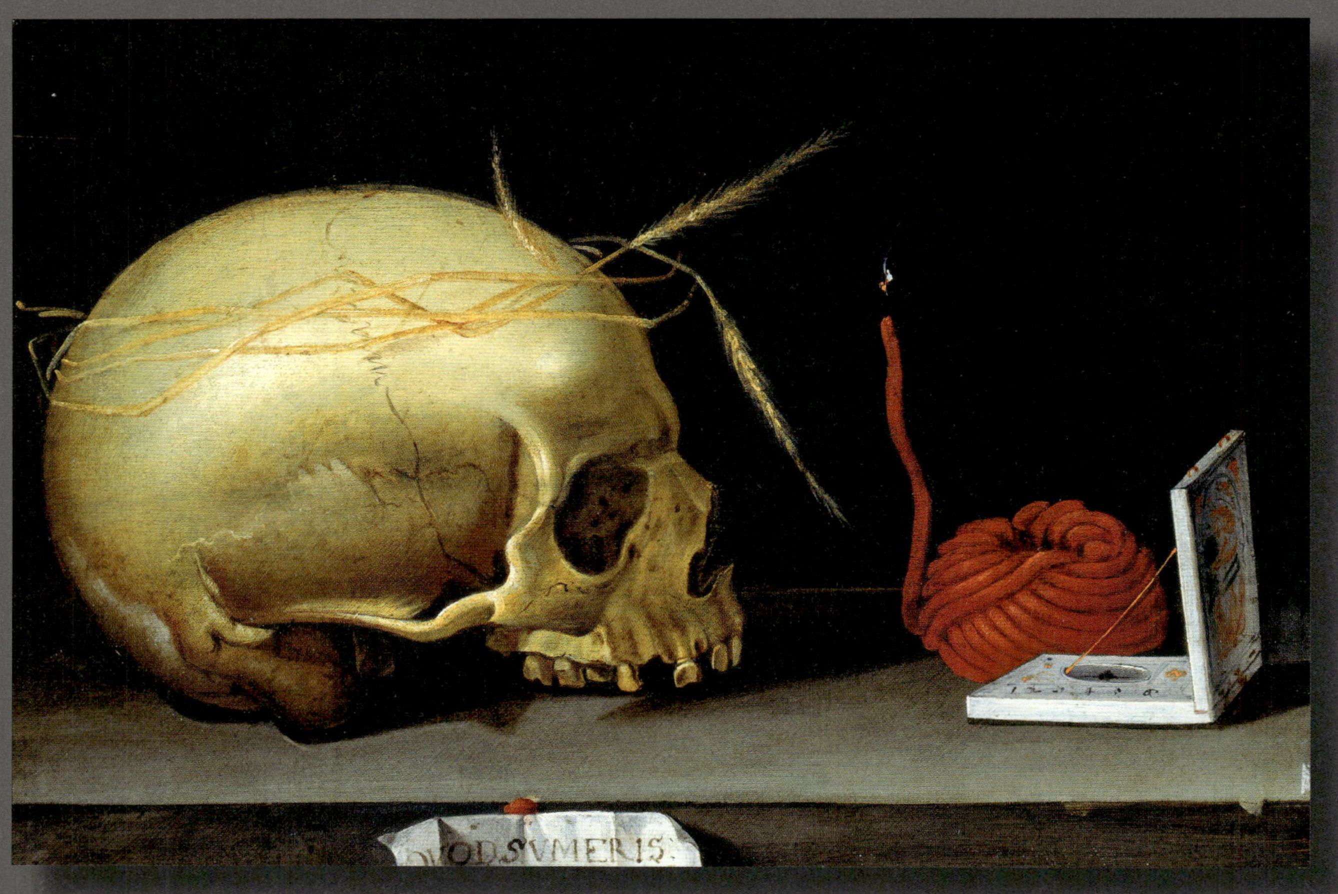

Deutscher Meister, Vanitas-Stillleben mit Totenschädel, Wachsstock und Taschensonnenuhr, um 1620, Öl auf Holz

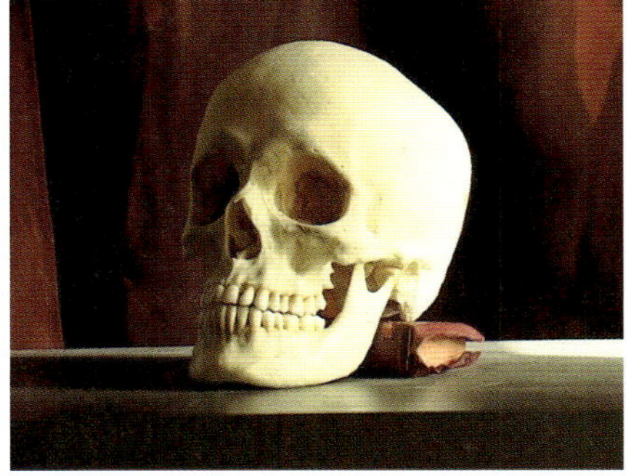

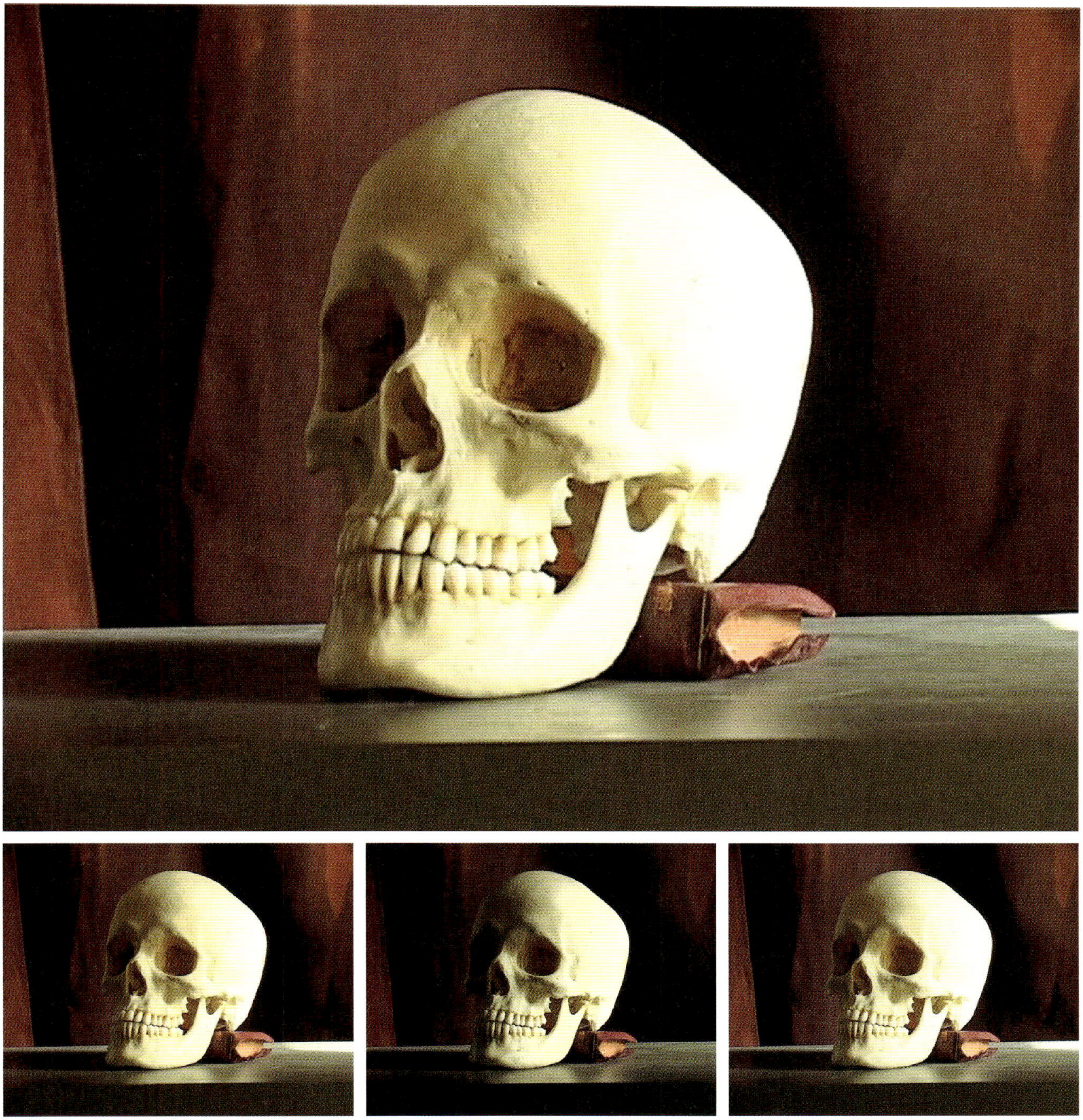

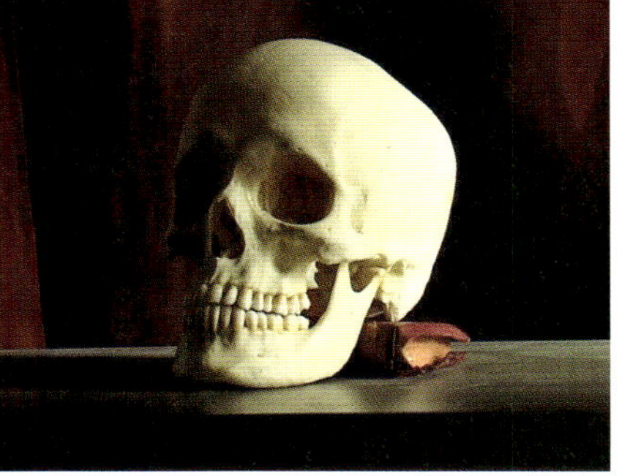

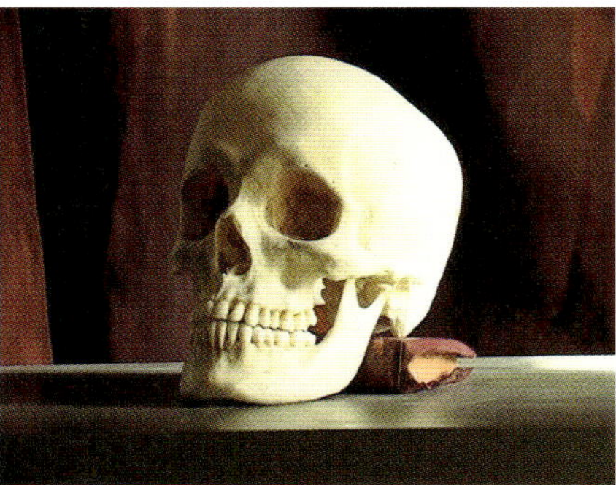

Gabriella Gerosa, Totenkopf I, 2009, HD-Video, 14 min

Nichts bringst du auff die Welt / nichts kanst du mit bekommen:
Der einig' Augenblick hat / was man hat / genommen.
Doch zeucht dein Werck dir nach. Mensch! deine Stunde schlägt.

Andreas Gryphius, Der Tod

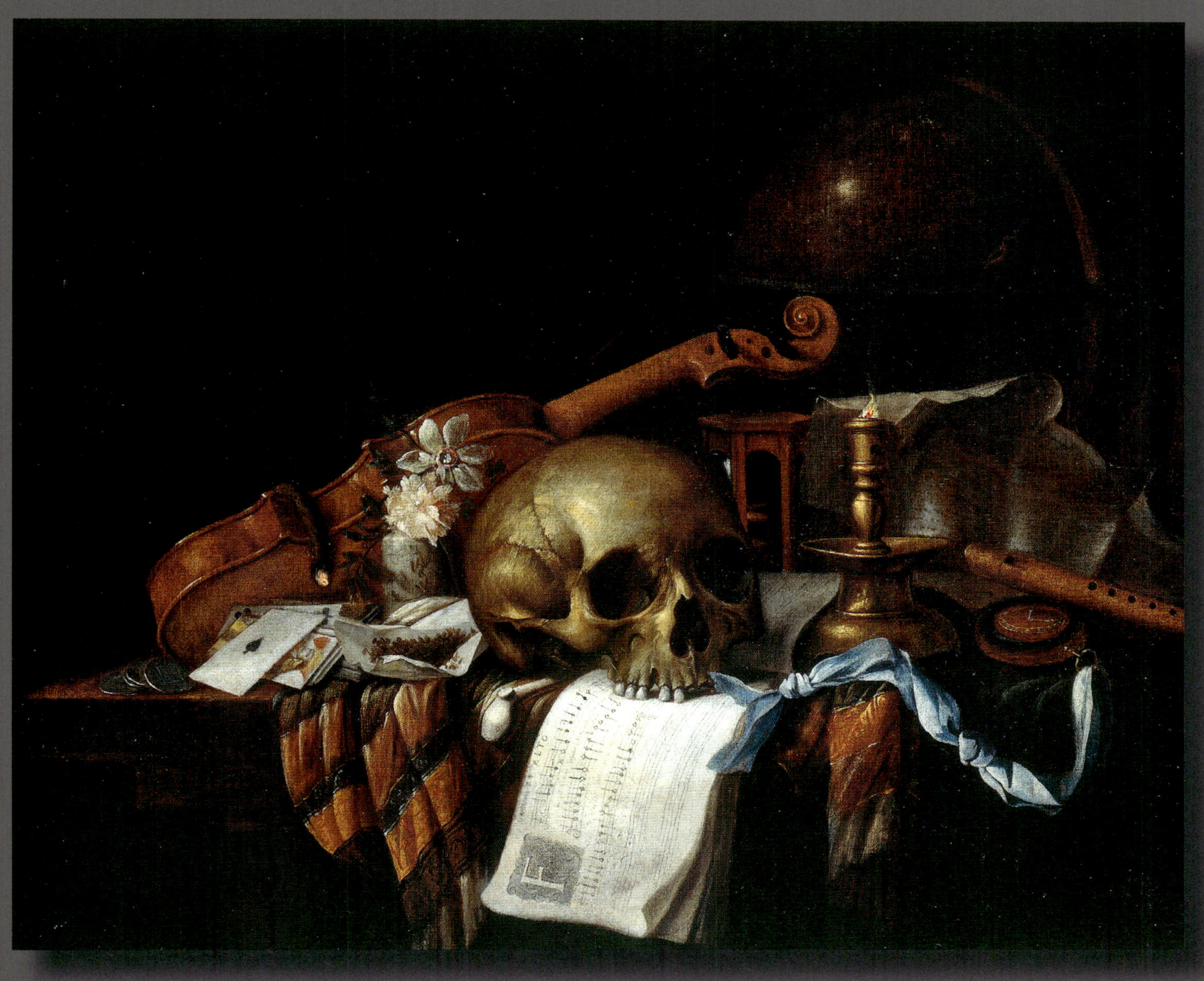

Cornelis Norbertus Gysbrechts, Vanitas-Stillleben, um 1662, Öl auf Leinwand

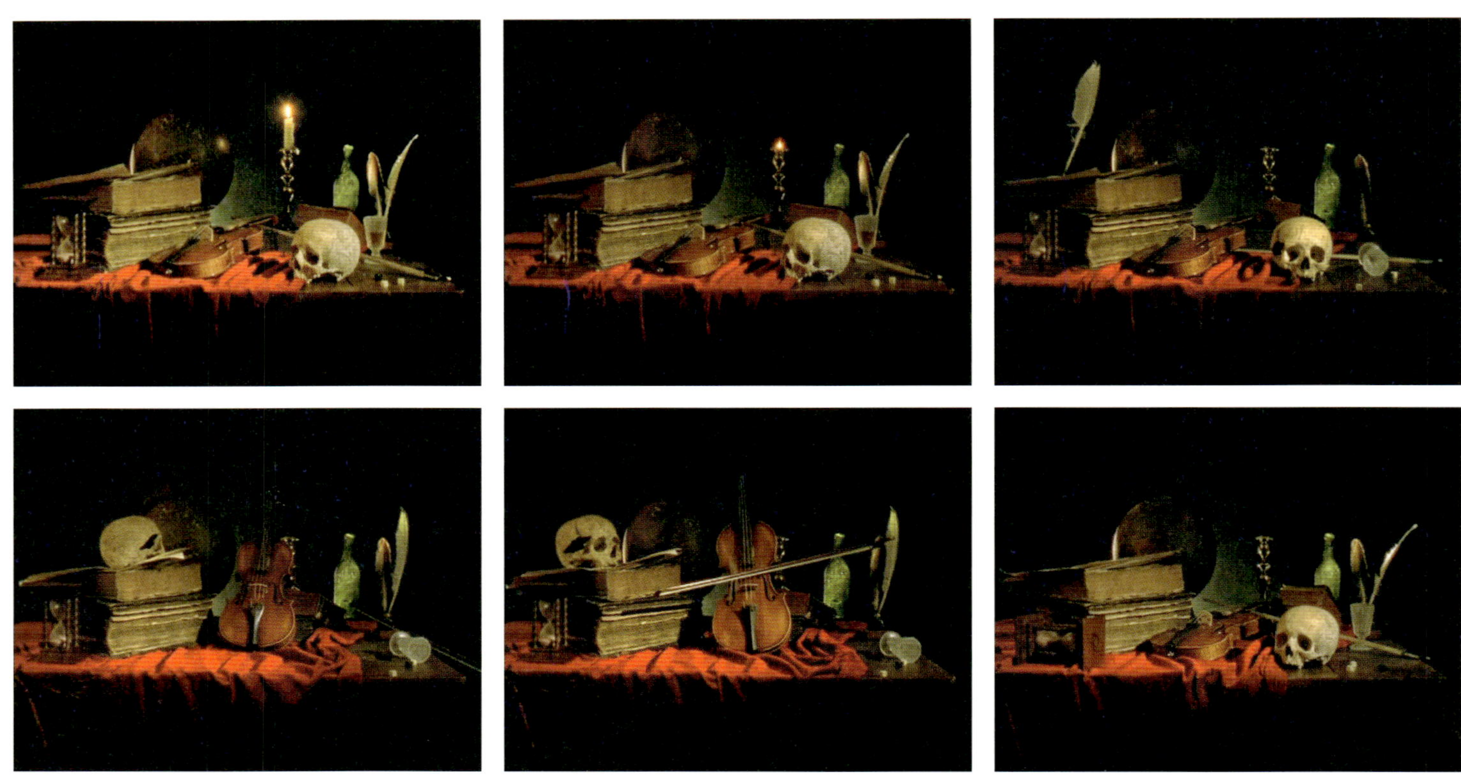

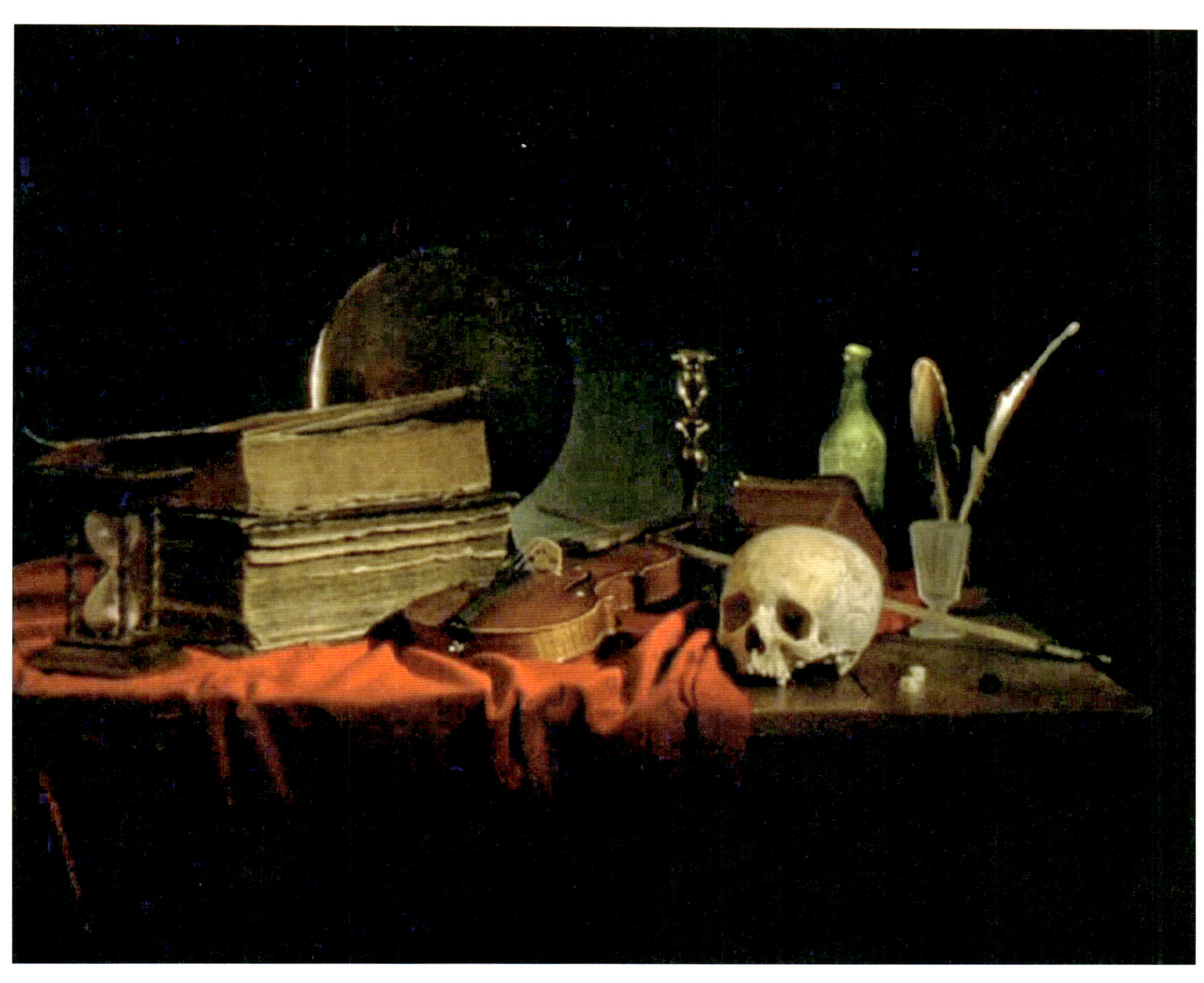

Pia Maria Martin, Vivace I, 2006, 16mm-Film, 3:02 min

Diß Leben kömmt mir vor
alß eine renne bahn.
Laß höchster Gott mich doch
nicht auff dem Lauffplatz gleiten.

Andreas Gryphius, Abend

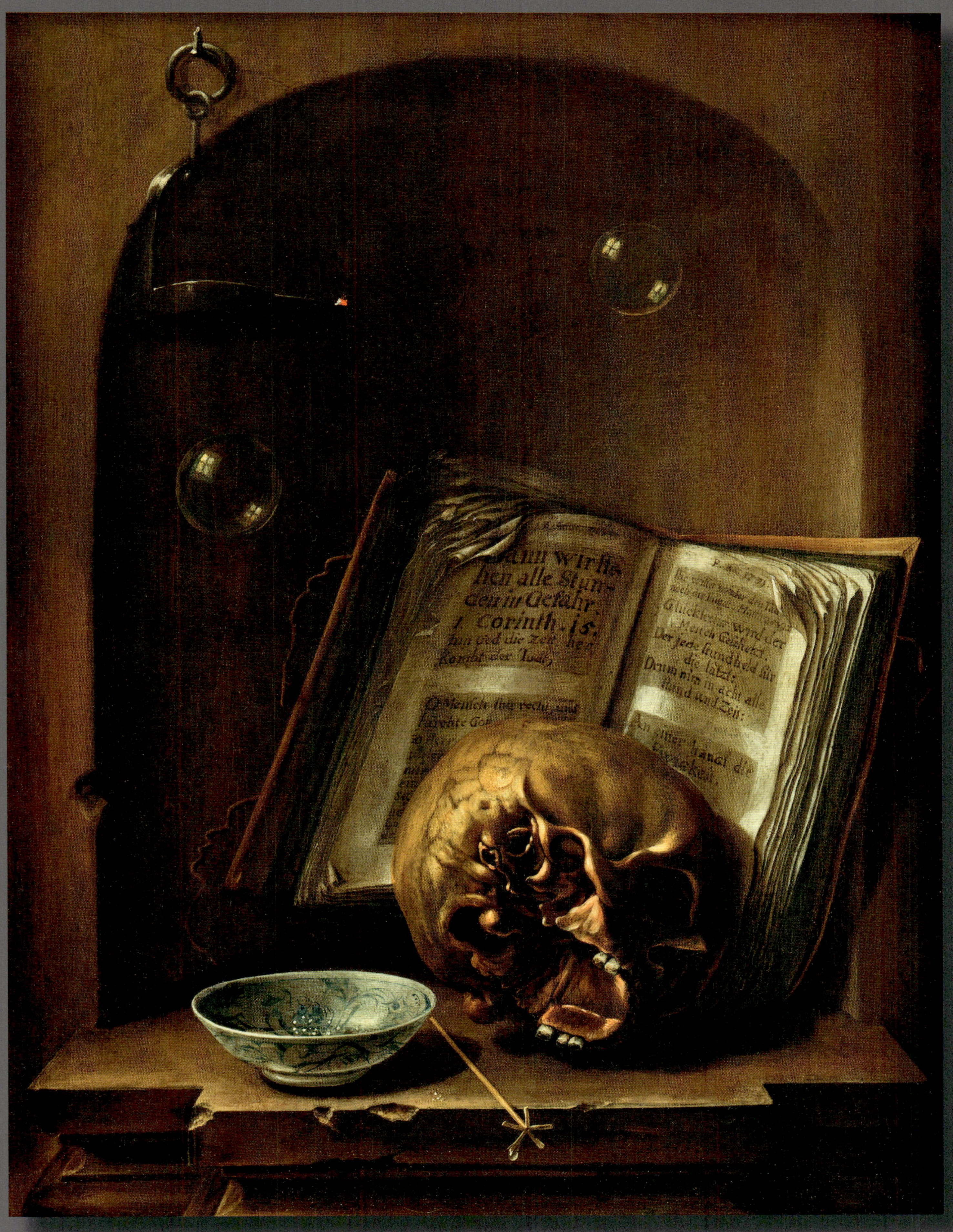

Johann Adalbert Angermeyer, Stillleben mit Totenkopf, 1731, Öl auf Holz

Küche

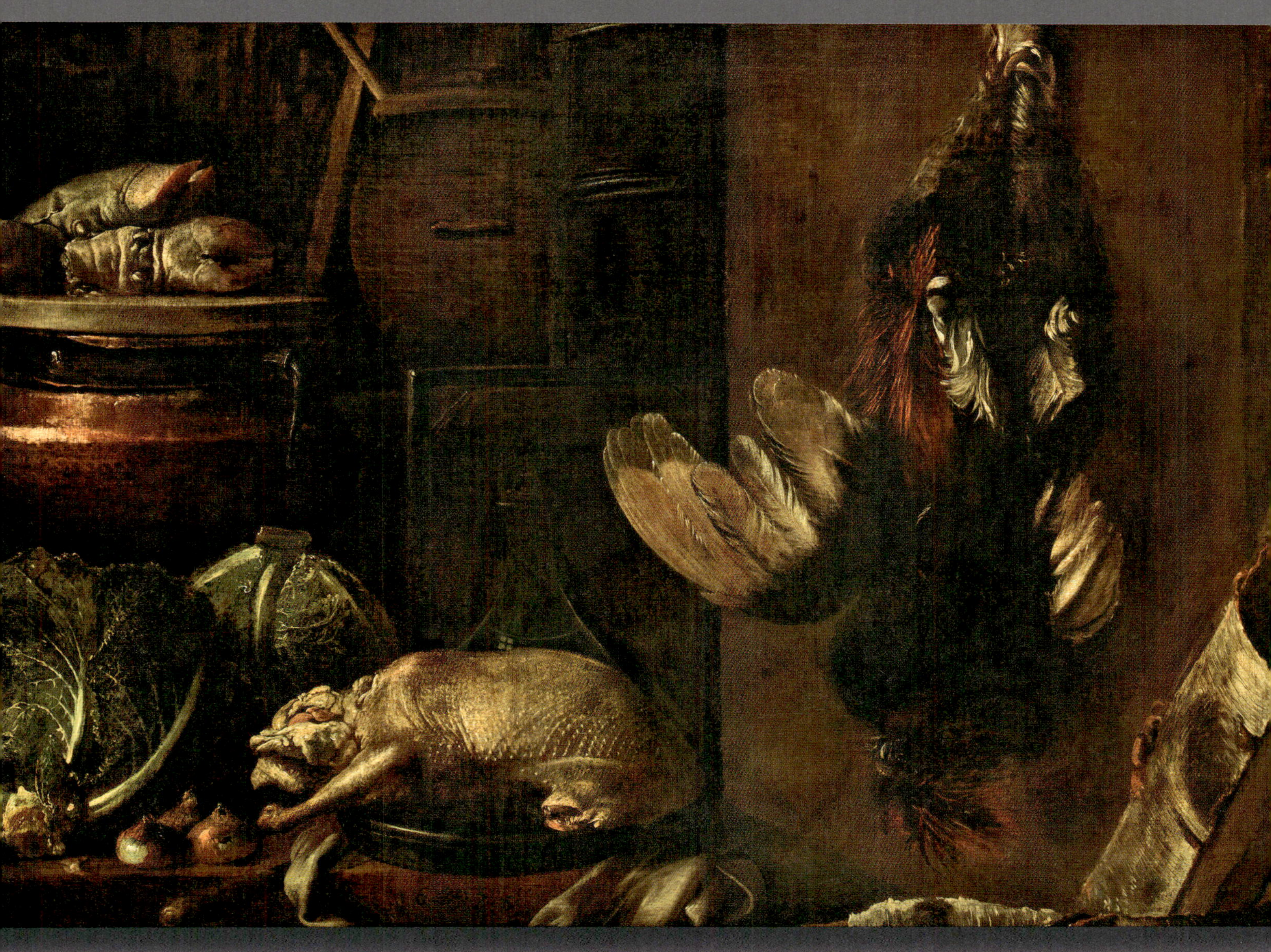

Franz Friedrich Franck, Küchenstillleben, 1678, Öl auf Leinwand

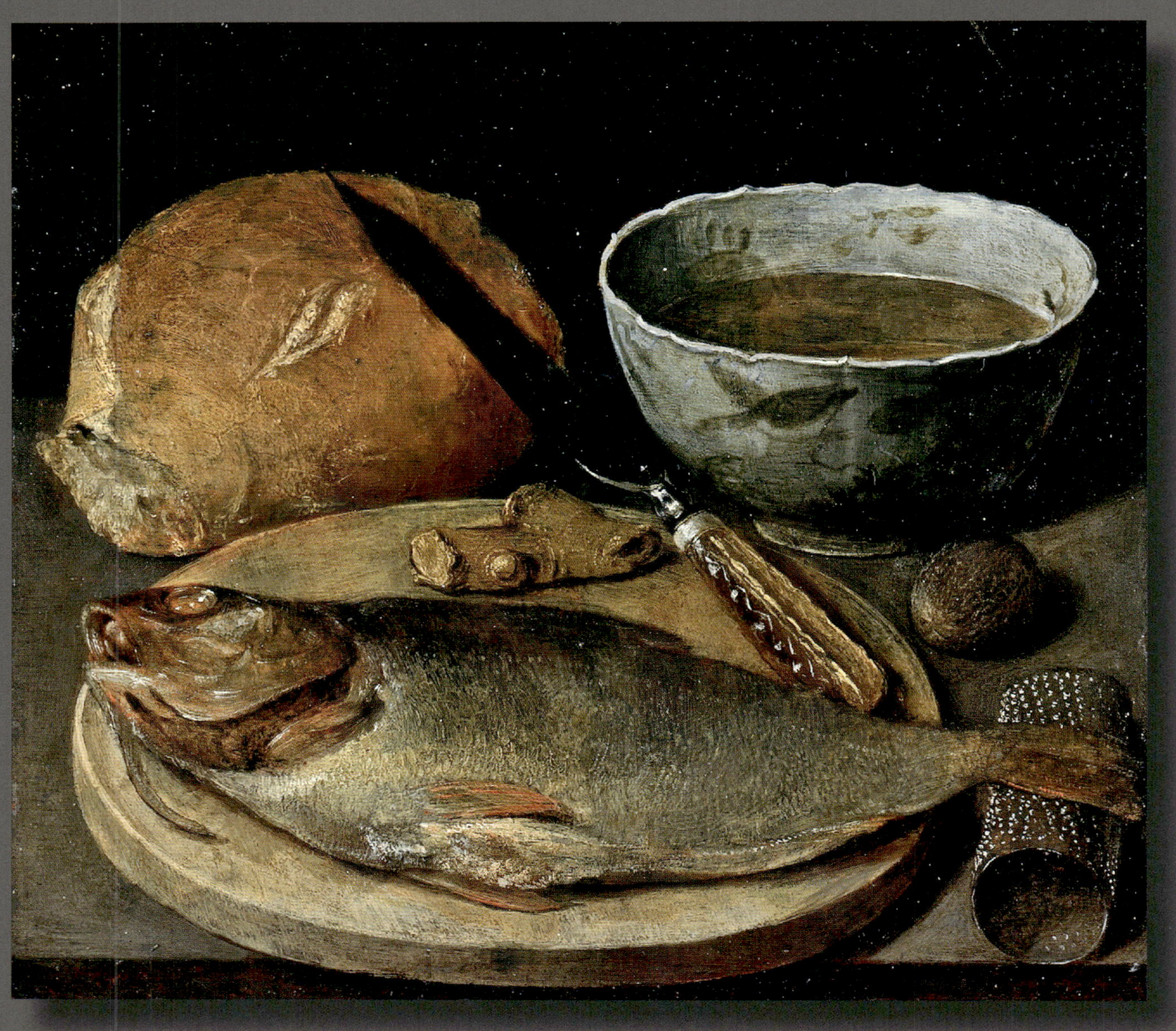

Georg Flegel, Stillleben mit Fisch und Semmel, um 1635, Öl auf Holz

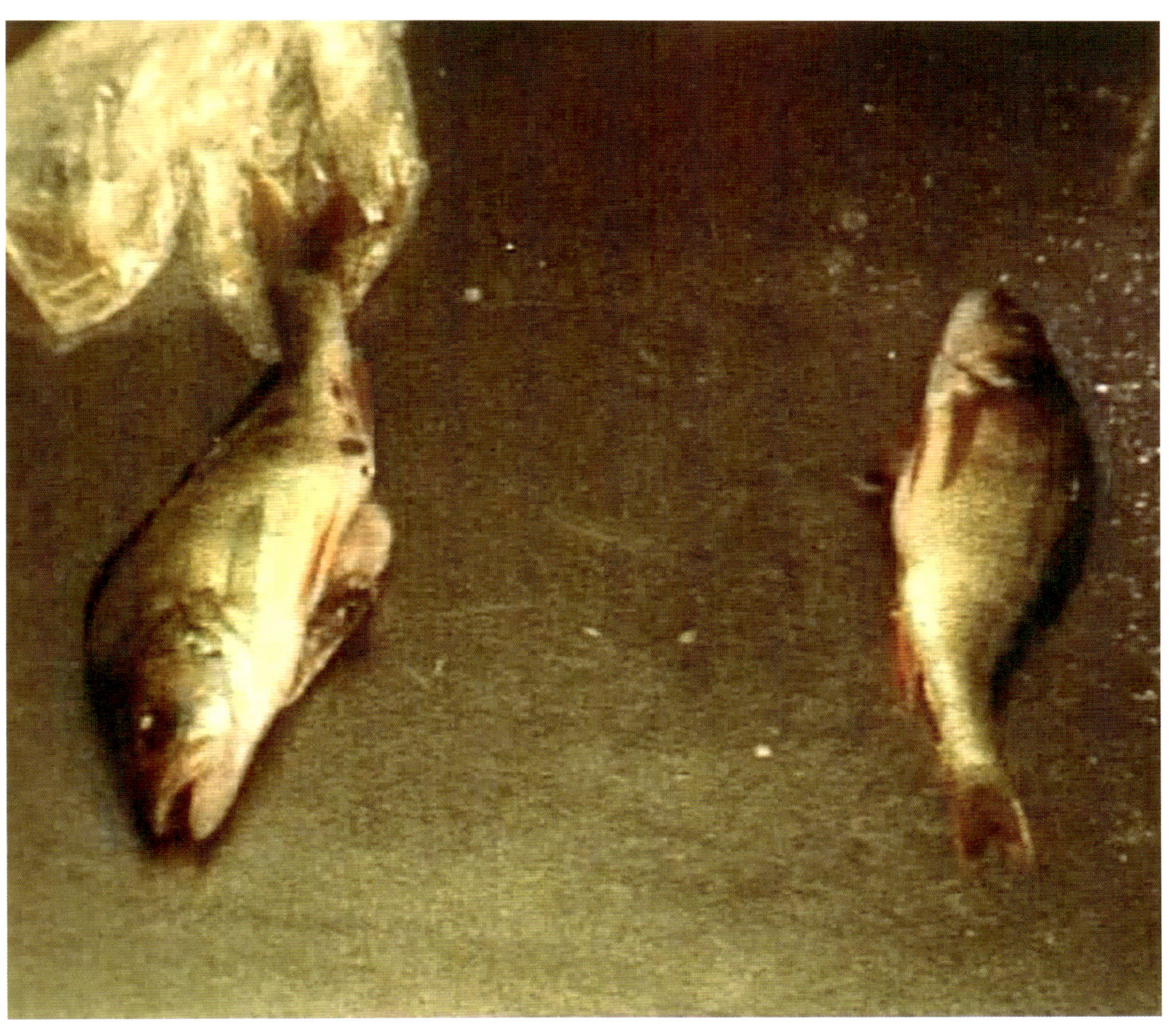

Pia Maria Martin, Kalakeittos, 2003, Super-8-Film, 2:58 min

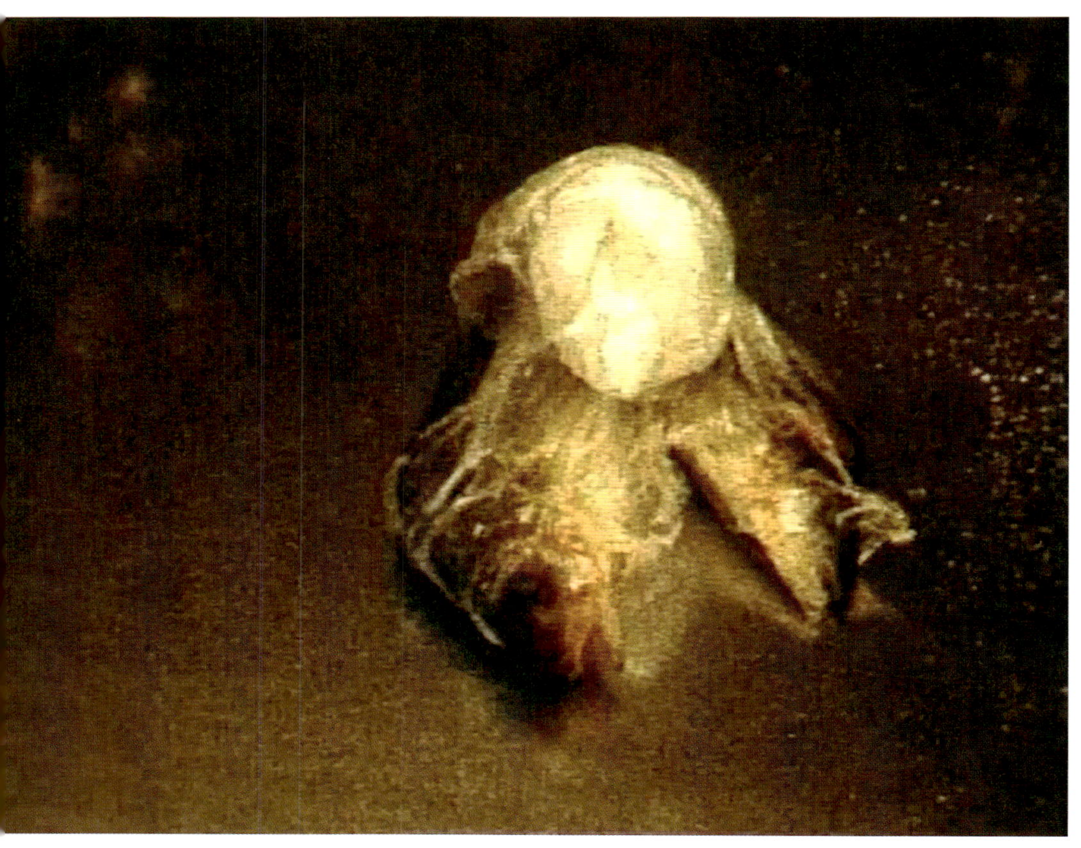

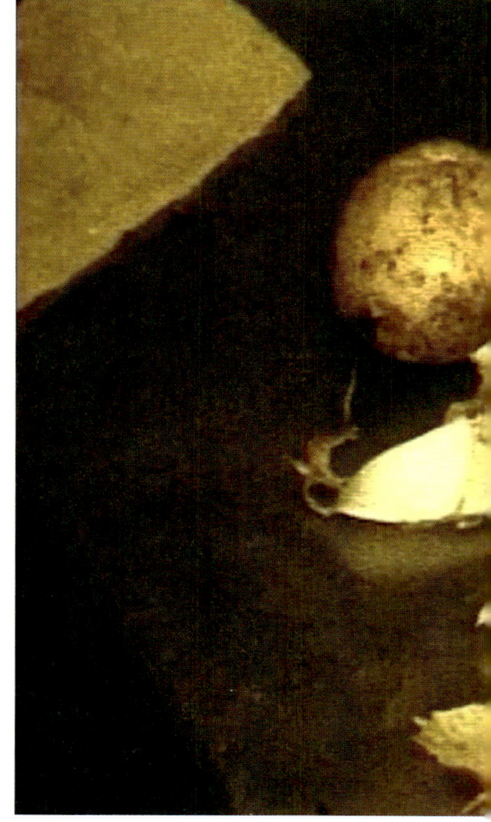

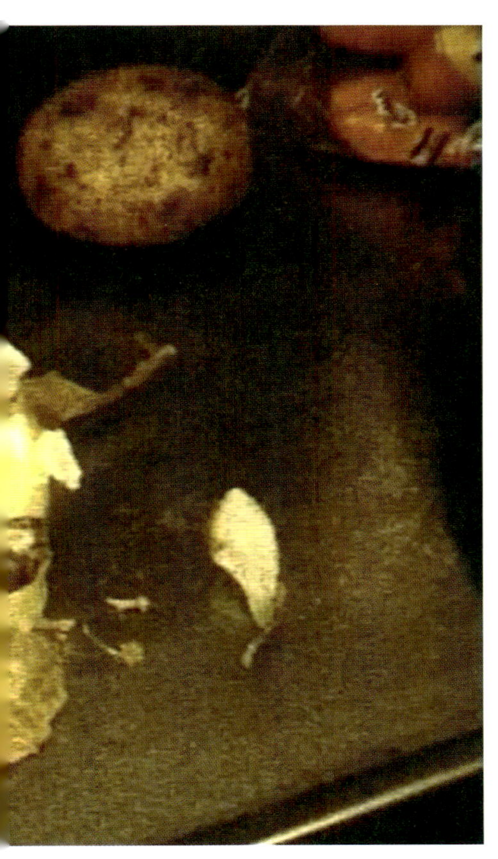
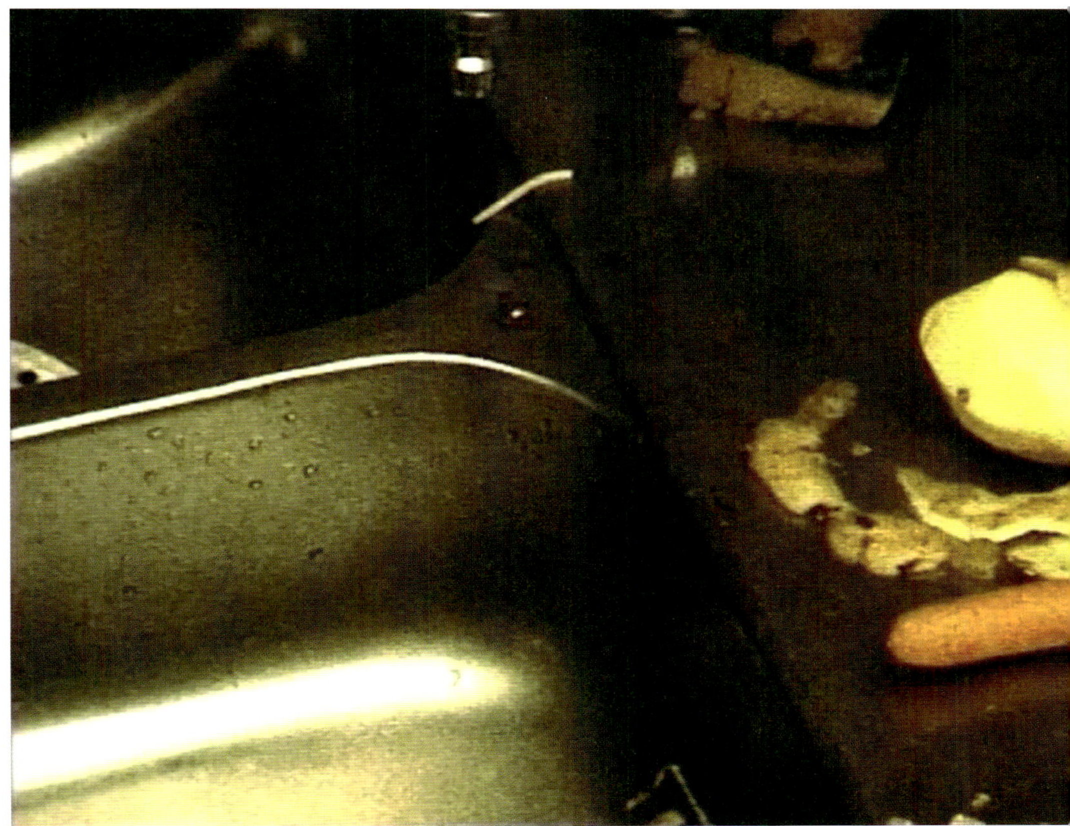

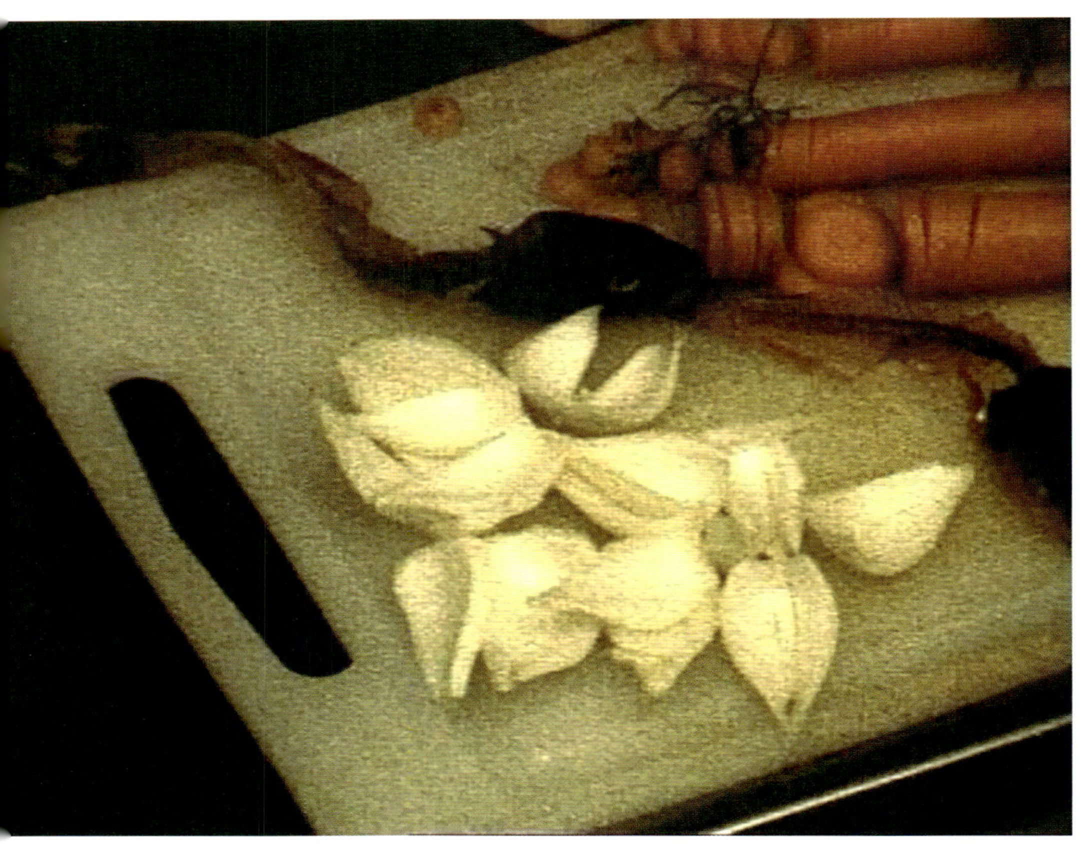

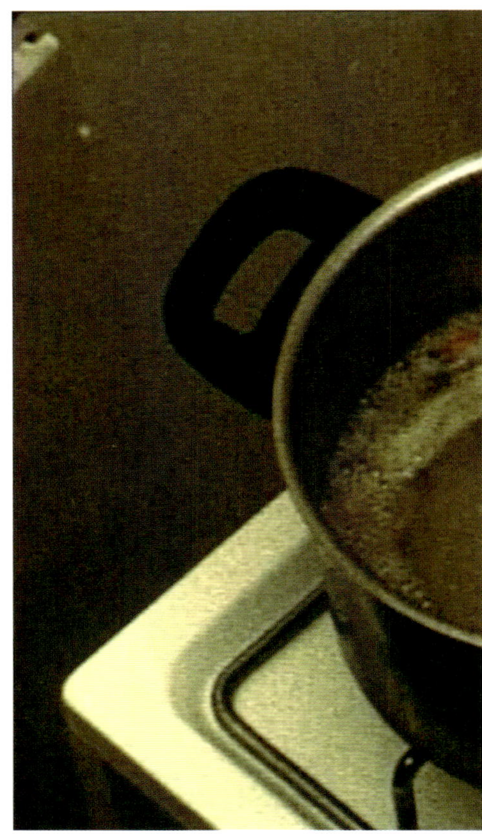

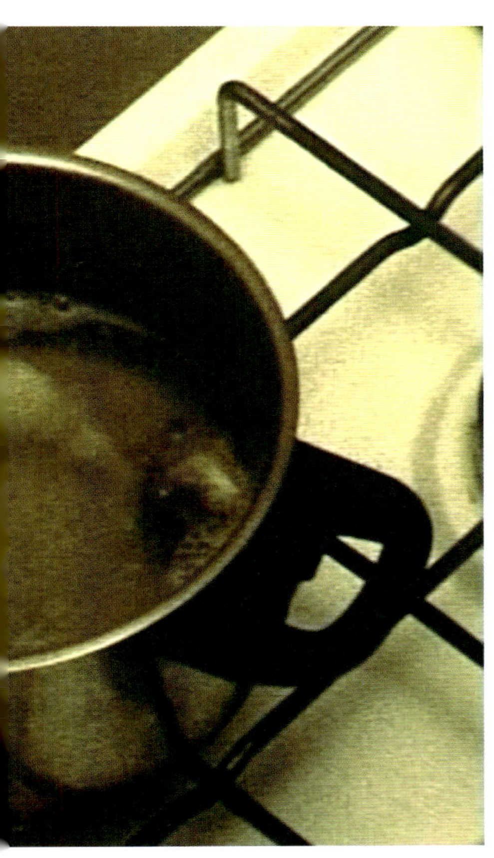

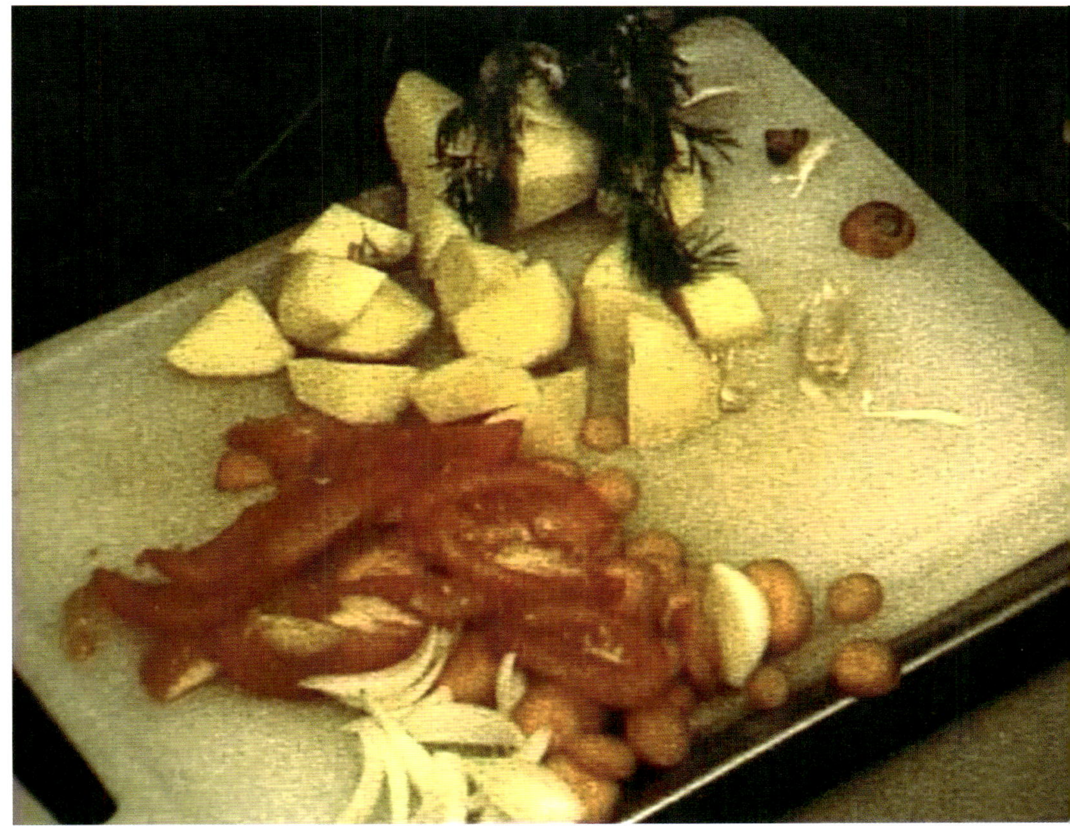

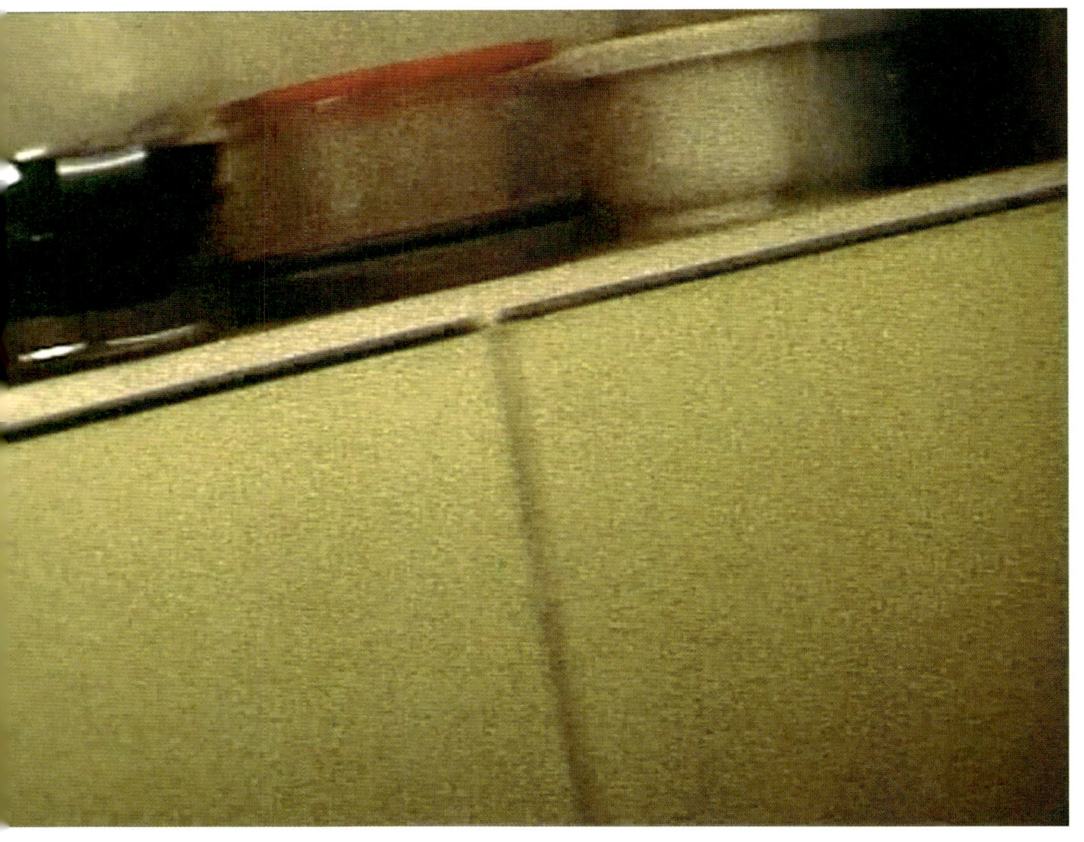

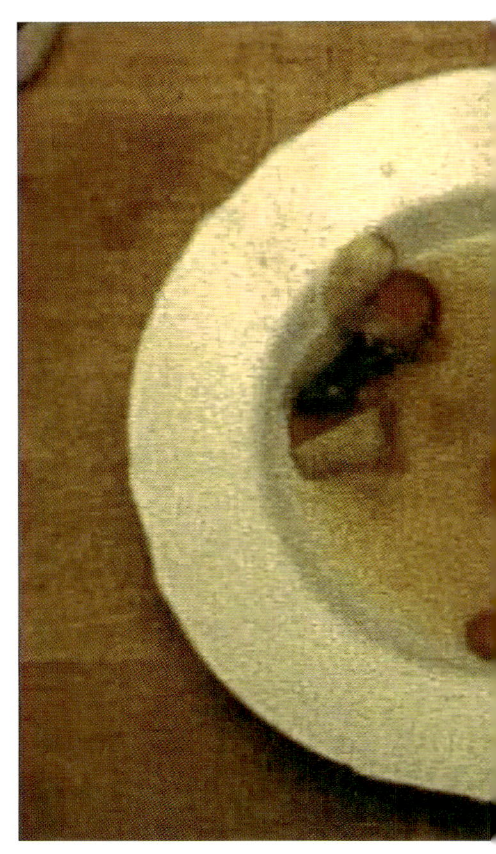

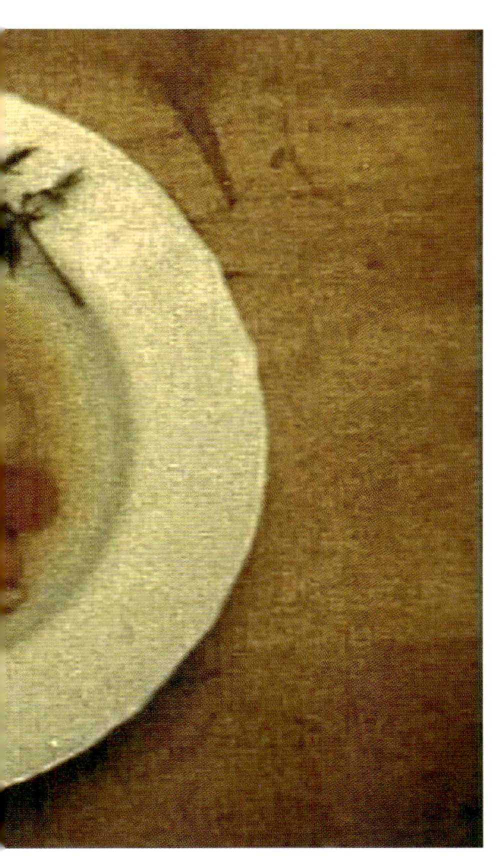

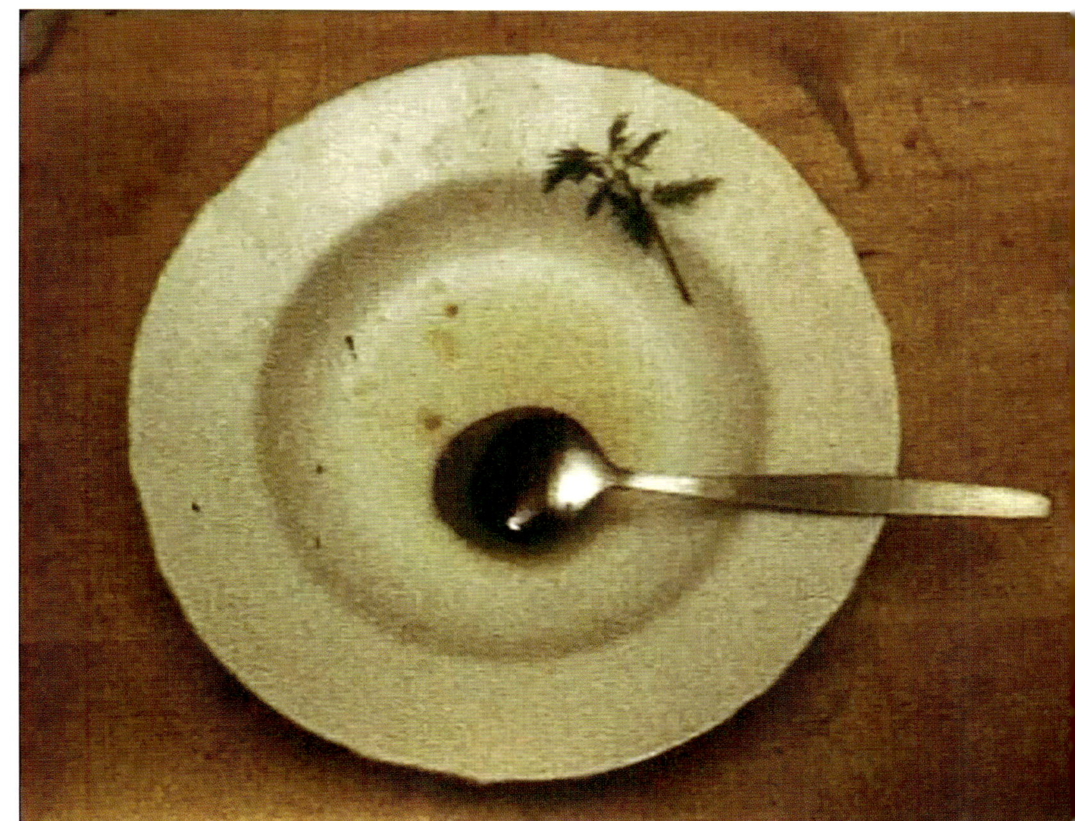

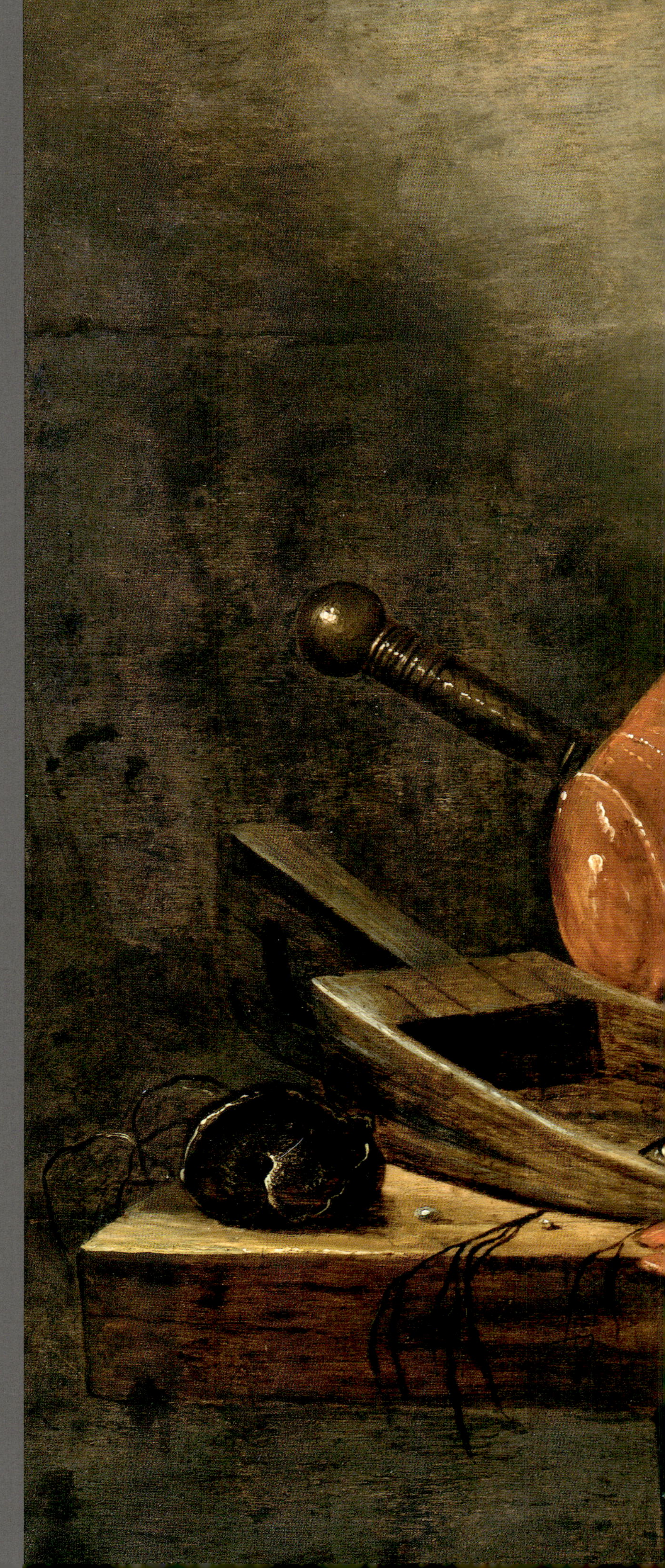

Gerrit van Vucht, Küchenstillleben mit Fleisch, Fischen und Gemüse, vor 1650, Öl auf Holz

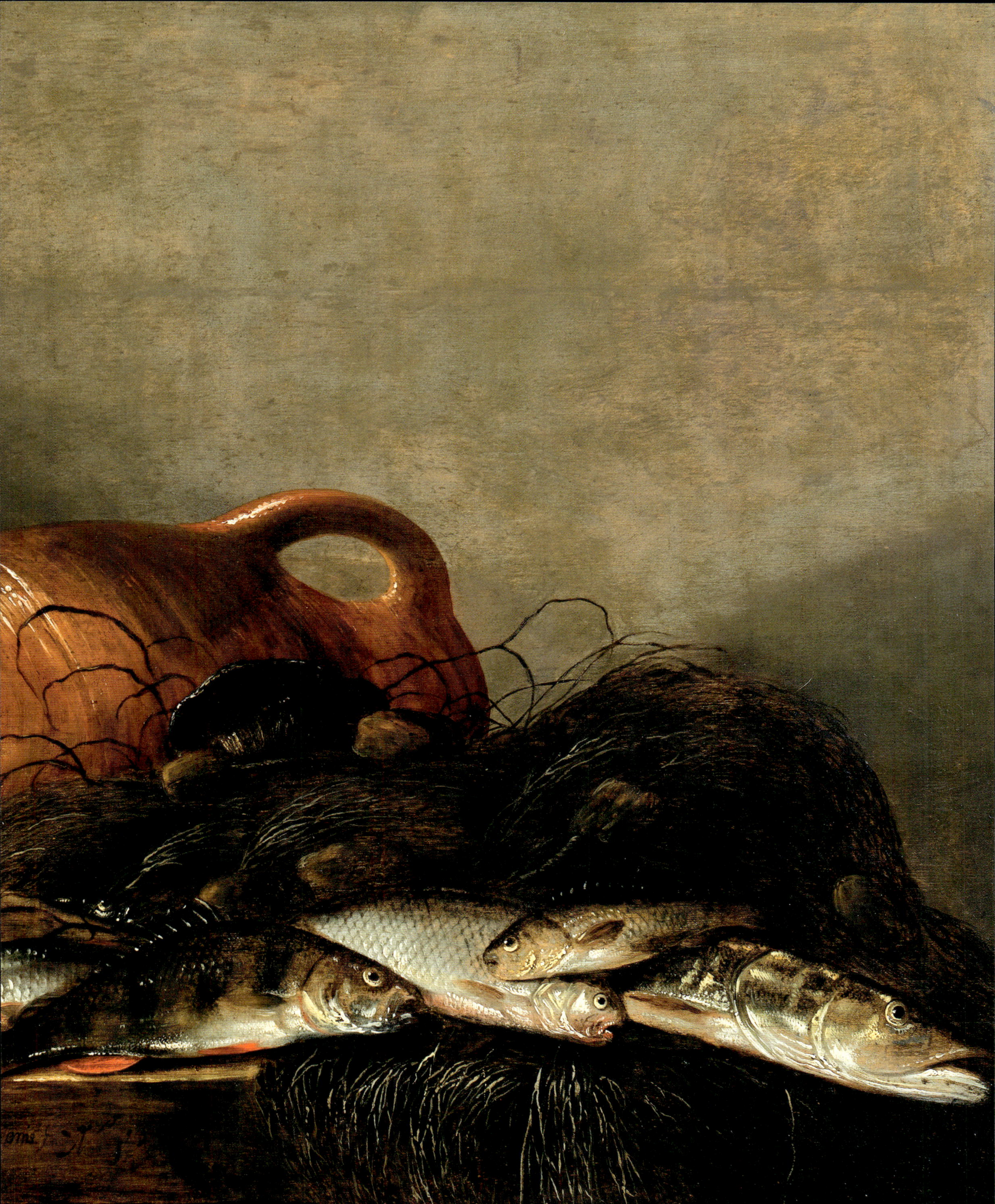

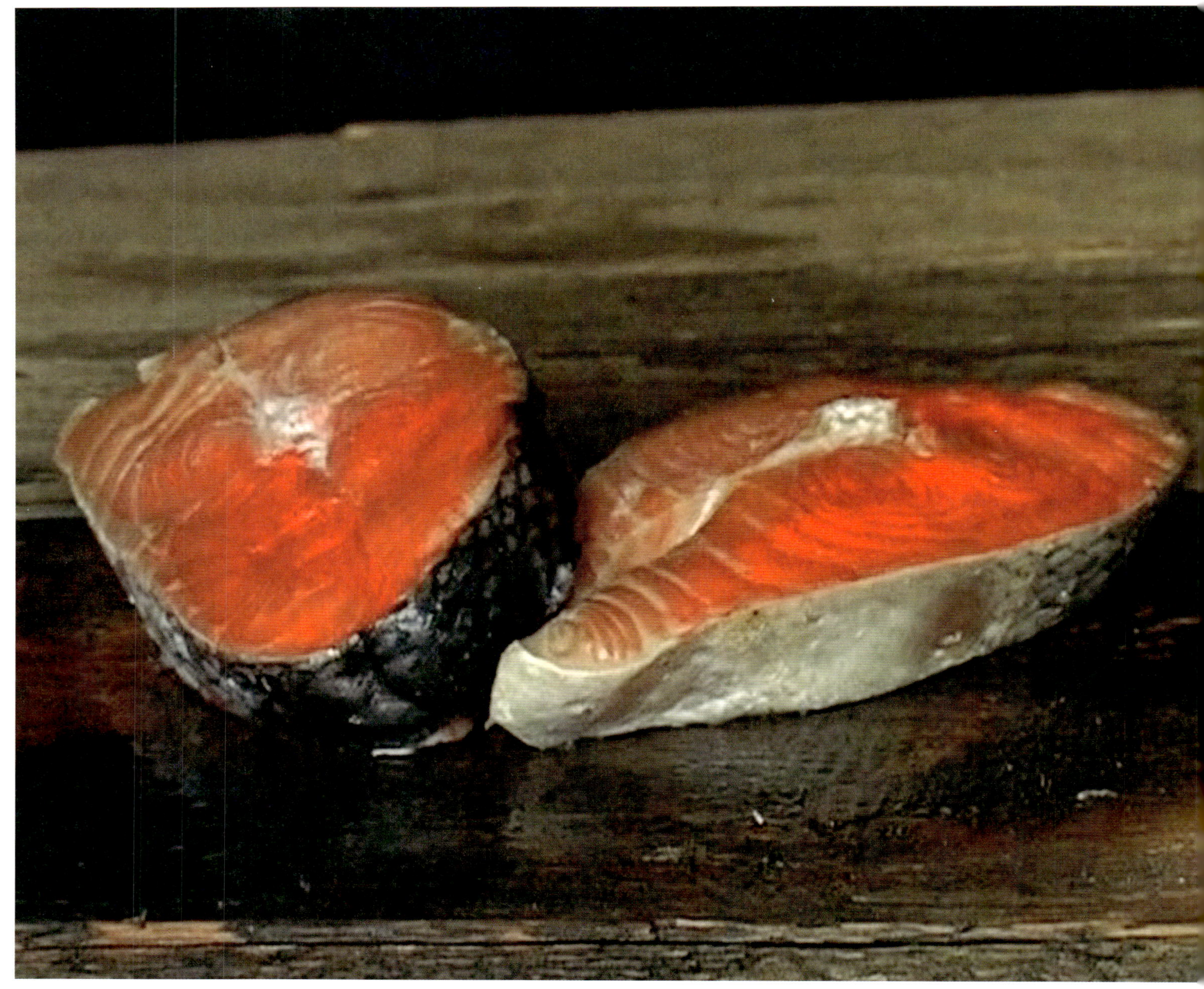

Gabriella Gerosa, Lachs, 2007, HD-Video, 13 min

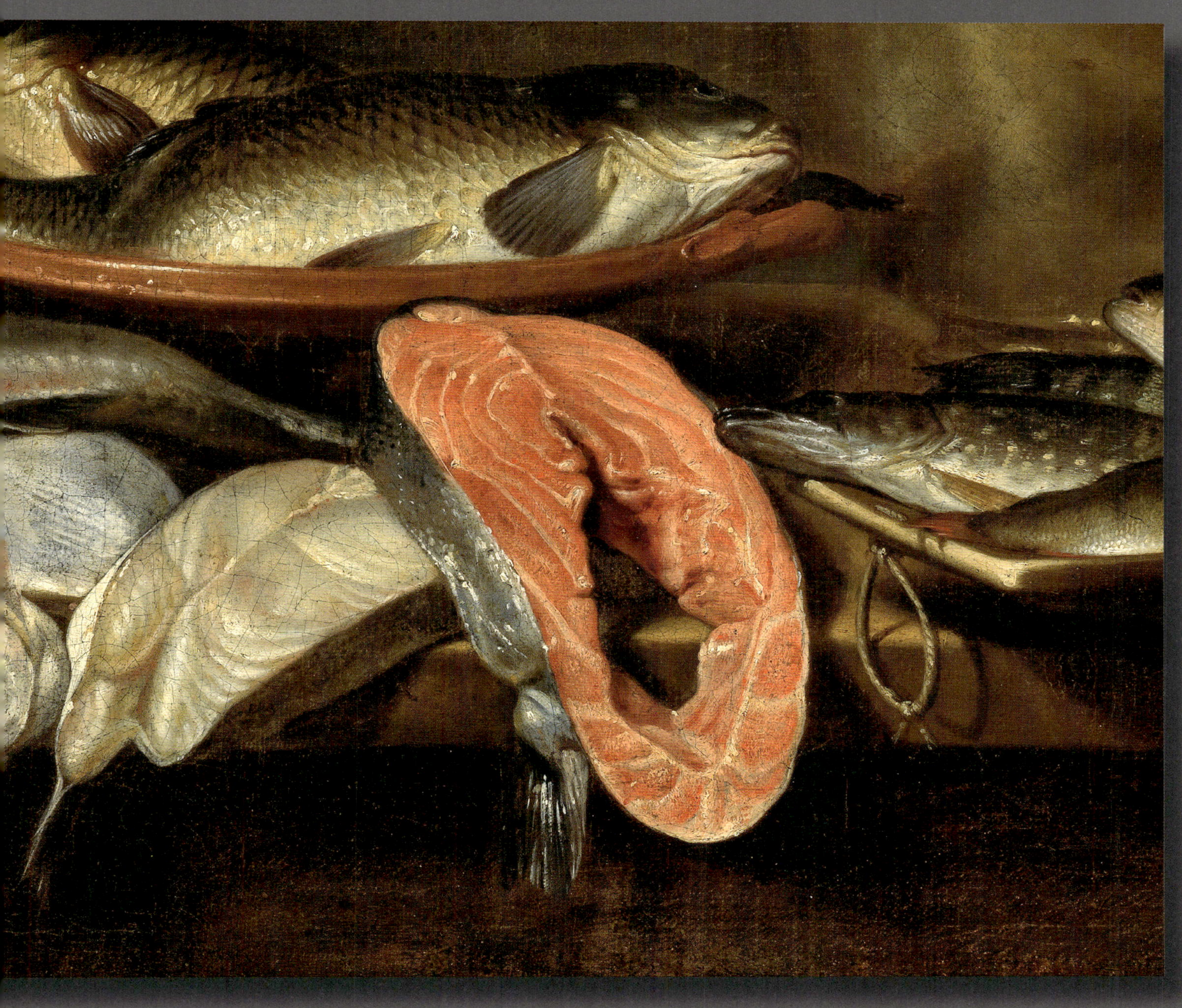

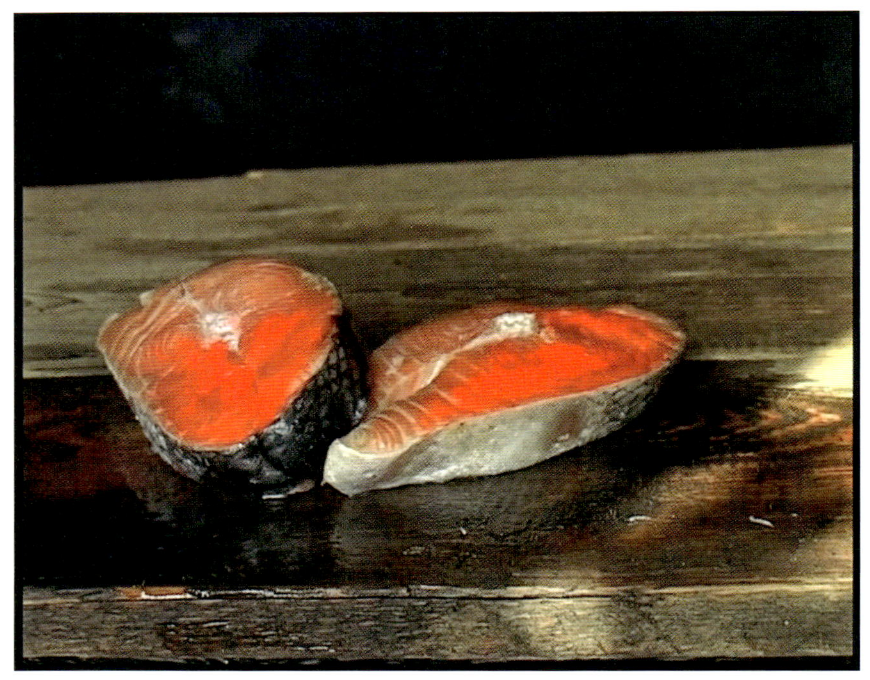

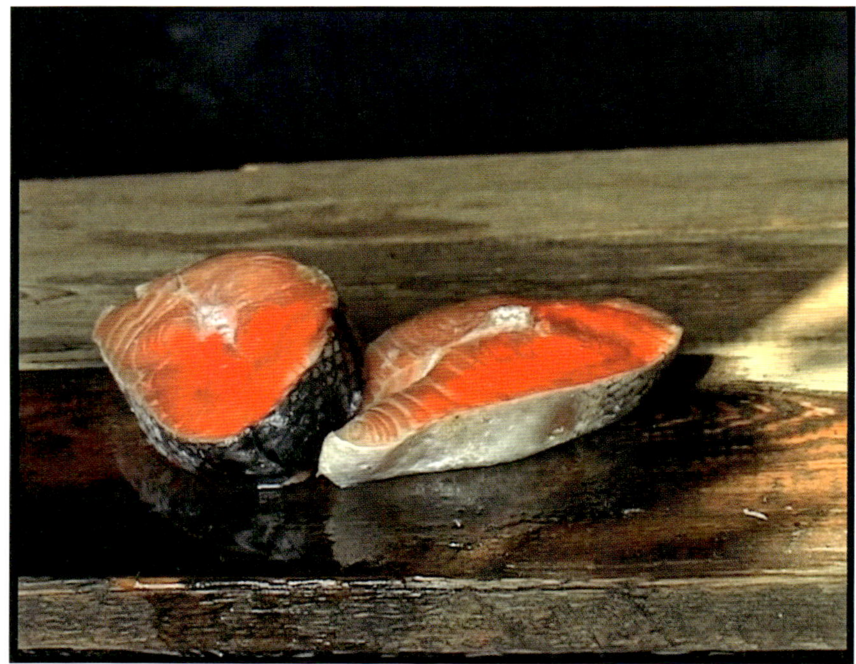

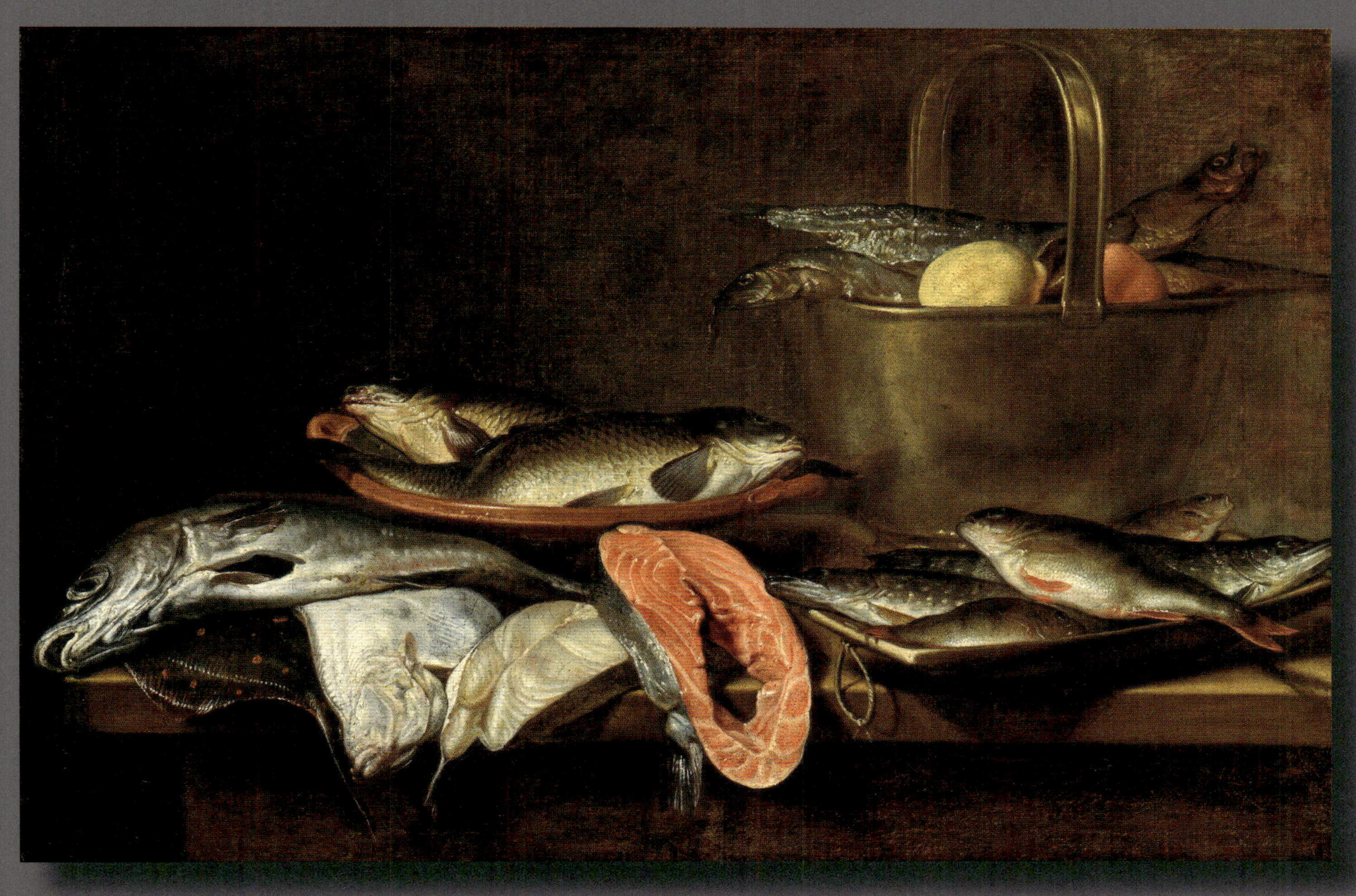

Holländischer Meister, Fischstillleben, 17. Jahrhundert, Öl auf Leinwand

Ach! was ist alles diß / was wir vor köstlich achten /
Als schlechte Nichtikeit / als Schatten / Staub und Wind;
Als eine Wisen-Blum / die man nicht wider find't.
Noch will was Ewig ist kein einig Mensch betrachten!

Andreas Gryphius, Es ist alles Eitel

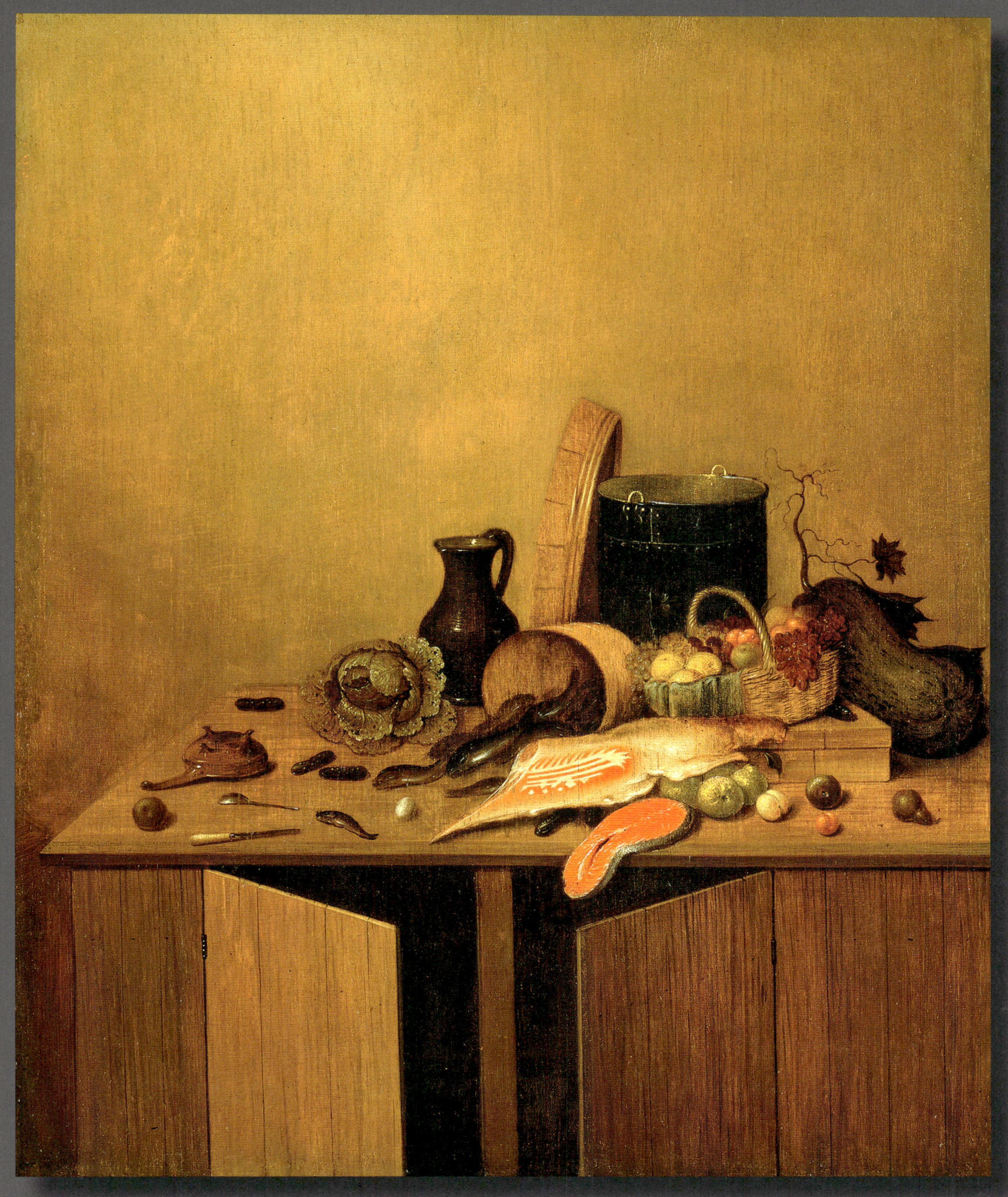

Johannes Kuveenis I., Stillleben mit Fischen und umgestürztem Krug, 1647, Öl auf Holz

Genre

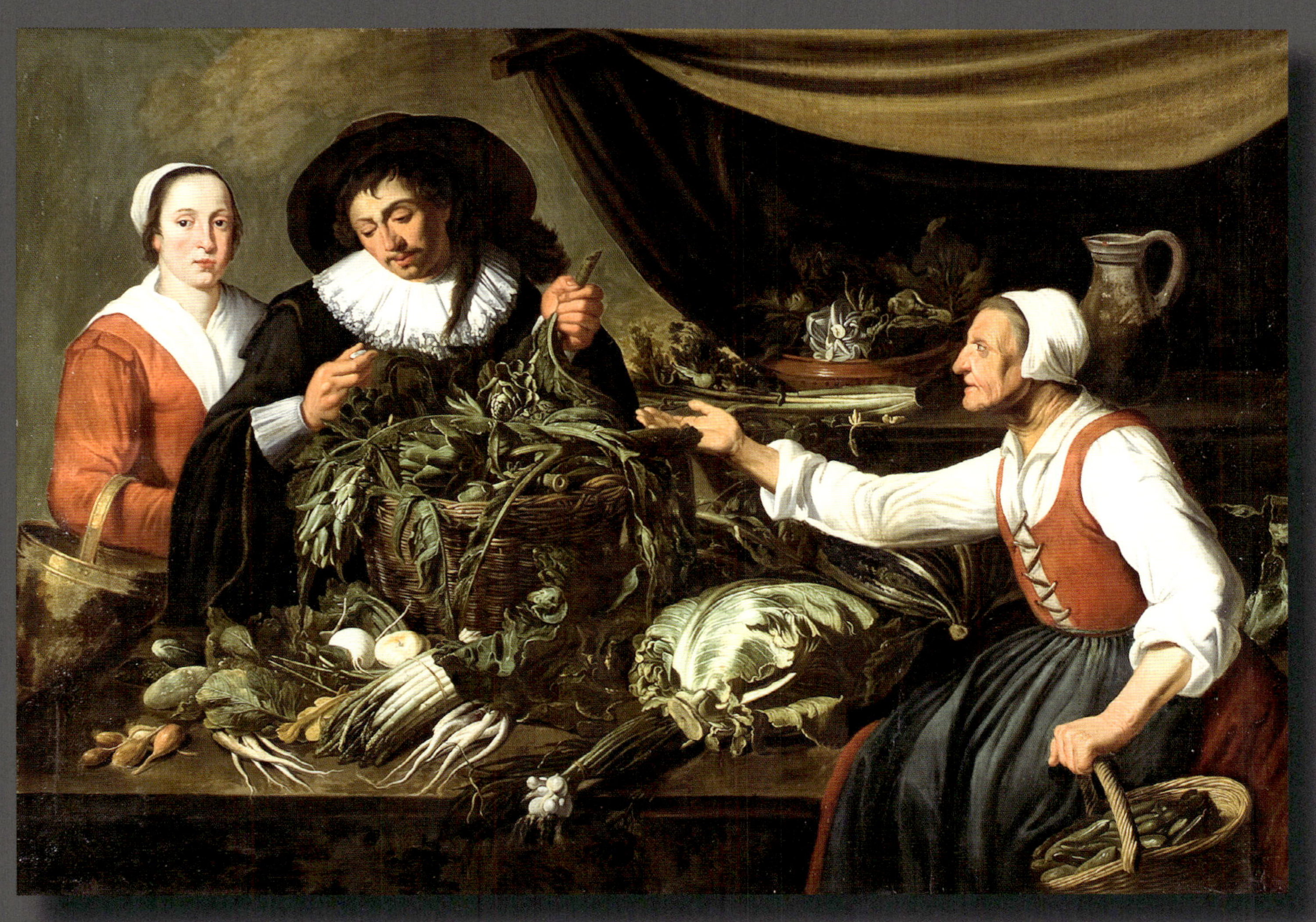

Adriaen van Utrecht, Die Gemüseverkäuferin, o. D., Öl auf Leinwand

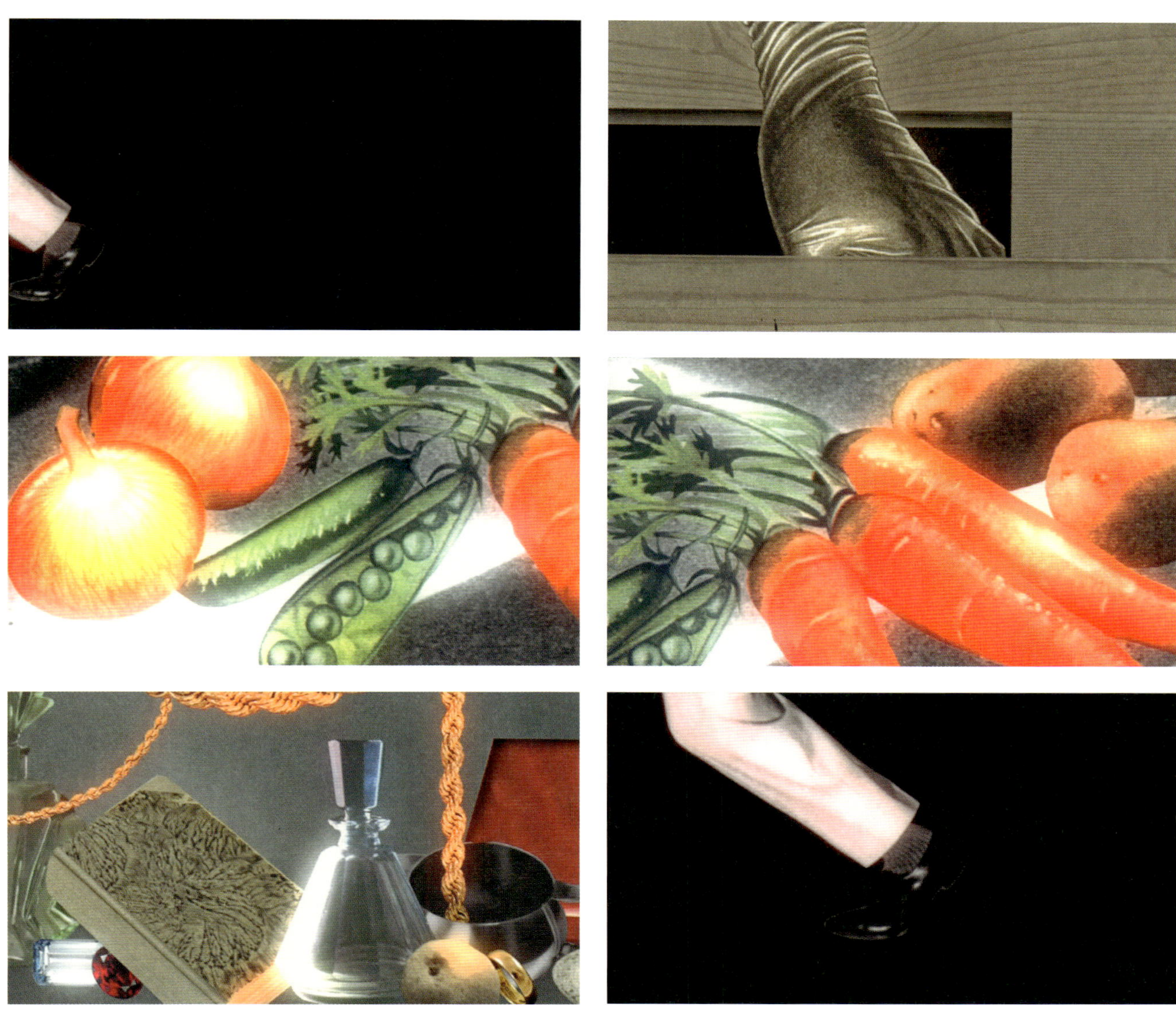

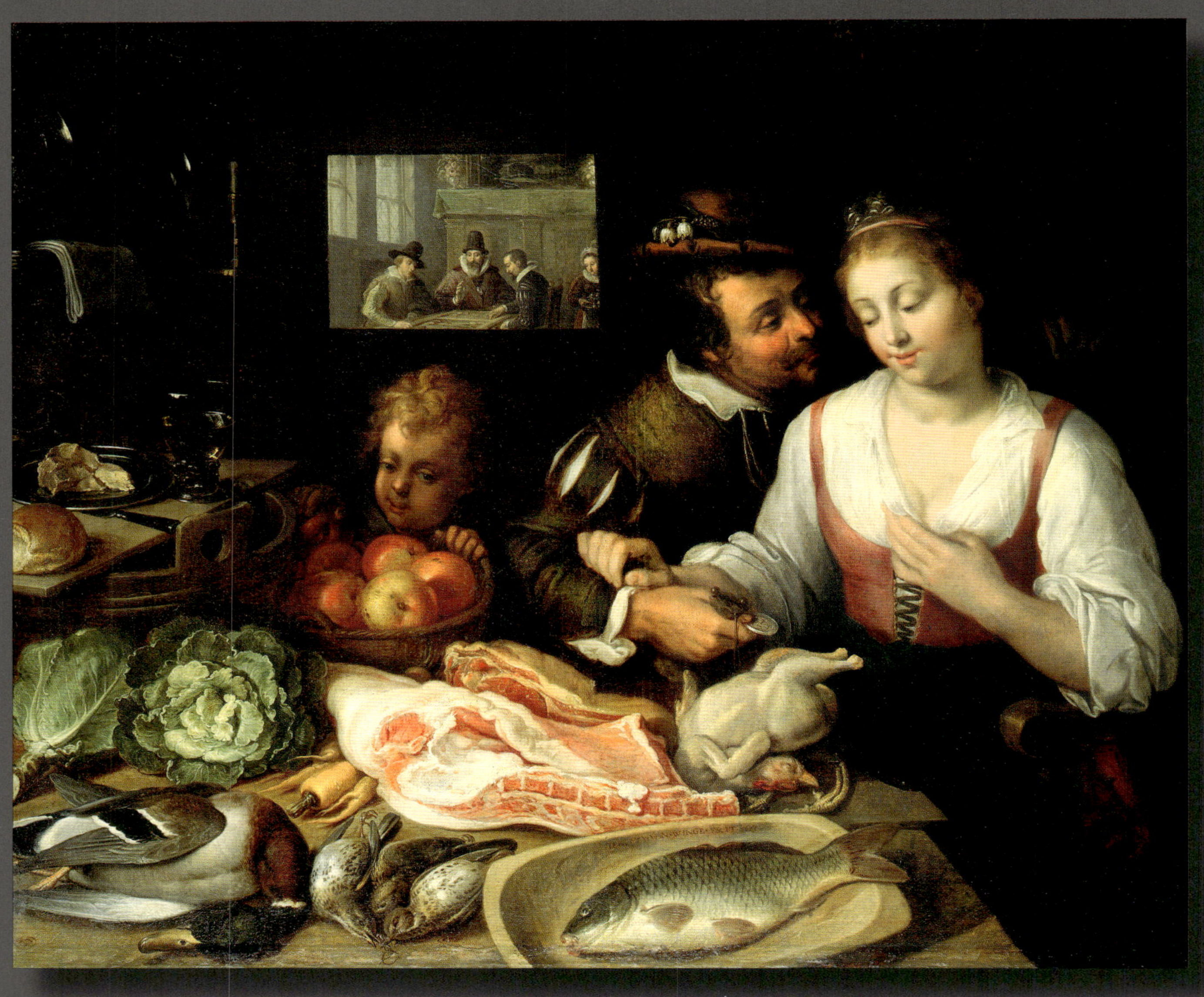

Jeremias van Winghe, Stillleben mit Gemüsehändlerin (Küchenszene), 1613, Öl auf Leinwand

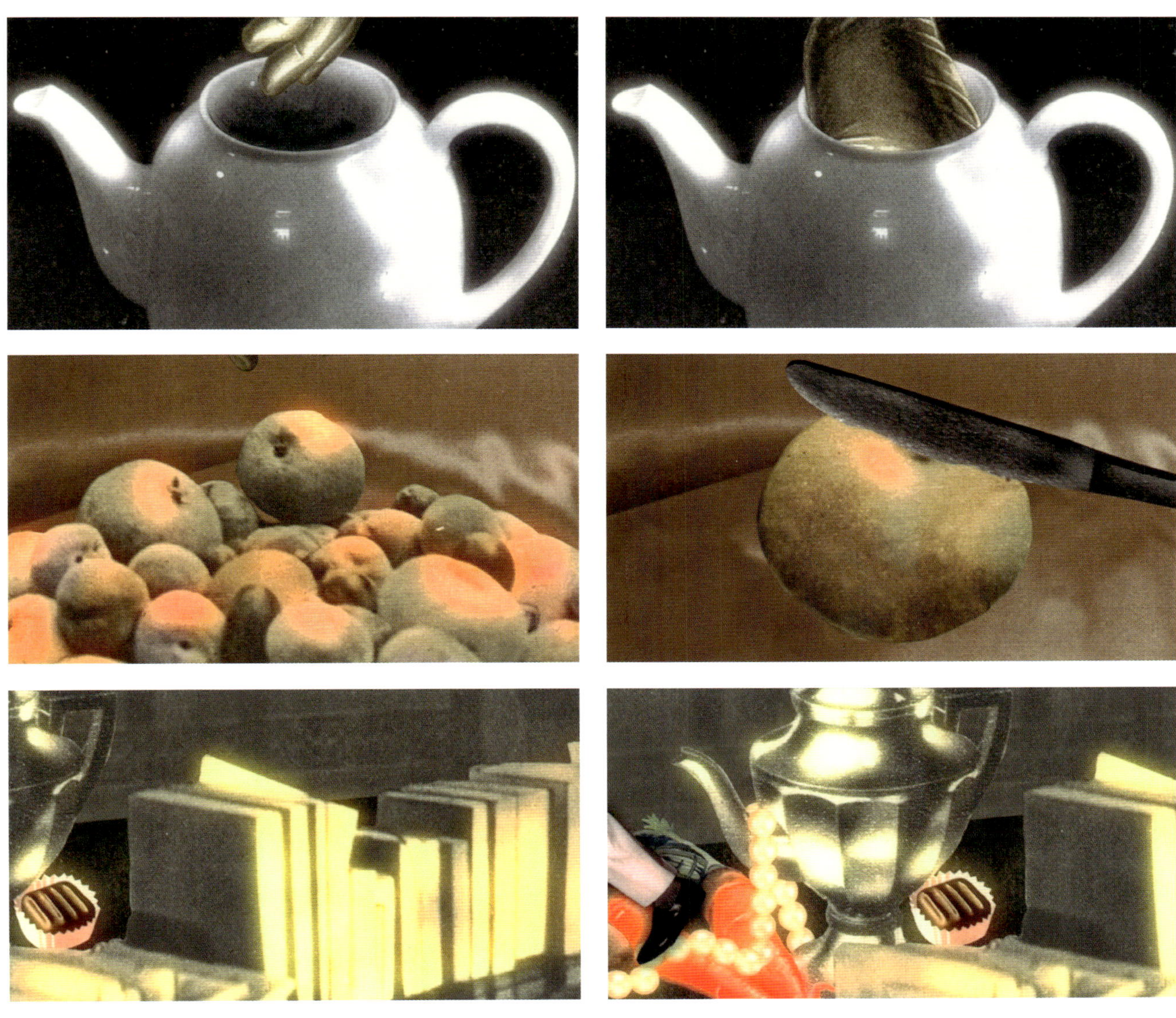

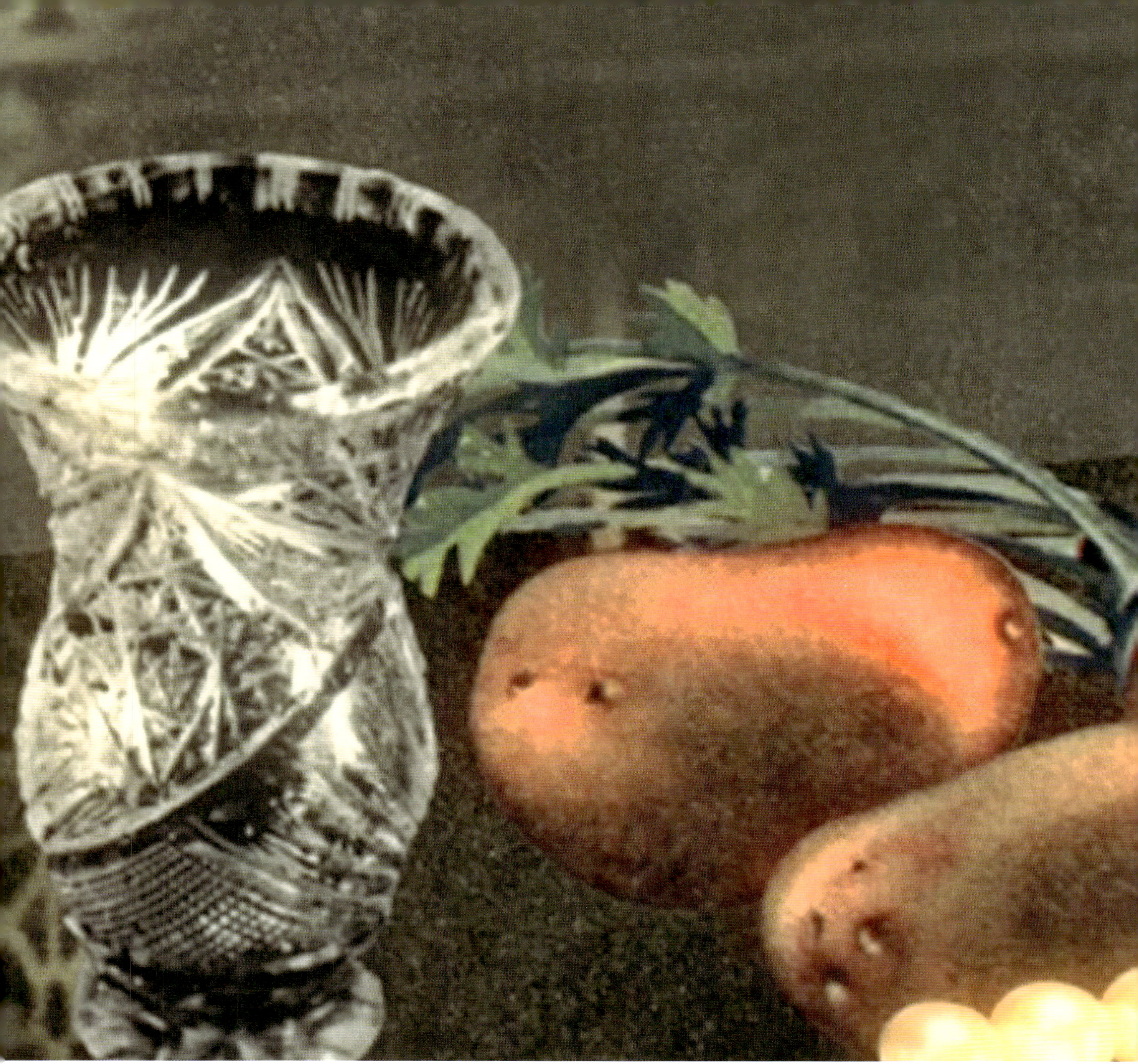

Agnieszka Polska, The Plunderer's Dream, 2011, HD-Video, 3:56 min

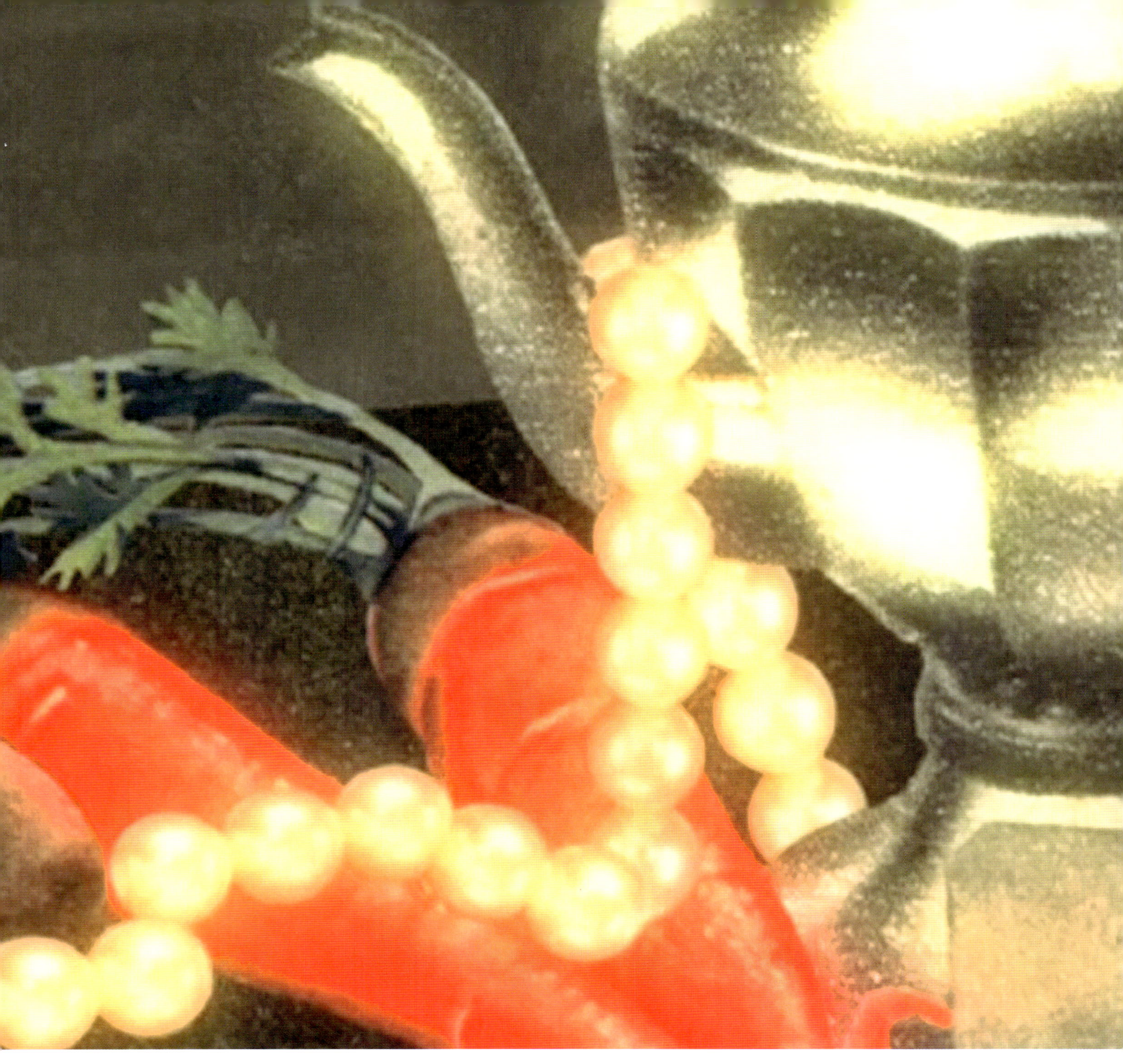

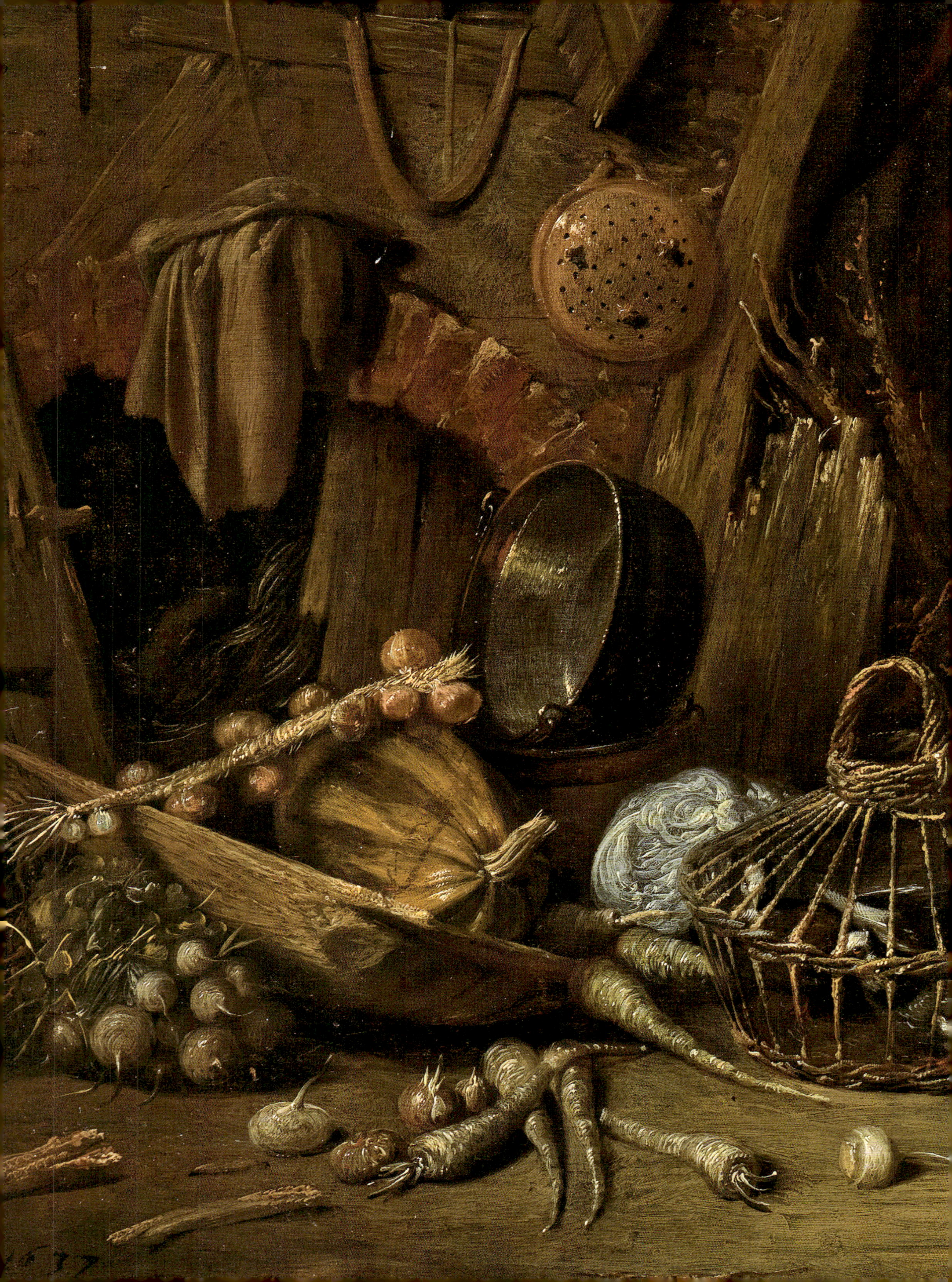

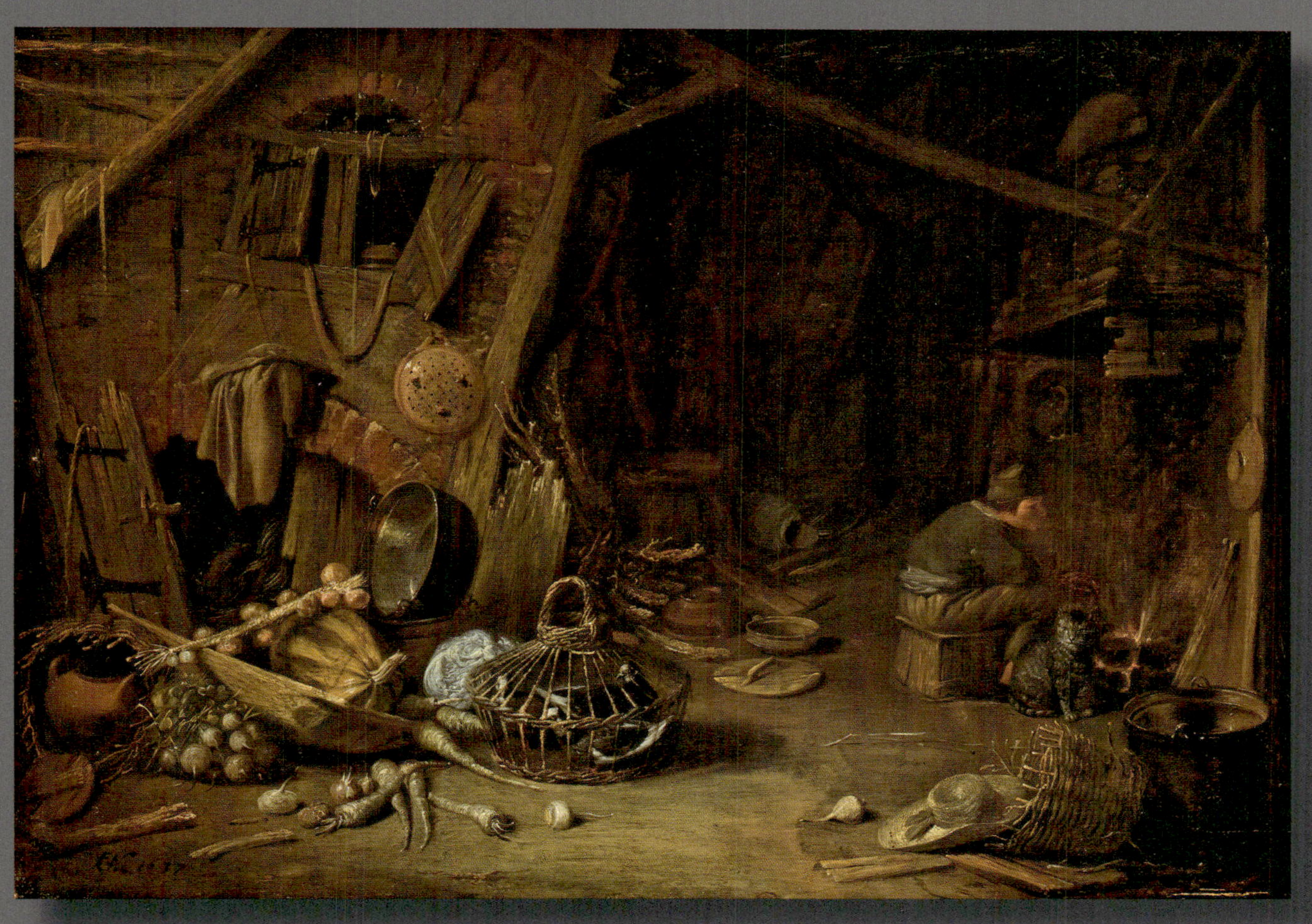

Frans Ryckhals, Inneres eines Bauernhauses mit einem Bauern am Kamin, 1637, Öl auf Eichenholz

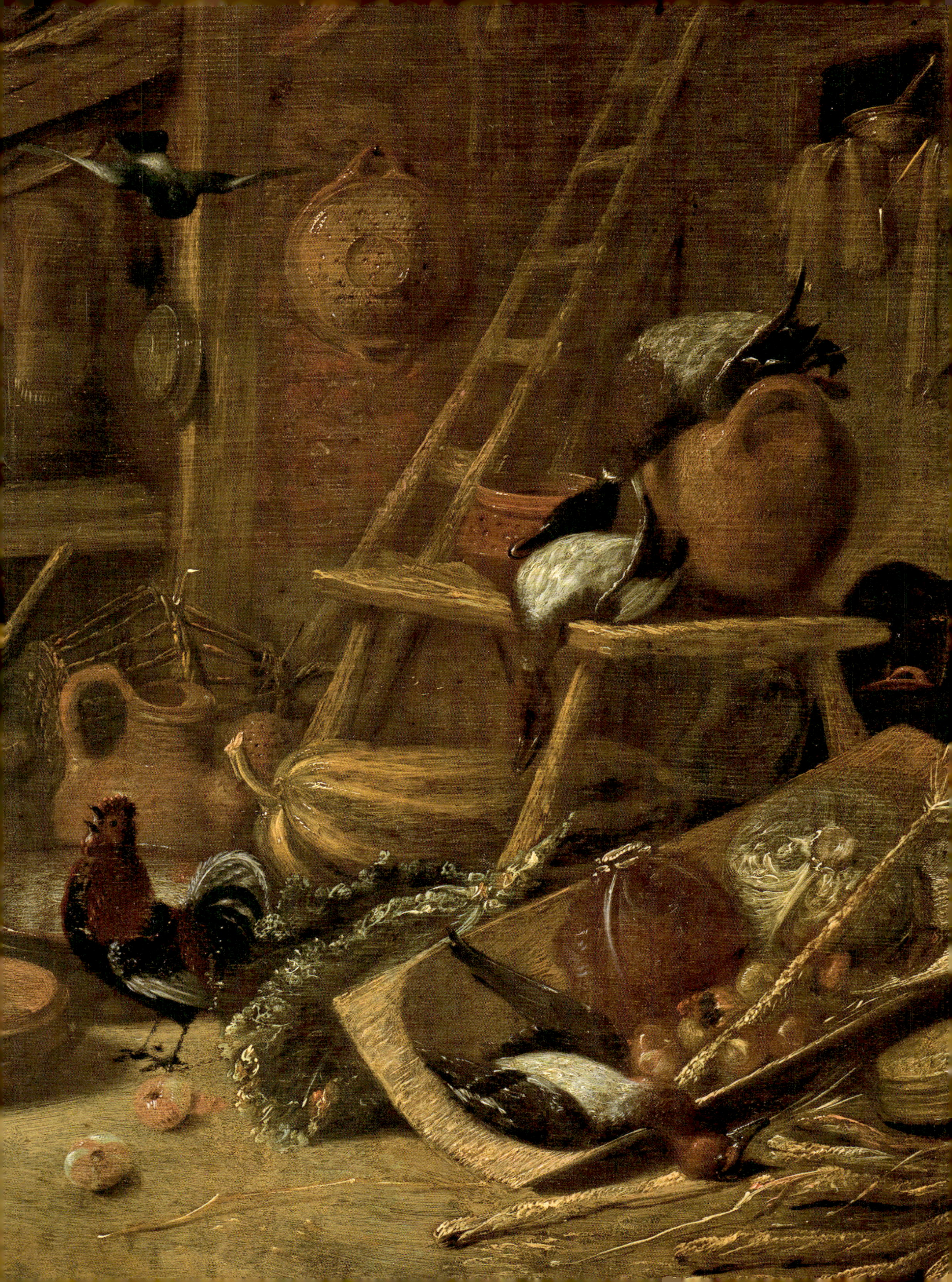

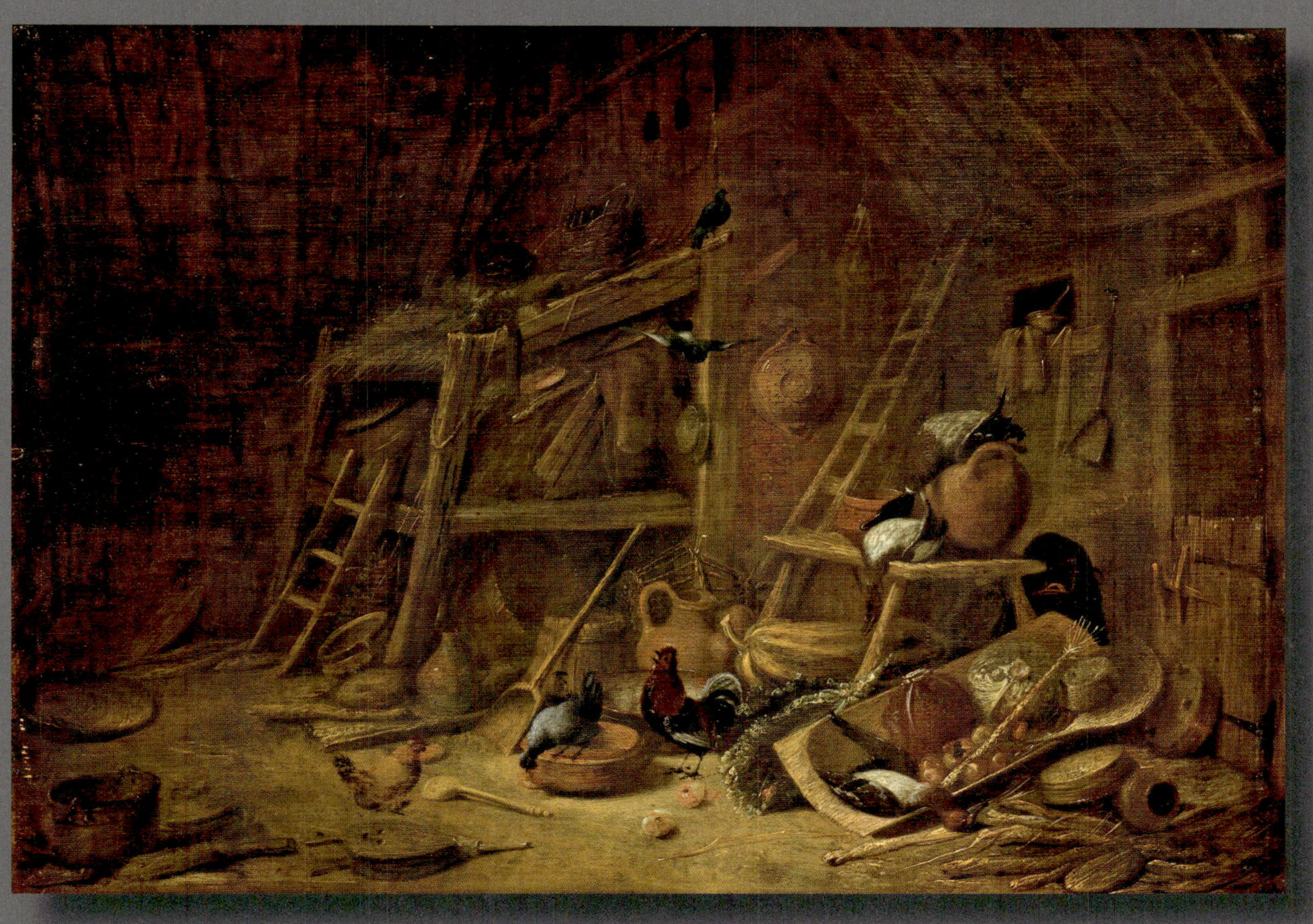

Frans Ryckhals, Inneres eines Bauernhauses mit Stillleben, 1638, Öl auf Eichenholz

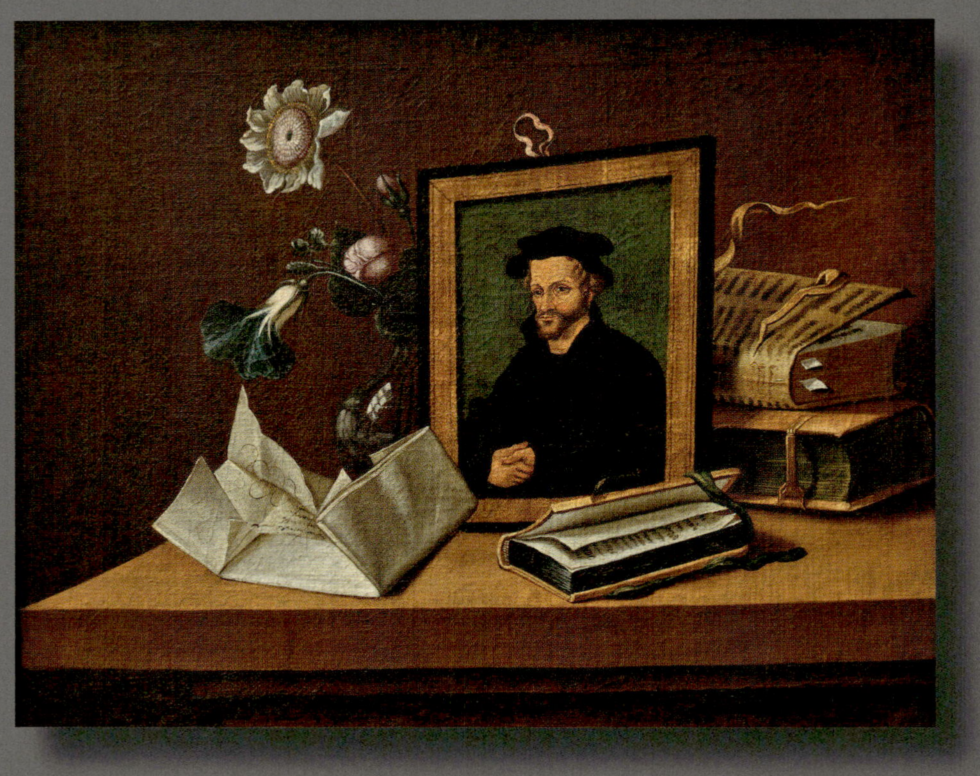

Sebastian Stoskopff, Stillleben mit Porträt von Melanchthon, um 1645, Öl auf Leinwand

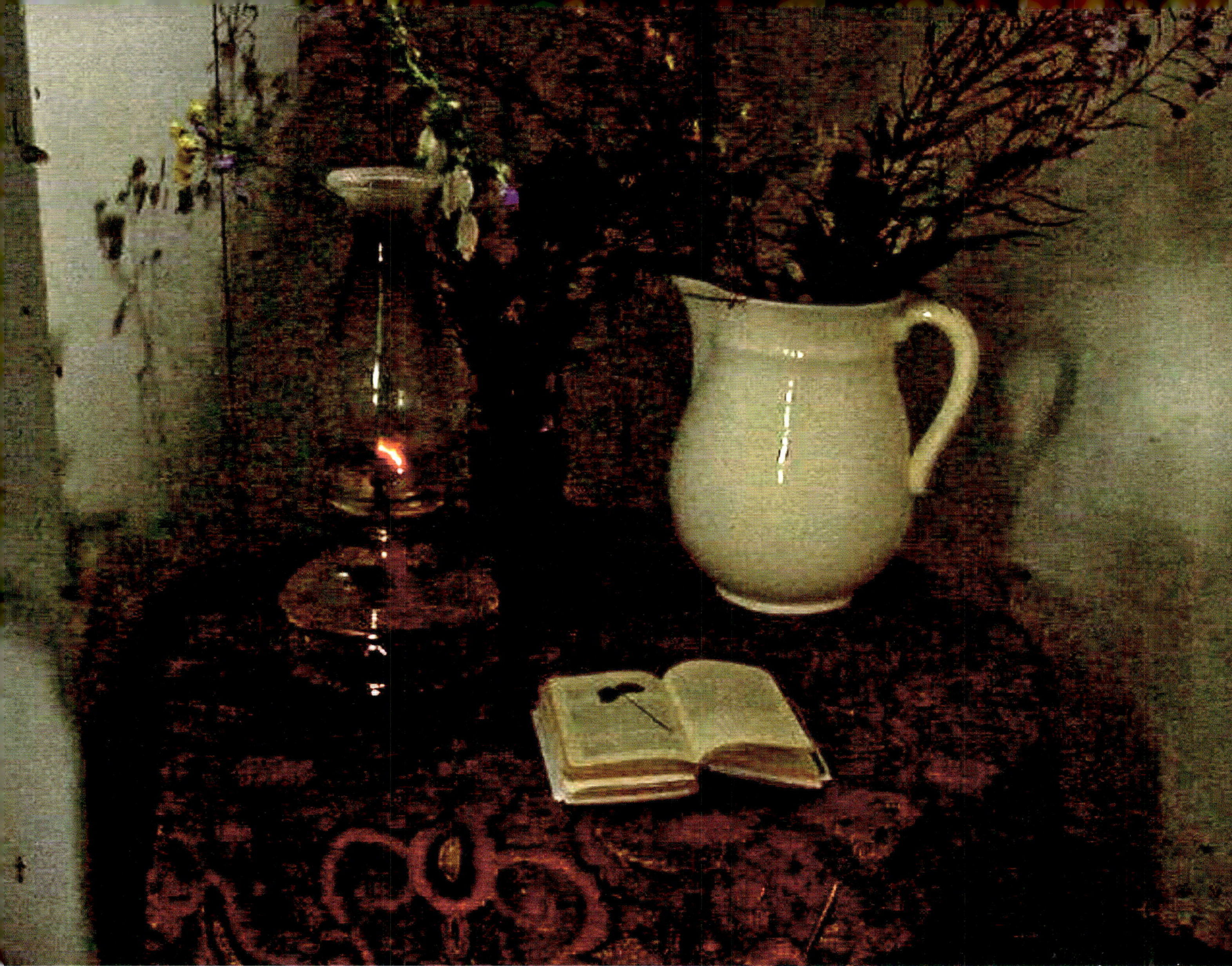

Wouter Verhoeven, The Eternal Life, 2009, PAL-Video, 35 min

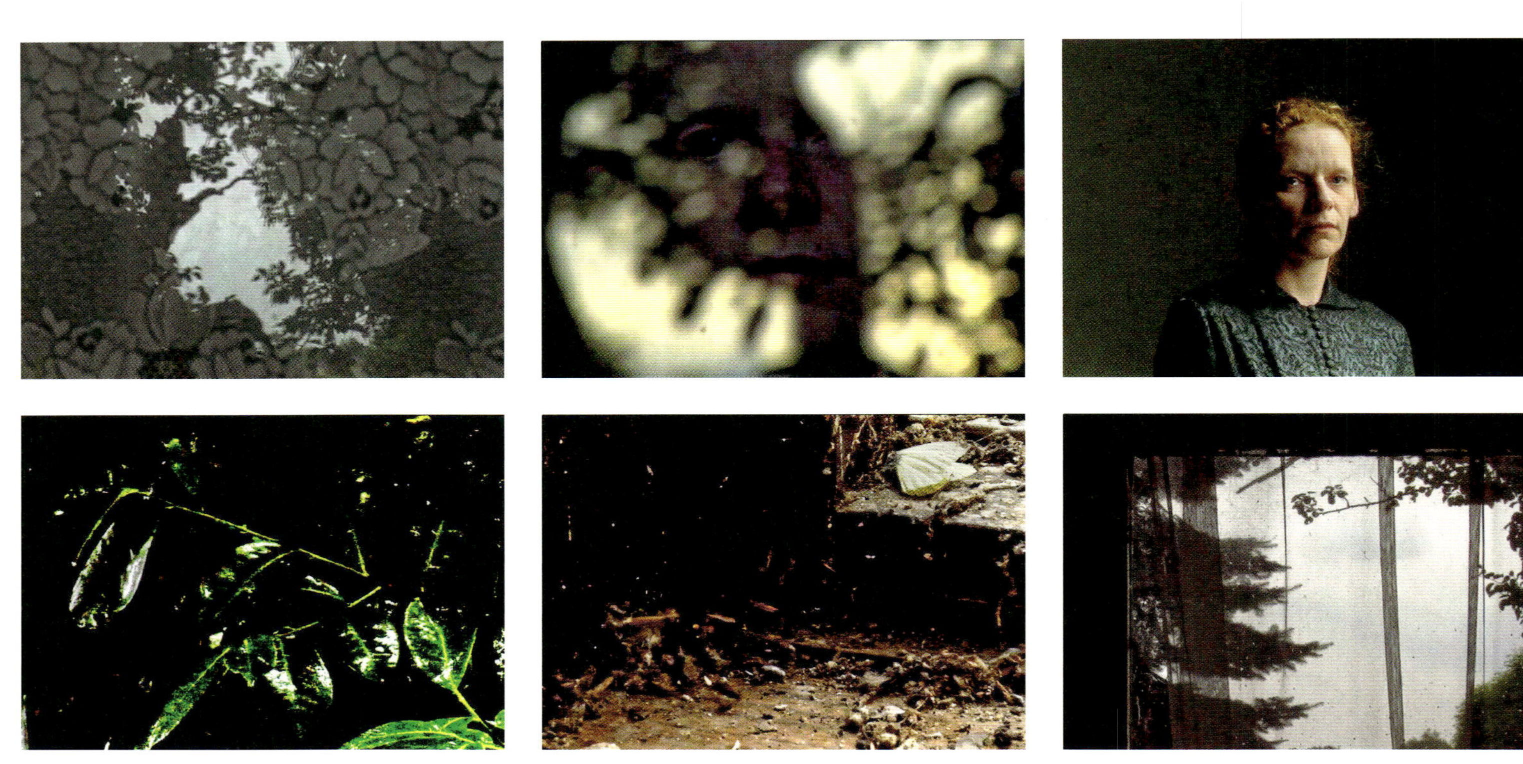

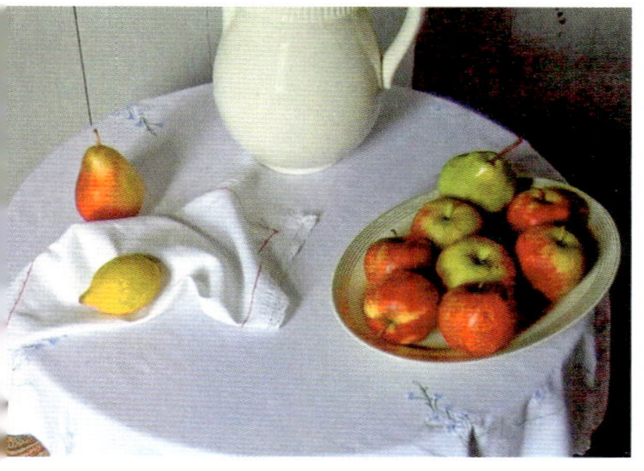
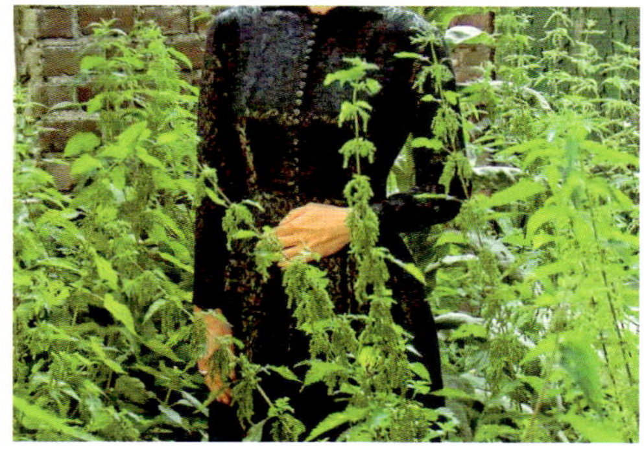
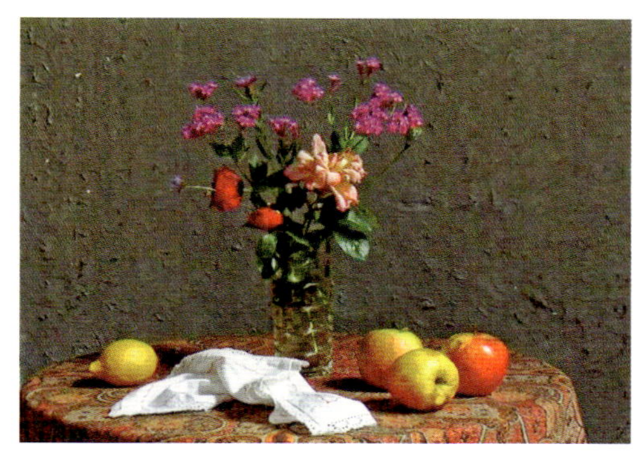
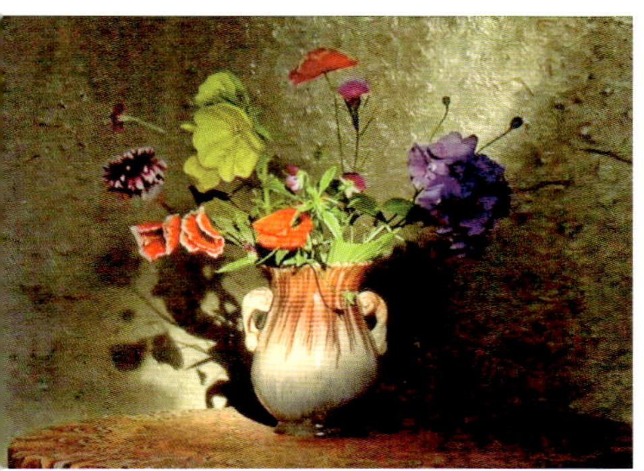
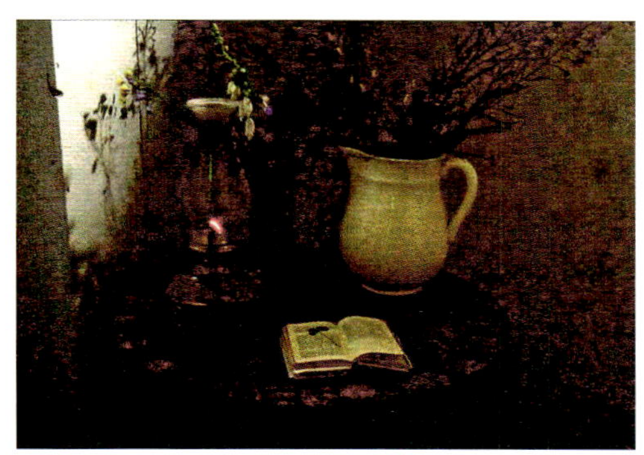
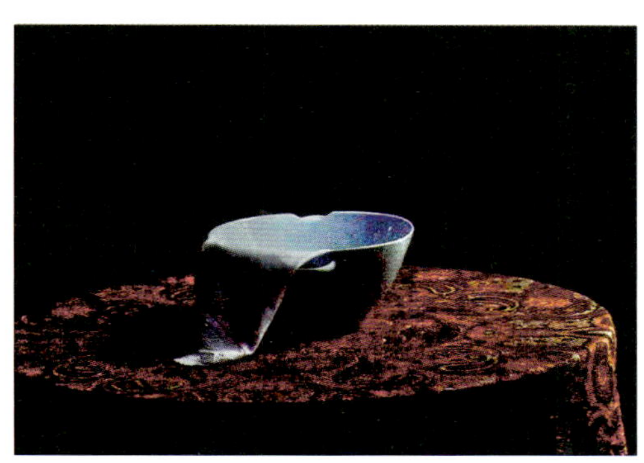

Anhang

Biografien der Videokünstler

zusammengestellt von Gerrit Stevens

CHRISTOPH BRECH

geb. 1964 in Schweinfurt
lebt und arbeitet in München

1989–1995 Studium an der Akademie der Bildenden Künste München

Auszeichnungen

2011 Erster Preis *Kunst am Bau*, Bundesamt für Bauwesen und Raumordnung, Berlin
2009 Franz-Ludwig-Catel-Preis, Franz-Ludwig-Catel-Stiftung, Rom
2006 Rom-Preis, Deutsche Akademie, Villa Massimo, Rom | Will-Grohmann-Preis, Akademie der Künste, Berlin

Einzelausstellungen (Auswahl)

2013 *Roma città scattata. Fotografien und Videoarbeiten von Christoph Brech*, Casa di Goethe, Rom
2012 *Blickwechsel*, Deutscher Bundestag, Berlin
2011 *Memory*, St. Egidien, Nürnberg | *Ninfa*, Deutsches Historisches Institut, Rom | *Curtain*, Capela do Rato, Lissabon | *Il Ponte*, FELDBUSCHWIESNER, Berlin
2010 *Trapasso*, Beinhaus, Esslingen am Neckar | *Christoph Brech. La Sosta*, Galerie Kunstagenten, Berlin | *Passagen*, ALTANA Kulturstiftung, Museum Sinclair-Haus, Bad Homburg, und Museum Villa Stuck, München
2009 *Seh-Stücke. Werkschau Christoph Brech*, Goethe-Institut, Taipeh
2008 *Portrait eines Orchesters*, Stadtmuseum München
2007 *Römische Skizzen*, Walter Storms Galerie, München
2006 *Black Pool*, Festspiel+, Internationale Opernfestspiele, München | *Impressioni transatlantiche*, Galleria Il Ponte Contemporanea, Rom
2003 *Opus 110 a*, Darling Foundry, Montreal
2001 *Fox in the Morning*, t-u-b-e, München

Gruppenausstellungen (Auswahl)

2013 *soft water – hard water*, Contemporary Art Space Osaka | *Neuland. Macke, Gauguin und andere Entdecker*, Kunsthalle Emden | *Generosity*, ZKM – Museum für Neue Kunst, Karlsruhe
2012 *Im Schein des Unendlichen. Romantik und Gegenwart*, ALTANA Kulturstiftung, Museum Sinclair-Haus, Bad Homburg | *Im Netzwerk der Moderne*, Kunsthalle im Lipsiusbau, Dresden | *moving surface*, Künstlerforum Bonn | *Klang und Stille*, Haus der Kunst, München
2011 *20 Jahre Gegenwart*, Museum für Moderne Kunst, Frankfurt am Main | *Natur und Abbild*, ALTANA Kulturstiftung, Museum Sinclair-Haus, Bad Homburg
2010 *Ritratti del potere*, Centro di Cultura Contemporanea Strozzina – Fondazione Palazzo Strozzi, Florenz | *Fast Forward 2. The Power of Motion*, ZKM – Museum für Neue Kunst, Karlsruhe
2009 *Seeing Songs*, Museum of Fine Arts, Boston | Loop '09 Barcelona. The Video Art Festival, Barcelona
2008 *The Morning After. Videoarbeiten der Sammlung Goetz*, Weserburg – Museum für moderne Kunst, Bremen
2007 *Videonale 11*, Kunstmuseum Bonn
2006 *Marler Videokunstpreis*, Skulpturenmuseum Glaskasten Marl

GABRIELLA GEROSA

geb. 1964 in Mendrisio
lebt und arbeitet in Basel und Berlin

1995–1996 Studium an der Schule für Gestaltung, Basel (Videofachklasse) | **1990–1993** Studium an der Schule für Gestaltung, Basel (Bildhauerklasse)

Auszeichnungen

2003 ZONTA Regio Kunstpreis
2002 Eidgenössischer Preis für Kunst
2001 Eidgenössischer Preis für Kunst
1999 Förderbeitrag des Fachausschusses für Film, Foto und Video, Kantone Basel-Stadt und Basel-Land
1996 Kulturförderpreis der Alexander-Clavel-Stiftung, Riehen / Basel

Einzelausstellungen (Auswahl)

2009 *Still-Life. Stillleben von Alten Meistern und Gabriella Gerosa*, Staatliche Kunstsammlungen Dresden, Kunstgewerbemuseum
2008 Galerie Tony Wuethrich, Basel | Laboratorio, Kunsthalle Lugano
2007–2010 Kulm Hotel, St. Moritz
2003 *Zum Fest*, Kunstraum Aarau | Art Cologne (mit Galerie Thomas Hettlage, München) | *Das Haus hinter den Pappeln*, Galerie Nicolas Krupp Contemporary Art, Basel
2002 *video speaking pictures*, Kunstraum Riehen
1993 Galerie Guillaume Daeppen, Basel

Gruppenausstellungen (Auswahl)

2011 Art Cologne (mit Galerie Tony Wuethrich, Basel) | ARCOmadrid (mit Galeria Max Estrella, Madrid) | *Frucht der Verheißung*, Germanisches Nationalmuseum Nürnberg
2010 Paris Photo (mit Galeria Max Estrella, Madrid)
2009 ARCOmadrid (mit Galeria Max Estrella, Madrid) | Paris Photo (mit Galeria Max Estrella, Madrid)
2008 Art Basel (mit Galerie Tony Wuethrich, Basel)
2006 Regionale 7, Kunsthalle Basel
2005 *Blumenmythos*, Fondation Beyeler, Riehen | *Swiss Miss*, Kunstmuseum Schwerin
2003 Centre Culturel Suisse, Paris | Regionale 4, Kunsthalle Basel | *Illusion at First Sight*, Ausstellungsraum Klingenthal, Basel
2002 Institut für digitale Kultur Palais Besenval, Solothurn
2000 *Stillleben*, Kaskadenkondensator, Basel

ORI GERSHT

geb. 1967 in Tel Aviv
lebt und arbeitet in London

1993–1995 Masterstudium am Royal College of Art, London | **1989–1992** Bachelorstudium an der University of Westminster, London

Auszeichnungen

2010 Auszeichnung, Beijing International Art Biennale
2004 Erster Preis, Onfuri International, Tirana
2000 Leon-Constantiner-Preis für Fotografie, Tel Aviv Museum of Art

Einzelausstellungen (Auswahl)

2012 Tel Aviv Museum of Art | Museum of Fine Arts, Boston | *Still and Forever*, Brand New Gallery, Mailand | *This Storm Is What We Call Progress*, Imperial War Museum, London
2011 *Evaders and Falling Bird*, Tel Aviv Museum of Art | *Chasing Good Fortune and Still Lifes*, Santa Barbara Museum of Art u. a. | *Lost in Time*, 21c Museum, Louisville
2010 *Places That Were Not*, Mummery + Schnelle, London u. a.
2009 *Evaders*, CRG Gallery, New York
2008/09 *Black Box: Ori Gersht*, Hirshhorn Museum and Sculpture Garden, Washington, D. C.
2008 *Pomegranate*, The Jewish Museum, New York
2007 *Time After Time*, Mummery + Schnelle, London | *Works by Ori Gersht*, Yale Centre for British Art, New Haven
2006 *The Forest*, Tel Aviv Museum of Art u. a. | *The Clearing*, Angles Gallery, Santa Monica
2005 *Liquidation*, CRG Gallery, New York u. a.
2004 *Blaze*, Noga Gallery, Tel Aviv u. a. | *History in the Making*, Photo España, Madrid | *Ghost*, The Armory Show, New York (mit CRG Gallery, New York)
2002 *Afterglow*, Art Now Room, Tate Britain, London | *Afterglow*, Helena Rubinstein Pavilion for Contemporary Art, Tel Aviv Museum of Art
2001 *LISTE 01*, The Young Art Fair, Basel (mit Andrew Mummery Gallery, London)

Gruppenausstellungen (Auswahl)

2012 *Seduced by Art. Photography Past and Present*, National Gallery, London
2011 *Travelling Light*, Whitechapel Art Gallery, London | *Evaders. Inaugural Show of New Wing*, Tel Aviv Museum of Art | *When a Painting Moves ... Something Must Be Rotten*, Stenersenmuseet, Oslo
2010 *In Focus: Still Life*, The J. Paul Getty Museum, Los Angeles | *Haunted: Contemporary Photography/Video/Performance*, Solomon R. Guggenheim Museum, New York | *Still/Moving*, The Israel Museum, Jerusalem
2009 *Paysage – Video*, Musée d'Art de Toulon | *Hugging and Wrestling*, Museum of Contemporary Art, Cleveland
2008 *Peace and Agriculture in a Pre-Romantic Ideal Landscape without Sublime Terrors*, Haunch of Venison, Berlin | *Static. Contemporary Still Life and Portraiture*, Harris Museum and Art Gallery, Preston | *Ori Gersht and Jan Breughel the Elder*, Ingleby Gallery, Edinburgh
2007 Loop '07 Barcelona. The Video Art Festival, Galeria Dels Àngels, Barcelona | *Video Killed the Painting Star*, Museo de Salamanca
2006 *Fata Morgana*, Haifa Museum of Art | *Twillight. Photography in the Magic Hour*, Victoria and Albert Museum, London
2005 *Dreams and Trauma*, Haus der Kulturen der Welt, Berlin | *Erzähl mir vom Krieg. Ori Gersht und Simon Norfolk*, Zephyr – Raum für Fotografie, Mannheim | *Etched Voices. Contemporary Artists and the Holocaust*, Yad Vashem New Museum, Jerusalem
2003 *Up Close and Personal*, Nottingham Castle | *Der Berg*, Heidelberger Kunstverein | *One Ground*, California Museum of Photography, Riverside
2002 *Willard Boepple, Ori Gersht and Albrecht Schäfer*, Andrew Mummery Gallery, London | *non-places*, Frankfurter Kunstverein, Frankfurt am Main

PIA MARIA MARTIN

geb. 1974 in Altdorf
lebt und arbeitet in Stuttgart

1997–2003 Studium an der Staatlichen Akademie der Bildenden Künste, Stuttgart

Auszeichnungen

2013 Kulturpreis Baden-Württemberg
2001 Preis der Freunde der Akademie Stuttgart

Einzelausstellungen (Auswahl)

2012 *Back from the Back Burner*, Kunstmuseum Kloster Unser Lieben Frauen, Magdeburg | *Vom kühlen Reiz selbsterdachter Welten – f (Q)*, Showroom @ Progr.ch & Videofenster @ Bienzgut.ch, Bern | *Still*, The McLoughlin Gallery, San Francisco
2011 *Die kleine Werkschau*, Galerie Abtart, Stuttgart | *Vivace*, Kunsthalle Göppingen
2010 *Ob rechts, ob links, vorwärts oder rückwärts*, 7 hours Haus 19, Berlin
2008 *Go*, Galerie Reinhard Hauff, Stuttgart | 21. Filmwinter, Stuttgart
2006 *Vivace*, Kirchner Museum, Davos | Kunststiftung Baden-Württemberg, Stuttgart | *Frischzelle_3*, Kunstmuseum Stuttgart
2005 *Zum Appell!*, 7 hours Haus 19, Berlin
2004 *Be Tricky!*, Galerie Reinhard Hauff, Stuttgart
2002 *Tight*, Galerie Reinhard Hauff, Stuttgart
2000 *Tunnel of Horror*, University of Derby

Gruppenausstellungen (Auswahl)

2013 *Flesh and Blood*, Museum on the Seam, Jerusalem
2012 *Rasterfahndung*, Kunstmuseum Stuttgart | *Souvenir, souvenir*, Goethe-Institut, Paris | *Atelier + Küche = Labore der Sinne*, MARTa Herford | *powerFLOWER*, Galerie Abtart, Stuttgart | *Zeigen. Eine Audiotour durch Baden-Württemberg*, Kunsthalle Karlsruhe | *Ephemerals*, Zeppelin Museum Friedrichshafen | *60 Jahre Land Baden-Württemberg. 60 Kunstwerke für Baden-Württemberg*, Kunstmuseum Singen
2011 *Kommentar*, T-Rooms Gallery, Samara | Galerie Unternehmen Kunst, Landshut (mit Serge de Waha)
2010 *Le nouveau vague. Eine Ausstellung zum Erbe des Formalismus*, Villa Floreal, Cadegliano | *Unsichtbare Schatten. Bilder der Verunsicherung*, MARTa Herford | *Das vertraute Unvertraute. Über die inhärente Poesie des Materials*, Württembergischer Kunstverein, Stuttgart | *Looping Memories*, Loop '10 Barcelona. The Video Art Festival, Barcelona | *Animate Matter*, Thomas Erben Gallery, New York | *La poupée de cire, la poupée de son. Eine kurze Geschichte des Animationsfilms*, Migros Museum für Gegenwartskunst, Zürich
2009 *Looping Memories. Arbeiten aus einer Schweizer Video-Kunst-Sammlung*, PROGR – Zentrum für Kulturproduktion, Bern | *Phantastisch*, Pforzheim Galerie – Städtische Galerie für regionale Kunst | *Spiegel geheimer Wünsche. Stillleben aus fünf Jahrhunderten*, Städtische Galerie, Bietigheim-Bissingen | *Drei. Das Triptychon in der Moderne*, Kunstmuseum Stuttgart
2008 *German Art Positions*, Wuhan Tiandi, Wuhan | *X, Y, etc.!*, Artissima Video Lounge, Turin | Galerie Unternehmen Kunst, Landshut
2007 Thomas Erben Gallery, New York
2006 *Film und Videokunst. Klassiker und Neuheiten*, Staatsgalerie Stuttgart | *Kunst lebt! Die Welt mit anderen Augen sehen*, Württembergischer Kunstverein, Stuttgart | *5 Tage bis zum Ende der Kunst*, Kunsthalle Fridericianum, Kassel | *Digitaler Dachstock # 5. Construction Sites*, Haus für Kunst Uri, Altdorf
2005 *Angekommen. Die Sammlung im eigenen Haus*, Kunstmuseum Stuttgart | Kunststiftung Baden-Württemberg, Stuttgart

STEFANIE PÖLLOT

geb. 1964 in Nürnberg
lebt und arbeitet ebd.

1994–2000 Studium an der Akademie der Bildenden Künste, Nürnberg

Auszeichnungen

2008–2010 Bayerisches Atelierförderprogramm für Bildende Künstler
2005 Artist in Residence in Hirsholmene und Seydisfjordur
2002 Stipendium der Stiftung Het Wilde Weten, Rotterdam | Debütantenpreis des Bayerischen Staatsministeriums für Wissenschaft, Forschung und Kunst
1999 Erster Preis *Kunst am Bau* der Kreissparkasse, Lauf

Einzelausstellungen (Auswahl)

2012 *Mehr Sicht als Land*, ArteNOAH Kunstverein Würzburg | *Zeit ist eine Welt*, lounge im zumikon, Nürnberg
2011 *Flitterwochen*, Kunst im öffentlichen Raum, Nürnberg
2010 *Weißes Blütenmeer*, Büro Orange bei Christian Schuberth Architekt, München
2009 *An aside. Wandfeld Nord XII*, Sebalduskirche, Nürnberg
2008 *Many Times*, Kunstautomat, Nürnberg
2007 *Weißes Blütenmeer*, Städtische Galerie Eichenmüllerhaus, Lemgo
2005 *Bottle Post*, Skaftfell – Cultural Center, Seydisfjordur
2003 *Project One*, Residenz München
2002 *Boomerang*, Kunstverein Kohlenhof, Nürnberg | *Home Affairs*, Stiftung Het Wilde Weten, Rotterdam | *Stardust*, Witte de Wirthsatraat, Rotterdam

Gruppenausstellungen (Auswahl)

2012 *powerFLOWER*, Galerie Abtart, Stuttgart
2011 *VIDEOworkCASE*, Voreröffnung Willy-Brand-Platz, Kunst im öffentlichen Raum, Nürnberg
2010 *Drehscheibe II*, Museum im Kulturspeicher – Städtische Sammlung, Würzburg | *5-10-20*, Ultra Short Film Festival, Luzern
2009 *Black Box*, Milchgasse 19, Aarau | *Dreisichten*, Kunstmühle Mürsbach, Rattelsdorf | *... lebt und arbeitet ...*, Kunsthaus im KunstKulturQuartier, Nürnberg
2008 *Utopie des Raums*, National Museum of Fine Arts, Kirgistan | *Anonyme Zeichner*, Kunstraum Berlin
2007 *Rubin – Institut für moderne Kunst 1967–2007*, Neues Museum, Nürnberg
2006 *Lichten*, Kunsthaus Essen
2005 *Große Kunstausstellung Halle*, Kunsthalle, Halle/Saale
2003 *LichtRaumEuropa*, Klenzepark, Ingolstadt | *Debütantenausstellung*, Akademie der Bildenden Künste, Nürnberg | *Blaue Nacht*, Kunstevent, Nürnberg | *Positionen & Tendenzen*, Kunstbunker – Forum für zeitgenössische Kunst, Nürnberg
2001 *EMERGEANDSEE*, Trafo, Budapest | *andernorts*, Kunstverein Kohlenhof, Nürnberg | *raus 2001. Rückprojektion*, Neues Museum, Nürnberg
2000 *Visionen und Modelle*, Kunstverein Albrecht-Dürer-Gesellschaft, Nürnberg | *Camping-Camping*, Volksbad Nürnberg | *Feste in der Veste*, Kulturreferat Blaue Nacht, Nürnberg | *art-kino*, Art Frankfurt, Frankfurt am Main | *hello/goodbye*, Königstorpassage, Nürnberg

AGNIESZKA POLSKA

geb. 1985 in Lublin
lebt und arbeitet in Berlin und Krakau

2008/09 Studium an der Universität der Künste, Berlin | **2005–2010** Grafikstudium an der Akademie der Bildenden Künste, Krakau

Auszeichnungen

2011 Grand Prix Geppert Award

Einzelausstellungen (Auswahl)

2012 Pinchuk Art Centre, Kiew | Centrum Sztuki Współczesnej Zamek Ujazdowski, Warschau

2011 *Art Statements*, Art Basel (mit ŻAK – Branicka, Berlin) | *Gardener's Responsibility*, Georg Kargl, Wien | *The Garden*, BWA Zielona Góra

2010 abc, Berlin (mit ŻAK – Branicka, Berlin) | *Three Videos with Narration*, Contemporary Art Gallery Bunkier Sztuki, Krakau, und ŻAK – Branicka, Berlin | *Decades*, Kunstmuseum Dieselkraftwerk Cottbus

2009 *Towards Oskar Hansen's Open Form*, Towarzystwo Zachęty Sztuk Pięknych, Lublin

Gruppenausstellungen (Auswahl)

2012 *Project 35. Volume 2*, South London Gallery u. a. | *Grey Peak of the Wave*, Harris Lieberman, New York | *Objects and Disintegrations*, Gdánska Galeria Miejska, Danzig | *Air de Pologne*, De Garage, Mechelen | *The Poster Show*, Carlier/Gebauer, Berlin | *Forgetting of Proper Names*, Calvert 22, London | Film i samtidskonsten, Stockholm | *Fetish & Figure*, Institute of Contemporary Arts, Lux Biennal of Moving Image, London | *Memoirs of an Amnesiac*, Images Festival, Toronto | *Between Us*, Hartware MedienKunstVerein, Dortmund | *Agnieszka Polska/Alina Szapocznikow*, Tate Modern, London | *The Themersons: 1 Day Before Yesterday – 1 Day After Tomorrow*, Institute of Contemporary Arts, London | *12 x 12*, IBB-Videolounge, Berlinische Galerie, Berlin

2011 *Reworking Memories*, Federica Schiavo Gallery, Rom | *ReMap 3*, Freymond Guth, Athen | *Antje Majewski. The World of Gimel*, Kunsthaus Graz | *Tysiąc lat nowoczesności*, BWA, Tarnów | *Based in Berlin*, KW – Institute for Contemporary Art, Berlin | *Gone to Croatan. Strategien des Verschwindens*, Hartware MedienKunst-Verein, Dortmund | *Passion of an Ornithologist. On Myth Making*, CCA Sokół, Nowy Sącz | *The Promise*, Galerie Crèvecœur, Paris | *Transylwania 2*, Arsenał, Posen | *Duo*, Goldex Poldex, Krakau (mit Tomasz Kowalski)

2010 *Vedo cose che non ci sono*, Polish Institute by MOMA Warsaw, Rom | *Rapidshare*, Atelierhof Kreuzberg, Berlin | *Un seminaire a la campagne*, France Fiction, Paris | *Early Years*, KW – Institute for Contemporary Art, Berlin | *Multiplex*, peer to space, München | *Disobedience*, LMAKprojects, New York | *Good Old Days*, Aarhus Kunstbygning | *The Past is a Foreign Land*, Centre of Contemporary Art Znaki Czasu, Torun | *SPLACE*, TV Tower, Berlin (mit Antje Majewski)

2009 *Anabasis, Festival of Dialogue of Four Cultures*, Lodz | *Wolność Od-zysku*, Zachęta National Gallery of Art, Warschau | *Qu'est-ce que c'est degueulasse?*, Vienna Center, Wien | *Sport dla niewysportowanych*, Galeria ZPAF i S-ka, Krakau | *Polish Landscape*, Contemporary Art Museum, Minsk | *A!*, Arsenal, Posen

2008 *Ain't No Sorry*, Museum für Moderne Kunst, Warschau | *Bewegte Stillleben*, Kunstverein, Potsdam | *Blankly, Perfect Summer*, vertexList, New York

2007 *16 Things That May Not Happen*, artpol, Krakau

SAM TAYLOR-JOHNSON

geb. 1967 in London
lebt und arbeitet ebd.

1990 Studienabschluss am Goldsmith College, University of London

Auszeichnungen

1998 Nominierung für den Turner Prize
1997 Illy Café Prize for Most Promising Young Artist, Biennale Venedig

Einzelausstellungen (Auswahl)

2011 *Prelude in Air*, The Cosmopolitan, Las Vegas
2010 *Ghosts*, Brooklyn Museum, New York
2009 Pinchuk Art Centre, Kiew
2008 *Yes I No*, White Cube, London u. a.
2006 Museum of Contemporary Art, Sydney
2004 Michailowski-Schloss, Russisches Museum, St. Petersburg, und Museum of Contemporary Art, Moskau
2003 BAWAG Foundation, Wien
2002 *Still Life/Object/Real Life/Memento Mori*, Tate Modern, London | Musée d'Art Contemporain de Montréal
2001 Künstlerverein Malkasten, Düsseldorf | *Photographies et films*, Centre National de la Photographie, Hôtel Salomon de Rothschild, Paris u. a.
2000 Centrum Sztuki Współczesnej Zamek Ujazdowski, Warschau | Espacio Uno, Museo Nacional Centro de Arte Reina Sofia, Madrid
1999 Württembergischer Kunstverein, Stuttgart | *Directions*, Hirshhorn Museum and Sculpture Garden, Washington, D. C.
1997 Kunsthalle Zürich | Lousiana Museum of Modern Art, Humlebæk
1995 *Travesty of a Mockery*, White Cube, London

Gruppenausstellungen (Auswahl)

2012 *Seduced by Art*, National Gallery, London | *The Passions. A Drama in Five Acts*, Deutsches Hygiene-Museum, Dresden
2011 *Host City*, Kunstverein Wolfsburg | *Aschemünder*, Haus der Kunst, München | *When a Painting Moves ... Something Must Be Rotten*, Stenersenmuseet, Oslo
2010 *Triumphant Carrot: The Persistence of Still Life*, Contemporary Art Gallery, Vancouver | *A Feast for the Eyes*, Kunstforum, Wien
2009 *Shadows*, Museo Thyssen-Bornemisza, Madrid
2008 *Still/Motion. Liquid Crystal Painting*, National Museum of Art, Osaka u. a. | *Reality Check*, Statens Museum for Kunst, Kopenhagen
2007 *Poem of an Inland Sea*, Ukrainischer Pavillon, Biennale Venedig | *Aftershock. Contemporary British Art 1990–2006*, Capital Museum, Beijing
2006 *Icons and Idols*, The National Portrait Gallery, London | *Nothing Lasts Forever*, Istanbul Museum of Modern Art | KunstFilmBiennale, KW – Institute for Contemporary Art, Berlin | *Destricted: Art and Sex*, Tate Modern, London
2005 *Superstars! The Celebrity Factor. From Warhol to Madonna*, Kunsthalle Wien | *Stillness: Michael Snow/Sam Taylor-Johnson*, Museum of Modern Art, New York | *Video II: Allegory*, NRW-Forum Kultur und Wirtschaft, Düsseldorf | *(My Private) Heroes*, MARTa Herford
2004 *Aufruhr der Gefühle*, Museum für Photographie, Braunschweig | *The Big Eat in Art*, Kunsthalle Bielefeld
2003 *A Century of Artists' Film in Britain*, Tate Britain, London | *Bankett. Metabolismus und Kommunikation*, Zentrum für Kunst und Medientechnologie, Karlsruhe | *Soliloqui: Sam Taylor-Johnson, Tracey Moffat, Rineke Dijkstra*, Pinakothek der Moderne, München
2002 *Die Wohltat der Kunst: Post/Feministische Positionen der neunziger Jahre aus der Sammlung Goetz*, Staatliche Kunsthalle Baden-Baden
2001 *A Baroque Party. Moments of Theatrum Mundi in Contemporary Art*, Kunsthalle Wien
2000 *Art and Psychology from Leonardo to Freud*, Museum Morsbroich, Leverkusen

WOUTER VERHOEVEN

geb. 1961 in Oerle, Brabant
lebt und arbeitet in Tilburg

1996–1998 Master of Fine Arts an der Academie St. Joost, Breda | **1981–1987** Studium der Ökonomie an der Universität Tilburg

Auszeichnungen

2008 Stipendium, Fonds voor Beeldende Kunsten, Amsterdam
2006 Artist in Residence, USF Verftet, Bergen, und Art Studio Tupac, Lima
2004 Artist in Residence, Studio Virginie Janssen Stichting, Lot

Filmografie (Auswahl)

2012 *The Loving Heart*, 71 min
2010 *La esperanza tiene un rostro*, 25 min, im Auftrag der niederländischen Botschaft, Lima
2009 *Study of a Soul*, 39 min | *Woman with Sun*, 1:15 min
2007 *The Eternal Life*, 35 min | *Von Altdorf*, 20 min
2006 *V*, 22 min | *Love and Gold*, 28 min | *Mas de Charrou*, 20 min | *The Lowe Society*, 10 min | *Gauri*, 20 min, im Auftrag von Liliane Fonds, Tropenmuseum Junior, Amsterdam | *De Gave*, 80 min, eine Produktion von Egmond Film & TV, unterstützt vom Nederlands Filmfonds, Amsterdam
2005 *A Good Mediator*, 30 min (dreiteilig), und *Liefde in Bolivia*, 25 min, beide im Auftrag von Liliane Fonds, Tropenmuseum Junior, Amsterdam

Ausstellungen (Auswahl)

2012 *The Loving Heart*, Goretti Exposities, Tilburg
2011 *Paraiso punto cero*, Lima
2010 *Subasta Anual de Arte*, Museo de Arte de Lima
2009 *Pittoresk*, MARTa Herford und Stedelijk Museum voor Actuele Kunst, Gent | *Desnudar los Ojos*, Instituto Cultural Peruano Norteamericano Miraflores, Lima
2008 *Se Permuta*, Museo de Arte Contemporáneo de Oaxaca | *The Lowe Society DVD Show*, Mexico-Stadt u. a.
2007 *GHB*, Van Abbemuseum, Eindhoven
2006 *Videoarbeid*, Bergen Kunsthall | *Are You Serious?*, Wendy Cooper Gallery, Chicago

ARNOLD VON WEDEMEYER

geb. 1970 in Göttingen
lebt und arbeitet in Berlin

2007/08 Arbeitsaufenthalt in New York | **1992–1999** Studium der Freien Kunst und der Visuellen Kommunikation an der Kunsthochschule Kassel

Einzelausstellungen (Auswahl)

2004 *besucher*, Galerie im Park, Bremen
2003 *color().generate*, Galerie Jette Rudolph, Berlin
2002 *Elektronische Medien 00/01*, Galerie Jette Rudolph, Berlin
2001 *repeat ... while*, Galerie im Park, Bremen
2000 Galerie Jette Rudolph, Berlin
1999 *Malerei. Video.*, Galerie Jette Rudolph, Berlin
1998 Künstlerhaus mit Galerie in Göttingen im Lichtenberghaus

Gruppenausstellungen (Auswahl)

2013 *Im Fokus! Zeitgenössische Fotografie und Videokunst aus der Sammlung*, Kunsthalle Bremen
2010 *Animated Images*, Digital Art Center Taipeh | *Cause + Time*, The Luminary Center for the Arts, St. Louis | *Permanent Reception*, Galerie nächst St. Stephan, Wien
2009 *Never Late than Better*, Elizabeth Foundation for the Arts, New York | *Infinite Possibilities*, Momenta Art, New York
2008 *Worlds on Video*, Palazzo Strozzi, Florenz | *In voller Blüte*, Museum Villa Rot, Ulm
2007 *Paulas Kinder*, Kunsthalle Bremen u. a. | *Gropiusstadt Stories*, Galerie im Körnerpark, Berlin | *Legende Paik*, Galerie der Stadt Sindelfingen
2006 *Fama FLUXUS Mythos BEUYS ... New!*, Galerie der Stadt Sindelfingen
2005 *Screen Spirit. Internationale Videokunst*, Städtische Galerie, Bremen
2004 *CYNETart*, Internationales Medienkunstfestival, Dresden
2003 *Works on Paper*, Galerie Völcker & Freunde, Berlin | *monitoring*, Dokumentar- und Videofest, Kassel | *pop konkret*, Galerie Jette Rudolph, Berlin
2000 *gestern heute morgen*, Galerie im Park, Bremen | *The New Plastic Arts*, Galerie Jette Rudolph, Berlin | *transmediale*, Internationales Medienkunstfestival, Berlin

Kurzbiografien der Alten Meister

zusammengestellt von Gerrit Stevens

JOHANN ADALBERT ANGERMEYER

geb. 1674 in Bilin | gest. 1740 in Prag

Ab 1699 ist Angermeyer als Schüler des Johann Rudolf Byss in Prag nachweisbar, ein Jahr später wird er in die dortige Altstädter Malerzunft aufgenommen. Gelegentlich arbeitete er mit dem Prager Historienmaler Peter Brandl zusammen.

ISAACK ADAMSZ. COLONIA

geb. 1611 in Rotterdam | gest. 1663 ebd.

Colonia war ein Sohn des aus Antwerpen stammenden Malers Adam Louisz. Colonia. Lange war er ausschließlich als Kunsthändler bekannt, bevor 1992 ein von ihm signiertes Gemälde auftauchte.

C. C. G. CONRADT

geb. 1692 in Sagan | gest. 1760 ebd.

Auch als Christian Conradt d.J. bekannt. Im frühen 18. Jahrhundert war er als Maler in Sagan bei Breslau tätig.

FRANÇOIS DESPORTES

geb. 1661 in Champigneulles | gest. 1743 in Paris

Desportes war Schüler des Tiermalers Bernaert Nicasius und arbeitete von 1694 bis 1696 als Hofmaler des polnischen Königs Johann III. Sobieski in Wilanów bei Warschau, bevor er 1699 Mitglied der Pariser Akademie wurde.

JOHANN FALCH

geb. 1687 in Augsburg | gest. 1727 ebd.

Deutscher Stilllebenmaler, der in der Nachfolge von Charles William Hamilton in Augsburg tätig war.

GEORG FLEGEL

geb. 1566 in Olmütz | gest. 1638 in Frankfurt am Main

Flegel kam 1592 aus Mähren nach Frankfurt, um als Assistent bei Lucas van Valckenborch zu arbeiten. Nach dessen Tod etablierte er sich als Spezialist für Mahlzeitenstillleben und Schrankbilder.

FRANZ FRIEDRICH FRANCK

geb. 1627 in Kaufbeuren | gest. 1687 in Augsburg

Deutscher Stilllebenmaler, der von seinem Vater Johann Ulrich Franck ausgebildet wurde und nach einer Italienreise in Augsburg tätig war.

JAN PAUWEL GILLEMANS D.Ä.

geb. 1618 in Antwerpen | gest. 1675 ebd.

Gillemans stammte aus einer Lütticher Goldschmiedefamilie und wurde zunächst ebenfalls als Goldschmied ausgebildet. 1647 trat er der Künstlergilde in Antwerpen bei. Über seine Ausbildung als Maler sind keine Zeugnisse erhalten.

CORNELIS NORBERTUS GYSBRECHTS

nachweisbar ab 1659 in Antwerpen | gest. 1672 ebd.

Gysbrechts arbeitete als Hofmaler unter Frederik III. und Christian V. für den dänischen Königshof und wurde besonders für seine illusionistischen Gemälde mit Trompe-l'Œil-Effekten geschätzt.

CHARLES WILLIAM HAMILTON

geb. 1668 in Brüssel oder Wien | gest. 1754 in Augsburg

Hamilton spezialisierte sich auf Stillleben, insbesondere auf die Untergattung der Waldbodenstücke, weshalb er auch „Distel-Hamilton" genannte wurde. In Augsburg arbeitete er als Hofmaler des Bischofs Alexander Sigismund von Pfalz-Neuburg.

GERRIT WILLEMSZ. HEDA

geb. um 1620 in Haarlem (?) |
gest. 1702 in Haarlem

Sohn, Lehrling und anschließend Werkstattmitarbeiter von Willem Claesz. Heda. Wie bereits sein Vater spezialisierte er sich auf die Darstellung von Tafelstillleben.

CORNELIS DE HEEM

geb. 1631 in Leiden | gest. 1695 in Antwerpen

Sohn und wahrscheinlich auch Schüler von Jan Davidsz. de Heem. Neben seinem Wirken in Antwerpen ist ein kurzer Aufenthalt in Utrecht überliefert. Um 1660 wird er in den Verzeichnissen der Antwerpener Lukasgilde geführt und ist zwischen 1676 und 1681 Mitglied der Malerzunft in Den Haag.

JAN VAN HUYSUM

geb. 1682 in Amsterdam | gest. 1749 ebd.

Als ältester Sohn wurde er wie seine drei Brüder vom Vater Justus van Huysum, der selbst Stilllebenmaler war, in der Malerei unterrichtet. Er fand schon zu Lebzeiten weite Beachtung als Blumenmaler.

WILLEM KALF

geb. 1619 in Rotterdam | gest. 1693 in Amsterdam

Kalf war möglicherweise ein Schüler von Hendrik Pot in Haarlem und malte neben wenigen Landschaften und Kücheninterieurs fast ausschließlich Stillleben. In den späten 1630er-Jahren bis 1646 hielt er sich in Paris auf und ist ab 1652 in Amsterdam als Maler registriert.

JOHANNES KUVEENIS I.

geb. um 1620 in Bremen |
gest. nach 1666 in Amsterdam oder Den Haag

Kuveenis stammte aus einer Bremer Künstlerfamilie und spezialisierte sich auf Bankett-, Fisch- und Jagdstillleben. Er trat 1650 der Lukasgilde in Den Haag bei. Sein letzter gesicherter Wohnort war von 1665 bis 1666 Amsterdam.

CORNELIS LELIENBERGH

geb. um 1626 in Den Haag | gest. 1676

Lelienbergh wurde vor allem als Maler von Jagdstücken bekannt. Ab 1646 war er als Mitglied der Lukasgilde in Den Haag eingetragen.

CORNELIS VAN DER MEULEN

geb. 1642 in Dordrecht | gest. 1692 in Stockholm

Der Sohn eines Tuchmachers war vermutlich zwischen 1656 und 1662 ein Schüler von Samuel van Hoogstraten in Dordrecht. Am schwedischen Königshof in Stockholm arbeitete er spätestens ab 1678.

ABRAHAM MIGNON

geb. 1640 in Frankfurt am Main |
gest. um 1679 in Utrecht

In Frankfurt war Mignon Schüler von Jacob Marrel, mit dem er um 1659 nach Utrecht ging. Nach Lehrjahren bei Jan Davidsz. de Heem war er von 1667 bis 1672 dessen Werkstattmitarbeiter. Ab 1676 ist er wieder in Frankfurt nachweisbar als Lehrer von Maria Sibylla Merian.

JEAN MICHEL PICART

geb. um 1600 in Antwerpen | gest. 1682 in Paris

Picart war Teil der flämischen Künstlerkolonie in Saint-Germain-des-Prés in Paris und ab 1640 Mitglied der Pariser Lukasakademie. Für seine Verdienste als Stillebenmaler verlieh ihm der französische König den Titel „peintre du roi".

ERASMUS QUELLINUS D.J.

geb. 1607 in Antwerpen | gest. 1678 ebd.

Quellinus war Mitarbeiter in der Werkstatt von Peter Paul Rubens und wurde als Maler maßgeblich von Porträtbüsten seines Vaters, des Bildhauers Erasmus Quellinus d.Ä., beeinflusst.

PIETER DE RING

geb. um 1615 in Leiden oder Ypern | gest. 1660 in Leiden

De Ring versah seine Stillleben mit einer sprechenden Motivsignatur, indem er einen edelsteinbesetzten Ring in die Darstellungen integrierte. Seit 1648 ist er in der Lukasgilde von Leiden verzeichnet. Eine Ausbildung bei Jan Davidsz. de Heem wird vermutet, ist aber nicht belegt.

FRANS RYCKHALS

geb. 1609 in Middelburg | gest. 1647 ebd.

Ryckhals entstammte einer wohlhabenden Emigrantenfamilie aus Antwerpen. Seine Ausbildung genoss er vermutlich in Middelburg und Rotterdam. 1633 ist ein Aufenthalt in Dordrecht belegt und 1640 entstand ein gemeinsames Gemälde mit David Teniers II., dessen Interieurs vergleichbar aufgebaut sind. Ab 1642 war Ryckhals nachweisbar in Middelburg beheimatet.

DANIEL SEGHERS

geb. 1590 in Antwerpen | gest. 1661 ebd.

Als Schüler von Jan Brueghel d.Ä. trat Seghers mit zahlreichen Blumenstillleben in Erscheinung. Nachdem er 1625 als Jesuitenpriester ordiniert wurde, signierte er seine Gemälde mit „Daniel Seghers Societatis Jesu".

FRANS SNYDERS

geb. 1579 in Antwerpen | gest. 1657 ebd.

Snyders lernte in Antwerpen bei Pieter Brueghel d.J. und Abraham Govaerts. Zu seinen Schülern zählten Jan Fyt und Jan Roos.

ANDREAS STECH

geb. 1635 in Stolp | gest. 1697 in Danzig

Der Sohn des Malers Heinrich Stech lernte sein Handwerk bei Adolf Boy in Danzig und erwarb 1661 als Mitglied der Danziger Malerzunft den Meistertitel.

HARMEN VAN STEENWIJK

geb. 1612 in Delft | gest. nach 1656

1628 wird van Steenwijk als Schüler von David Bailly in Leiden erwähnt. Zwischen 1644 und 1656 lebte er in seiner Geburtsstadt Delft, danach verliert sich die Spur des Stilllebenmalers.

SEBASTIAN STOSKOPFF

geb. 1597 in Straßburg | gest. 1657 in Idstein

Stoskopff war Lehrling von Daniel Soreau, dessen Werkstatt er nach Soreaus Tod 1619 zunächst weiterführte, und arbeitete nach langem Aufenthalt in Paris ab 1655 für den Grafen Johannes von Nassau und Idstein.

HENDRIK VAN STREECK

geb. 1659 in Amsterdam | gest. nach 1719 ebd.

Der niederländische Maler und Bildhauer lernte bei seinem Vater Juriaen van Streeck und malte Frucht- und Tischstücke sowie Kücheninterieurs. Nachdem sein Vater die Malerei aufgegeben hatte, übernahm Hendrik van Streeck dessen Werkstatt.

ADRIAEN VAN UTRECHT

geb. 1599 in Antwerpen | gest. 1652 ebd.

Van Utrecht ging 1614 bei Herman de Ryt in die Lehre und wurde 1625 nach Studienreisen in Deutschland, Frankreich und Italien Meister in der Antwerpener Lukasgilde. Zu seinen Auftraggebern zählten der spanische König und das Haus Oranien-Nassau.

SIMON PIETERSZ. VERELST

geb. 1644 in Den Haag | gest. um 1721 in London

Verelst folgte seinem Vater Pieter Verelst in den Künstlerberuf und trat 1666 in die Lukasgilde von Den Haag ein. 1669 ließ er sich in London nieder. Seine Blumenstillleben wurden in ganz England geschätzt.

GERRIT VAN VUCHT

geb. um 1610 | gest. 1697 in Schiedam

Über die Ausbildung von van Vucht ist nichts bekannt. 1658 musste er unter Androhung eines Bußgeldes zum Eintritt in die Lukasgilde von Schiedam gezwungen werden. Er trat als Maler von Küchenstücken, Frühstückstischen, Vanitas- und Früchtestillleben in Erscheinung.

JOHANN AMANDUS WINCK

geb. um 1748 in Eichstätt | gest. 1817 in München

Winck fand als Schüler seines Onkels, des Freskenmalers Christian Winck, zur Malerei. Als Stilllebenmaler war er in Franken und München tätig.

JEREMIAS VAN WINGHE

geb. 1578 in Brüssel |
gest. 1645 in Frankfurt am Main

Van Winghe war ein Schüler von Francesco Badens. Nach seiner Ausbildung in Amsterdam und Italien arbeitete der Sohn des Historienmalers Jodocus van Winghe ab 1608 als Maler in Frankfurt.

MICHAELINA WOUTIERS

geb. um 1620 in Mons | gest. nach 1682 in Brüssel (?)

Die flämische Künstlerin ist urkundlich in Brüssel nachgewiesen und gilt als Schwester des Porträt- und Historienmalers Charles Woutiers.

Verzeichnis der ausgestellten Videos

CHRISTOPH BRECH

Passage, Kanada 2003, PAL-Video auf DVD, 4:3-Format, Ton, Farbe, 10:43 min, Courtesy Christoph Brech und Galerie FELDBUSCHWIESNER, Berlin (S. 136 / 137)

GABRIELLA GEROSA

Buffetcrash, 2003, HD-Video, 8 min, Privatbesitz (S. 148–155)

Lachs, 2007, HD-Video, LED-Monitor, gerahmt, 23 x 31 x 8,5 cm, 13 min, Privatbesitz (S. 188, 190)

Pfirsiche, 2007, HD-Video, LED-Monitor, gerahmt, 23 x 31 x 11 cm, 14 min, Privatbesitz (S. 52, 54)

Totenkopf I, 2009, HD-Video, LED-Monitor, gerahmt, 60 x 70 x 11,5 cm, 14 min, Courtesy Galerie Thomas Knoell, Basel (S. 169)

Päonien, 2011, HD-Video, LED-Monitor, gerahmt, 158 x 100 x 19 cm, 60 min, Privatbesitz (S. 92 / 93)

Tulpen, 2011, HD-Video, LED-Monitor, gerahmt, 78 x 48 x 10,5 cm, 30 min, Courtesy Galerie Thomas Knoell, Basel (S. 90 / 91)

ORI GERSHT

Big Bang, 2006, HD-Video, Ton, Farbe, LCD-Monitor, gerahmt, 72,5 x 59,2 x 10,5 cm, 4:32 min, Courtesy Mummery + Schnelle, London (S. 95, 97, 99–101)

Pomegranate, 2006, HD-Video, Ton, Farbe, LCD-Monitor, gerahmt, 46,5 x 55 x 10,5 cm, 3:52 min, Courtesy Mummery + Schnelle, London (S. 69–71)

Falling Bird, 2008, HD-Video, Ton, Farbe, LCD-Monitor, gerahmt, 110 x 79 x 10,5 cm, 5:53 min, Courtesy Mummery + Schnelle, London (S. 118–123)

PIA MARIA MARTIN

Kalakeittos, 2003, Super-8-Film auf DVD, 4:3-Format, Ton, Farbe, 2:58 min, Courtesy Galerie Reinhard Hauff, Stuttgart (S. 179–185)

Vivace I, 2006, 16mm-Film auf DVD, 4:3-Format, Ton, Farbe, 3:02 min, Courtesy Galerie Reinhard Hauff, Stuttgart (S. 172 / 173)

Vivace II, 2006, 16mm-Film auf DVD, 4:3-Format, Ton, Farbe, 3:09 min, Courtesy Galerie Reinhard Hauff, Stuttgart (S. 102 / 103)

Vivace III, 2006, 16mm-Film auf DVD, 4:3-Format, Ton, Farbe, 3:26 min, Courtesy Galerie Reinhard Hauff, Stuttgart (S. 143–145)

STEFANIE PÖLLOT

Spuren in Weiß, 2010, PAL-Video, 4:3-Format, 8-Zoll-Monitor mit poliertem schwarzem Plexiglasrahmen, 34 x 28 x 7 cm, 8:44 min, Leihgabe der Künstlerin (S. 78–81)

Verzeichnis der ausgestellten Gemälde

AGNIESZKA POLSKA

The Plunderer's Dream, 2011, HD-Video auf DVD, Ton, Farbe, 3:56 min, SØR Rusche Sammlung, Oelde / Berlin (S. 197, 199–201)

SAM TAYLOR-JOHNSON

Still Life, 2001, 35mm-Film auf DVD, 16:9-Format, 3:44 min, Edition 5 / 6, Sammlung Goetz, München (S. 57–61)

A Little Death, 2002, 35mm-Film auf DVD, 16:9-Format, 4 min, Edition 5 / 6, Chaney Family Collection, Houston (S. 111–113)

WOUTER VERHOEVEN

The Eternal Life, 2009, PAL-Video, 4:3-Format, Stereo-Ton, Farbe, 35 min, Leihgabe des Künstlers (S. 207–209)

ARNOLD VON WEDEMEYER

on-time, still life I, 2006 / 07, HD-Video, 1080p, 9:20 min, Leihgabe des Künstlers (S. 84 / 85, 87)

Mälzels Raum [on-time, still life II], 2007, HD-Video, 1080p, 7:20 min, Leihgabe des Künstlers (S. 158 / 159, 161)

JOHANN ADALBERT ANGERMEYER

Stillleben mit Totenkopf, 1731, Öl auf Holz, 28 x 22,5 cm, Leihgabe der Bayerischen Staatsgemäldesammlungen an die Kunstsammlungen und Museen Augsburg, Inv. L 707 (S. 175)

ISAACK ADAMSZ. COLONIA

Stillleben mit totem Kiebitz, nach 1650, Öl auf Holz, 37 x 32,5 cm, SØR Rusche Sammlung, Oelde / Berlin, Inv. ST16 (S. 115)

C. C. G. CONRADT

Stillleben mit Brot und Früchten, o. D., Öl auf Holz, 38,5 x 54 cm, Kunstsammlungen und Museen Augsburg, Inv. 5145 (S. 62 / 63)

FRANÇOIS DESPORTES

Jagdstillleben mit Rebhuhn vor Steinnische, 1700–1725, Öl auf Leinwand, 69,4 x 57,5 cm, Staatliche Kunsthalle Karlsruhe, Inv. Lg 117 (S. 127)

DEUTSCHER MEISTER

Vanitas-Stillleben mit Totenschädel, Wachsstock und Taschensonnenuhr, um 1620, Öl auf Holz, 27,5 x 40,5 cm, Städel Museum, Frankfurt am Main, Eigentum des Städelschen Museums-Vereins e. V., Inv. 2236 (S. 168)

JOHANN FALCH

Stillleben mit Distelfalter, Schnirkelschnecke und Ringelnatter, um 1710, Öl auf Holz, 35,5 x 25,4 cm, Kunstsammlungen und Museen Augsburg, Inv. 12633 (S. 128 / 129)

JOHANN FALCH (FORTSETZUNG)

Stillleben mit Schmetterlingen, Anfang 18. Jahrhundert, Gouache auf Pergament, 13,3 x 10,5 cm, Kunstsammlungen und Museen Augsburg, Inv. G 7964
(S. 130)

Stillleben mit Schnecke und Admiral, Anfang 18. Jahrhundert, Gouache auf Pergament, 13,4 x 10,5 cm, Kunstsammlungen und Museen Augsburg, Inv. G 7965
(S. 131)

GEORG FLEGEL

Stillleben mit Fisch und Semmel, um 1635, Öl auf Holz, 20 x 22,7 cm, Sammlung HypoVereinsbank, Member of UniCredit, München, Dauerleihgabe bei den Kunstsammlungen und Museen Augsburg, Inv. L 826
(S. 178)

FRANZ FRIEDRICH FRANCK

Musikstillleben, 1663, Öl auf Leinwand, 94 x 125 cm, Kunstsammlungen und Museen Augsburg, Inv. 6130
(S. 162 / 163)

Musikstillleben, 1663, Öl auf Leinwand, 95 x 125 cm, Kunstsammlungen und Museen Augsburg, Inv. 6131
(S. 164 / 165)

Küchenstillleben, 1678, Öl auf Leinwand, 80 x 115 cm, Kunstsammlungen und Museen Augsburg, Inv. 12084
(S. 177)

JAN PAUWEL GILLEMANS D. Ä.

Früchtegirlande an einem Brunnen, o. D., Öl auf Leinwand, 82 x 121 cm, SØR Rusche Sammlung, Oelde / Berlin, Inv. ST21
(S. 67)

CORNELIS NORBERTUS GYSBRECHTS

Vanitas-Stillleben, um 1662, Öl auf Leinwand, 59,2 x 71,2 cm, SØR Rusche Sammlung, Oelde / Berlin, Inv. ST25
(S. 171)

CHARLES WILLIAM HAMILTON

Hummer und Auster, o. D., Öl auf Leinwand, 9 x 15,6 cm, Staatliche Kunsthalle Karlsruhe, Inv. VIII 1552-229
(S. 142)

Jagdstillleben in Landschaft mit totem Hasen und erlegten Vögeln, o. D., Öl auf Leinwand, 37,5 x 26 cm, Staatliche Kunsthalle Karlsruhe, Inv. VIII 1552-290
(S. 107)

Toter Dompfaff und tote Goldammer, o. D., Öl auf Papier, 17,7 x 18,3 cm, Staatliche Kunsthalle Karlsruhe, Inv. VIII 1552-256
(S. 116)

Totes Blaukehlchen, o. D., Öl auf Papier, 11,6 x 16,1 cm, Staatliche Kunsthalle Karlsruhe, Inv. VIII 1552-249
(S. 117)

Zwei tote Buchfinken im Frühjahrskleid, o. D., Öl auf Papier, 15,4 x 23,3 cm, Staatliche Kunsthalle Karlsruhe, Inv. VIII 1552-252
(S. 116)

GERRIT WILLEMSZ. HEDA

Frühstücksstillleben, 1645, Öl auf Holz, 66 x 81 cm, Landesmuseum für Kunst und Kulturgeschichte Oldenburg, Inv. 16.696
(S. 134 / 135)

CORNELIS DE HEEM

Blumenstrauß, o. D., Öl auf Leinwand, 58,8 x 44,8 cm, Staatliche Kunsthalle Karlsruhe, Inv. 367
(S. 96)

HOLLÄNDISCHER MEISTER

Fischstillleben, 17. Jahrhundert, Öl auf Leinwand, 60 x 90 cm, Staatliche Kunsthalle Karlsruhe, Inv. 1101
(S. 189, 191)

JAN VAN HUYSUM

Blumenstück, o. D., Öl auf Leinwand, 62,5 x 33,5 cm, Landesmuseum für Kunst und Kulturgeschichte Oldenburg, Inv. 15.687
(S. 98)

WILLEM KALF

Stillleben mit Römer, Zitrone und Orangen, um 1663/64, Öl auf Leinwand, 36,5 x 30,8 cm, Staatliche Kunsthalle Karlsruhe, Inv. 2585
(S. 133)

JOHANNES KUVEENIS I.

Stillleben mit Fischen und umgestürztem Krug, 1647, Öl auf Holz, 58 x 68,6 cm, SØR Rusche Sammlung, Oelde / Berlin, Inv. ST31
(S. 193)

CORNELIS LELIENBERGH

Jagdstillleben mit totem Hasen, o. D., Öl auf Leinwand, 107 x 87,5 cm, Staatliche Kunsthalle Karlsruhe, Inv. 1828
(S. 109)

CORNELIS VAN DER MEULEN

Vanitas-Stillleben mit Statuette der hl. Susanna, 1688, Öl auf Leinwand, 58,4 x 47,3 cm, SØR Rusche Sammlung, Oelde / Berlin, Inv. ST37
(S. 167)

ABRAHAM MIGNON

Fruchtstillleben mit Eidechse, o. D., Öl auf Leinwand, 40,5 x 35,5 cm, Staatliche Kunsthalle Karlsruhe, Inv. 373
(S. 64 / 65)

Stillleben mit totem Geflügel, um 1663 / 64, Öl auf Leinwand, 58,7 x 49,3 cm, Städel Museum, Frankfurt am Main, Inv. 722
(S. 124 / 125)

JEAN MICHEL PICART

Körbchen mit Pfirsichen und Trauben, um 1635, Öl auf Leinwand, 29 x 39,2 cm, Staatliche Kunsthalle Karlsruhe, Inv. 494
(S. 53, 55)

PIETER DE RING

Stillleben mit Obst und Hummer, o. D., Öl auf Eichenholz, 72,2 x 59,8 cm, Städel Museum, Frankfurt am Main, Inv. SG 999
(S. 141)

FRANS RYCKHALS

Inneres eines Bauernhauses mit einem Bauern am Kamin, 1637, Öl auf Eichenholz, 37,7 x 53,3 cm, Staatliche Kunsthalle Karlsruhe, Inv. 358
(S. 202 / 203)

Inneres eines Bauernhauses mit Stillleben, 1638, Öl auf Eichenholz, 38,4 x 53,8 cm, Staatliche Kunsthalle Karlsruhe, Inv. 359
(S. 204 / 205)

DANIEL SEGHERS

Blumenkranz, um 1650, Öl auf Kupfer, 86 x 58 cm, Landesmuseum für Kunst und Kulturgeschichte Oldenburg, Inv. 15.618
(S. 88)

DANIEL SEGHERS UND ERASMUS QUELLINUS D. J.

Blumenkranz mit Marienbüste, um 1645 / 50, Öl auf Kupfer, 86 x 60,5 cm, Landesmuseum für Kunst und Kulturgeschichte Oldenburg, Inv. 15.617
(S. 89)

FRANS SNYDERS

Stillleben mit Hase, Vögeln, Hummer und Trauben, 1613, Öl auf Eichenholz, 77 x 107 cm, Museum Wiesbaden, Inv. M 586
(S. 146 / 147)

ANDREAS STECH

Blumen in einer Glasvase, um 1678 / 80, Öl auf Leinwand, 63,8 x 46 cm, Kunstsammlungen und Museen Augsburg, Inv. 12381
(S. 82 / 83)

HARMEN VAN STEENWIJK

Stillleben mit Früchten und einer gerupften Ente, o. D., Öl auf Eichenholz, 24,3 x 24,6 cm, Städel Museum, Frankfurt am Main, Inv. 1883
(S. 72 / 73, 75)

SEBASTIAN STOSKOPFF

Stillleben mit Porträt von Melanchthon, um 1645, Öl auf Leinwand, doubliert, 50 x 60,5 cm, Privatbesitz, Dauerleihgabe bei den Kunstsammlungen und Museen Augsburg, Inv. L 2009 / 38
(S. 206)

HENDRIK VAN STREECK

Fruchtstillleben mit chinesischer Schale und venezianischem Glas, vor 1680, Öl auf Leinwand, 40,2 x 33,1 cm, SØR Rusche Sammlung, Oelde / Berlin, Inv. ST51
(S. 139)

ADRIAEN VAN UTRECHT

Die Gemüseverkäuferin, o. D., Öl auf Leinwand, 139 x 201 cm, Martin von Wagner Museum der Universität Würzburg, Inv. F 310
(S. 195)

SIMON PIETERSZ. VERELST

Blumenstrauß, vor 1700, Öl auf Leinwand, 61,6 x 48,5 cm, SØR Rusche Sammlung, Oelde / Berlin, Inv. ST55
(S. 77)

GERRIT VAN VUCHT

Küchenstillleben mit Fleisch, Fischen und Gemüse, vor 1650, Öl auf Holz, 39,4 x 31,7 cm, SØR Rusche Sammlung, Oelde / Berlin, Inv. ST58
(S. 186 / 187)

Stillleben mit Tric-Trac-Spiel, nach 1650, Öl auf Holz, 39 x 32,4 cm, SØR Rusche Sammlung, Oelde / Berlin, Inv. ST59
(S. 157)

JOHANN AMANDUS WINCK

Früchtestillleben mit Distelfink und Schmetterling, 1798, Öl auf Kupfer, 30,4 x 37,5 cm, Kunstsammlungen und Museen Augsburg, Inv. 12335
(S. 51)

JEREMIAS VAN WINGHE

Stillleben mit Gemüsehändlerin (Küchenszene), 1613, Öl auf Leinwand, 120 x 146 cm, historisches museum frankfurt, Frankfurt am Main, Inv. B 1792
(S. 196, 198)

MICHAELINA WOUTIERS

Blumengirlande mit Prachtlibelle, 1652, Öl auf Holz, 41,1 x 57,4 cm, SØR Rusche Sammlung, Oelde / Berlin, Inv. ST64
(S. 105)